SALES FUNNEL & SALES MANAGEMENT

U1017354

淇霖®·QL

销售漏斗与销售管理

第2版

提升销售机会与销售效率的管理模型精解

刘祖友 著

中华工商联合出版社

图书在版编目（CIP）数据

销售漏斗与销售管理 / 刘祖友著. -- 2版. -- 北京：中华工商联合出版社，2021.1

ISBN 978-7-5158-2884-8

Ⅰ. ①销… Ⅱ. ①刘… Ⅲ. ①销售管理 Ⅳ. ①F713.3

中国版本图书馆CIP数据核字（2020）第208306号

销售漏斗与销售管理（第2版）

作　　者：刘祖友
出 品 人：李　梁
责任编辑：于建廷　臧赞杰
装帧设计：潘　峰
责任审读：傅德华
责任印制：迈致红
出版发行：中华工商联合出版社有限责任公司
印　　刷：北京毅峰迅捷印刷有限公司
版　　次：2021年5月第2版
印　　次：2024年3月第4次印刷
开　　本：710mm×1000 mm　1/16
字　　数：250千字
印　　张：18
书　　号：ISBN 978-7-5158-2884-8
定　　价：69.00元

服务热线：010-58301130-0（前台）
销售热线：010-58302977（网店部）
010-58302166（门店部）
010-58302837（馆配部、新媒体部）
010-58302813（团购部）
地址邮编：北京市西城区西环广场A座
19-20层，100044
http://www.chgslcbs.cn
投稿热线：010-58302907（总编室）
投稿邮箱：1621239583@qq.com

工商联版图书
版权所有　盗版必究

凡本社图书出现印装质量问题，
请与印务部联系。
联系电话：010-58302915

增订说明

2022年尽管由于疫情的影响出差的频率降低了，但通过给几家著名的公司做远程培训和交流，对《销售漏斗与销售管理》培训讲稿做了大幅度的调整，通过研究一些实践中的新问题，在讲稿中补充了新内容。在此基础上将“销售漏斗中的数据对企业营销管理和决策的重要性”“销售漏斗数据的共享”“销售漏斗检视过程与内容”“不同层面的销售漏斗检查与回顾”和“销售漏斗中有关4S（Size、Speed、Shape、Success）”等内容，增加到2021年《销售漏斗与销售管理》第二版当中。

增订版本论述销售漏斗在营销和企业管理中的作用时，既强调了销售漏斗首先是销售人员自我管理的工具的属性，也论述了销售漏斗中的数据对企业营销管理和决策的重要性。这样对销售漏斗工具的认识更全面，论述销售漏斗工具在营销和企业管理中的作用方面，兼顾了销售人员、数据共享者和企业管理者等各方面参与者的诉求，更平衡了。

序一

让我们一起建立更成功的销售组织

2017年夏日的一天，刘祖友先生约我一起聊聊。我和老刘是相识二十多年的老朋友了，见面后聊到了他最近刚刚完成的一个书稿，想让我给提点意见和写个序言。接到这份邀请，我多少还是有点惶恐，原因不只是因为刘祖友先生在跨国公司从事多年的销售管理实践工作，具有丰富的实践和一线的经验，更是因为我知道他还是一个很有远见和情怀的人，最终把他很多的销售管理经验结合理论体系归集整理成书，这是十分不容易的，我生怕完成不好他的这份托付。在过去的十年里，老刘一直很希望通过他的努力和工作，不只是使合作伙伴顺利地完成销售的目标，更是希望以授之以渔的方式，提高整个中国电子测试仪器仪表行业的供应链效率，这一点尤其令人尊重！

在我过去多年的创业、同众多的上下游行业伙伴合作、在综合性集团进行管理以及近十年从事风险投资的经历中，我不止一次被要求推荐一本把销售漏斗讲清楚的书。在我看来，大家想了解的，并不仅仅限于销售管理中的理论方面介绍，这样的书籍市场上有很多，但我很难找出一本，能够让从事销售和销售管理的读者不但明白理论体系，更能很快应用于自己的工作实践中的书籍。事实上，作为最强大的销售管理工具之一，销售漏斗在大量的介绍销售管理的书籍中被提及，但仅仅是将其作为从属于销售管理的一种工具和手段来加以介绍，真正的以销售漏斗为核心进行专门著述的则少之又少。

究其原因，是在于缺少对销售漏斗的专门研究，无法形成独立的理论体系。

刘祖友先生在其长达 20 多年的销售管理工作实践中，不断学习、探索，并最终形成了一整套基于“销售漏斗是销售人员自我管理和帮助销售人员提升自我管理能力的工具”这一销售漏斗定位的理论体系，通过严谨而细致的分析，将销售人员的主观判断与销售过程的客观逻辑有机地结合在一起，透彻地说明了销售漏斗工具形式简单但功能强大的内在原因，具有普遍意义，便于广泛推广。本次再版，进一步明晰了“销售漏斗工具”和“销售漏斗理念”两者之间的相互作用关系，强调了建立针对销售漏斗工具使用的督导组织的重要性，增加了关于耗材销售业务这一管理难点的创新性管理方法，同时结合实践对书中的管理案例进行了丰富，更有助于读者加深理解，参照学习。

拜读之后，感觉本书具有如下特点：

论述严谨，逻辑性强

本书的讨论深入而不发散，每一个论点的提出都要寻根朔源，从最基本的部分开始循序渐进，通过细致平实的论述，逐步将结论一步步地呈现在读者面前，简单自然而又扎实严谨，令人信服。

贴近销售管理实际，具有很强的实操性

本书为读者提供了全新理念和实用工具，旨在提高销售管理实践水平。随着阅读的深入，读者会逐渐领略到其价值。你会迫不及待地加快阅读速度，希望能够在随后的文字中找到你想要的答案。相信我，这本书会帮助读者重新构建销售漏斗管理体系。

本书第一章从对销售职业特点的分析开始，层层递进，最终明确了销售漏斗的定位：“销售漏斗是销售人员自我管理和帮助销售人员提升自我管理能力的工具”；

第二章，重点介绍了销售漏斗的整个建立过程，提出客户购买流程决定销售流程的“项目进展阶段”的概念和一个关键定义：“签单”；运用标准化流程的方法，指导销售团队，将看似复杂的销售流程标准化；

在第三章，你会学到建立数据呈现模型和图示化界面的基本知识，了解各种数据的定义，虽然有些枯燥，但对销售漏斗的使用很有帮助；

第四章，通过真实案例的展示，介绍了如何应用销售漏斗所产生的各类数据来对业务状况进行分析评估；

最后在第五章，阐述了三个层面使用者与销售漏斗应用成败的关系："销售人员真正愿意使用，是销售漏斗建立的基础；销售主管当好伙伴教练，是销售漏斗实施的关键；领导层决心和使用方法，决定销售漏斗的有效性"。

我能感觉到笔者力求使本书成为销售漏斗管理的实用指南，因此这本书采取了务实的写作风格，同时书中插入了大量销售管理的实际例子。本书适合各个行业的一线销售人员，以及从事销售管理工作的读者阅读，某种层面上也可以作为日常销售的工作手册。事实上我的建议是从事相关工作的读者应该人手一本，放在手边，并时时翻阅。我相信如果你这样做了，你会发现很有收获。

中国科学院东方科仪控股集团有限公司董事长　王戈

2021 年 1 月于北京

序二

用正确的方法去做正确的事

"Lean is to do the right thing well. It is common sense that is vigorously applied in everything we do."

（"精益就是用正确的方法去做正确的事。基本常识，用至其极！"）

——拉里·卡尔普（Larry Culp），通用电气首席执行官兼董事长

在过去工作的28年里，我和很多总经理无数次一起探讨最能帮助中国企业业绩成长的武器到底是什么。几乎每一次的答案里都包括"销售漏斗"这个工具，但往往很多时候，"销售漏斗"是一个听起来万能但又让人感觉高深莫测的工具。每一次当大家满怀热情想要一试身手时，又常常不知从何下手。即便有了一个好的开始，往往还会担心是否会偏离方向或者虎头蛇尾，担心是否能持续保持销售和管理人员的激情。很高兴看到刘祖友先生更新了《销售漏斗与销售管理》，把最新的经验和市场的反馈总结在了这版里。

在和当时丹纳赫的传奇CEO，现任通用电气董事长拉里·卡尔普的一次业务会议中，我们提到了运用销售漏斗这个工具时碰到的挑战。拉里说："轶昊，精益就是用正确的方法去做正确的事。基本常识，用至其极！"他的这番话让我豁然开朗。使用销售漏斗这个工具是一件正确的事，但是我们没有探寻到正确的方法去运用它。包括我在内很多总经理都知道我们为什么（Why）需要销售漏斗。在很多销售漏斗课程里面也讲了该做什么（What），

但是几乎没有什么课程告诉你应该如何（How）去做，去把它落地和扎根。刘祖友先生的这本《销售漏斗与销售管理》正是及时地解决了这个最大的难题。它不但解释了为什么（Why）和是什么（What），而且一步一步地告诉我们如何（How）正确地去使用这个工具。正如书中所述，销售漏斗的核心就是一个销售人员的自我管理工具。同时，销售漏斗与销售管理的方法也需要严格执行，它的目的就是要助力营销业绩增长，这对销售人员、销售团队和管理层都有益处。整个公司都应该支持和参与到其中来。

认识刘祖友先生已经 15 年了。有幸见证了他事业上的不断突破和成就：作为福禄克事业部总经理，打造出中国测量行业里最有影响力的事业部；作为总经理，帮助泰克仪器顺利渡过金融危机的艰难时期；作为丹纳赫商务系统总监，更是矢志不移地推动我们中国业务的持续性成长。刘祖友先生是我的同事，更是良师和益友，尤其在过去 10 年里，每每与他交谈都让我获益良多。相信这本基于他毕生精力的书，能够为那些想要用销售漏斗工具，但又不知从何下手的中国管理者带来更大的价值和更深的思考。

无论你是销售一线人员，市场团队，经理，总监，还是总经理，我们都是生意的管理者。希望这本书对你的帮助是深远的。更期待此书能够把你和团队的销售管理带到一个新的高度。管理的最终目的，就是让我们的生命更灿烂。

GE 医疗中国总裁兼首席执行官　张轶昊

2020 年 12 月 31 日于上海

前言

当我将书稿交给出版社的时候，决定写书时的冲动和写作时的兴奋瞬间就消失了，我的心情不是轻松了，反而变得有些忐忑。我不是专家，不是学者，我总结的这些东西对吗？有用吗？我可千万不要浪费了别人的时间，甚至误导了别人！

就在几天前，我以前辅导过的一位同事和我聊起他现在的工作。他现在在一家世界非常著名的公司，担任一个部门的销售总监，管理着60多位销售人员的团队，承担着5亿元人民币的年销售额。在近一年的时间里，他带领团队运用我们当年的工作方法，将公司现有的销售漏斗系统运用起来，取得了连续三个季度超额完成业绩指标的成绩；整个销售团队的管理进入了良性循环，销售人员学会了销售漏斗的使用方法，并逐步有了主动使用的意愿。他所在的大部门总经理要求在整个大部门中推广他们部门的经验。

同时，我拿着书稿和一些使用过销售漏斗工具的人座谈，征询他们的意见，他们都认为书的立意是对的，这是一个值得探讨的题目；同时他们也给了我一些建议，这些建议我已加入到现在的书中。

随着时间的推移，我的心情逐渐平复了！不管我的观点对错与否，不管案例是否有说服力，我不过就是做了一件事罢了，对过去的实践做了个总结，以书的形式和同行们进行交流与探讨，希望共同开启新的实践！

2014年12月，在丹纳赫（上海）企业管理有限公司为我举办的退休欢送会上，有人问我，退休以后准备做什么？当时我表示想总结26年做销售和培训的感悟，写一本书。此言一出，大家争相表示希望早日拜读。现在想起，当时真的有些大言不惭了！

不过既然话已出口，就必须践行，这是多年做销售养成的习惯，对客户绝不轻易承诺，但言出必行。想想自己骨子里还是没有忘记1989年离开北京工业大学时，给自己定的一个目标。当时大学毕业从事销售工作是社会的一个热门，我想“去外企工作三年，学习销售，将来回来能在销售方面开课”。但时光荏苒，转眼26年过去了，直到退休我也没能再回到大学的讲台。我用近三十年的时间一直在学习销售。因为三十年来无论科学技术，还是社会、人们的理念和行为模式都发生了翻天覆地的变化，销售作为一门学问，一直随着科技与社会的发展而不断发展，因此要一直学下去了。虽然没能再回到学校的讲台，但我一直没有放弃继续做一个老师的信念。丹纳赫公司和许多企业家给了我这样的机会，让我在更大的平台上继续从事自己想做、爱做的事。

要系统写些东西，对于我这样整天奔波在营销第一线的人的确是个挑战，需要梳理清楚思路，针对原来只知其然的做事方法和经验，去探究其所以然。开始我的确找不到方向，写出的东西连自己都看不下去，觉得太虚。在给一些企业做咨询的过程中，我逐步摸到了一些门路。现在一说到管理，都离不开大数据，各公司都有自己的数据系统，但是在实际工作中如何使用好数据仍是薄弱环节。说到销售，销售漏斗是最重要的数据管理工具，但销售漏斗中的数据采集与其他数据的采集有着极大的差异，数据中人为判断的因素很多，这就决定了销售漏斗属性、定位、使用方法等一系列特有的特性。结合自己过去近三十年在营销、培训、咨询方面的经历和15年建立、使用销售漏斗的实践，我逐步找到了探究其所以然的突破口，于是有了现在用时两年半写就的《销售漏斗与销售管理》。

我之所以能在“销售管理”方面有所收获，离不开丹纳赫集团在中国的这个平台。26年来，我有机会先后深入到世界顶级的电子测试仪器、水环境检测、生命科学、医疗检测、医疗设备、产品标识、工业控制、加油设备等平台，从事营销和营销管理工作，做培训、参加他们的“改善”活动，从中了解了不同行业的业务模式、管理模式。在工作过程中，让我有机会和各行业的顶尖管理者交流，从中学到了许多先进的管理理念；与不同行业的销售人员接触，从中探讨不同行业在销售方面共通的基本规律。在此，我要感谢丹纳赫集团，让我有机会到如此多的世界顶级业务平台去实践；我要感谢曾经的领导和 DBSO（Danaher Business System Office）的老师们，我从你们那里学到的知识，使我终身受益；我更要感谢和我共同工作的同事们，你们的包容和支持，让我度过了值得回味的美好时光！

在我近三十年营销工作的过程中，要感谢这样一批特别的朋友——丹纳赫各个平台的代理商、经销商朋友们。我和这些朋友中的许多人由业务结缘，从厂商关系，逐步成了事业上的朋友。他们的实践见证了中国改革开放的过程，见证了中国民营企业的发展。他们的企业成了我实践的平台，我的许多思考是在他们那里产生、实践、总结的，书中许多案例就来自他们的企业。

在我写书的这两年多里，有几家公司给我提供了验证方法、收集数据的实践机会。为了对书中的数据保密，我不能一一列出他们的公司和负责人，我将当面向他们致谢！并希望继续以他们的公司为实践点，不断在大数据应用与营销管理方面进行探索！

感谢王戈先生和张铁昊先生为本书作序。他们是我多年的老朋友，他们在各自繁忙的工作中，一直对我的研究给予关注、鼓励和具体支持，并在一些关键议题上提供了很有见地的意见。

最后，要感谢家人对我的支持！近三十年的职业生涯中，父母、太太、女儿给了我最大的支持，能有这样一个总结也算是对你们的回报！

2017 年 6 月 26 日

于北京

再版前言

本书在2018年1月出版发行以来，受到许多读者的关注，他们用不同方式反馈了阅读后的一些思考和建议，指出了书中的错误，探讨使用销售漏斗中遇到的问题，给出了修改的意见。我把读者的反馈一一记录，凡是可在增印时修改的，出版社都做了修改；凡是重要的议题，我都列入了后续对销售漏斗的研究内容；通过与读者、与销售漏斗的使用者、与营销管理者进行的有益探讨，我受益匪浅，在此再次表示感谢！

2020年初，突如其来的新冠肺炎疫情让我有时间整理过去两年探讨和研究的收获，为再版这本书做了文字上的准备。从2020年6月北京再次出现疫情开始动笔，到10月初完成了再版稿。再版稿的文字内容增加了近40%，修订了原版中的文字和图表错误，并主要增加和修订了以下内容：

1. 一位律师朋友认真地阅读本书后，除了对文字、标点符号做了详细订正以外，特别对将销售漏斗的管理范围定义到“接单”，提出了修改意见。他指出“接单”不是一个具有严格法律意义的词，应该用“签单”。“签单”是一个正式的过程，最终以双方签署具有法律意义的正式文件结束一个阶段的工作，后续生产、发货、收款和处理异议，都是依据所签订单这个正式的法律文件进行的。因此，对于销售过程来讲，其最终的目的就是得到双方认同的，正式签署的合同或订单。

2. 在2018版的第二章中介绍了“从‘销售进展阶段’到‘项目进展阶段’”的概念，一些读者和我讨论这个概念的合理性，希望能进一步展开对“项目进展阶段”概念的论述。

2018年利用开设《非职业项目经理人的项目管理知识》培训课程的机会，我系统地学习了项目管理的知识。结合项目管理的知识，我再次审视了与销售漏斗相关的“项目进展阶段”的概念，尝试用项目管理的知识对“项目进展阶段”的阶段定义和每阶段的工作内容设定进行理论探索；这些探索和思考分别以理念、数据模型、实践案例的形式，反映在本书的第二章、第三章、第四章。在做理论探索的同时，结合实践总结了多个定义“项目进展阶段”的案例，这些案例涉及了传统设备制造业、电子产品制造和销售、医疗设备和耗材销售、OEM、系统集成、建筑装修，等等不同领域，其中十个典型案例作为附录编入了本书。本次再版用了比较大的篇幅，讨论了用项目管理的知识管理销售机会项目的理念；同时，用案例展示了对销售过程的分析和管理的方法。这些案例既有助于读者加深用项目管理的知识，对销售过程进行管理的理解，又可以对照案例分析自己的业务。

3. 关于耗材销售业务的管理，一直是营销团队关注的问题，至于用销售漏斗进行耗材销售业务的管理，更是一个难题，一般只能做到总体管理——每年大致增长多少，无法进一步精准或精细管理。第一版书中是将耗材业务归纳到OEM一类业务中讨论的。

过去三年与多位在耗材销售方面有丰富经验的管理者探讨，提出了一种用每台设备年度“耗材平均消耗量”的概念，将耗材销售管理细化到具体地区、具体客户、具体耗材供应商，甚至具体设备的方法，这种方法也为使用销售漏斗进行耗材销售管理提供了一种可行性。尽管这种方法存在局限性，未必可以涵盖各种类型耗材的销售情况，但还是有一定的代表性的。在再版时介绍了这种方法，供具有相同类型业务的读者参考，更希望与众多的读者探讨这方面的经验和方法，丰富销售漏斗的适用范围。

4. 与销售漏斗不同，OA、ERP等工具是企业内部运行的必备工具，现在营销人员不上OA系统，一切审批流程都将无法进行；而ERP系统是企业整体运营（营销管理、采购、生产、运输、财务等）的工作平台，每个部门都是在这个平台上获得信息，安排本部门的工作，再将本部门的工作结果上传至工作平台上……以此保证企业的正常运转。

通常一个组织决定使用销售漏斗时，往往认为与使用 OA、ERP 系统一样，布置下去，团队成员会自觉、主动地使用；结果大多数企业销售漏斗的使用，都经历了从轰轰烈烈，到虎头蛇尾的过程，这种情况在某些企业曾反复出现，甚至最终销售漏斗被认为并不是企业运营中必须要使用的工具。究其原因，一个关键因素是，在使用这个工具前，没有认识到销售漏斗与 OA、ERP 等工具在性质、适用范围、使用者的角色定位和作用等方面是截然不同的；另一个关键因素就是缺少对这个工具使用的督导组织体系。

总结以往销售漏斗使用的经验、教训，发现组织体系的建立是使用好这一工具的保障。为有效使用销售漏斗，除了要确定工具性质、适用范围、参与者角色定位以外，建立有效的督导体系是不可或缺的。这种督导体系，不是一个庞大的系统，而是一个推动销售漏斗使用的、兼职的执行团队。这个团队由懂得销售漏斗基本理念和使用知识，又有一定职能的负责人（督导经理）和他在各个基层团队的联络员——超级使用者（Super User）组成；他们负责销售漏斗使用过程中的辅导、使用情况的检查和督促、进行数据分析、向管理层提供营销方面的建议，同时反馈销售漏斗使用的情况和处理意见。有效的组织体系，是实现团队使用销售漏斗的目的——帮助销售人员和销售团队提升自我管理能力，助力营销业绩增长——的保障条件。

5. 再版过程中，对第一版第二章、第三章内的一些公式定义，做了进一步的说明；为了帮助读者理解，增加了数据验证的内容，并针对验证数据的结果，做了销售人员存在问题的分析。希望这些内容可以帮助读者理解这些显得枯燥的内容。

……

本书再版是对过去三年实践的一次总结，希望能继续与读者交流，不断丰富销售漏斗使用的经验，使销售漏斗这个工具在企业营销工作中真正能够起到“帮助销售人员和销售团队提升自我管理能力，助力营销业绩增长”的作用!

2020 年 10 月 22 日

于北京

目录 Contents

第三章 销售漏斗中的数据呈现模型

第四章 应用销售漏斗提升管理能力

第五章 决定销售漏斗成败的基础、关键与有效性因素

第一章

销售职业的特点与销售漏斗的定位

第一节　销售职业的特点

一、“体力工作者”与“知识工作者”

1957年，彼得·德鲁克先生提出了“体力工作者”与“知识工作者”的概念。德鲁克先生将企业的员工区分为“体力型员工”与“知识型员工”两大类，并指出这两类工作者的区别：

对体力型员工而言，要求的是“效率”，“把事情做正确”（To do things right）。

而对知识型员工而言，要求的是“有效性”，“做正确的事情”（To get the right things done）[①]。

一般来讲，体力型员工是指生产线技工、搬运、保洁、建筑工人等不需要动用太多脑力的工作者。

知识型员工是指“那些掌握和运用符号和概念，利用知识或信息工作的

① 彼得·德鲁克.卓有成效的管理者（珍藏版）[M].许是详，译.北京：机械工业出版社，2009.

人。”当时德鲁克先生指的是某个经理或执行经理。以此来区分企业中的一般员工与经理等管理者，从而提出管理的理念和管理者的职责。今天，知识型员工实际上已经扩大到大多数的白领。

50多年来，随着科学技术的发展，特别是信息技术的发展，改变着创造社会财富的模式，也使得社会分工产生了巨大的变化。知识型员工已不再是当年少数的管理者群体；而体力型员工也不再是纯体力工作者，他们同样要掌握先进的科学与技术，才能胜任其面对的工作。因此，强调“有效性”和“做正确的事情”已成为当今企业对所有员工的要求。

二、对体力工作者与知识工作者的管理

管理一直是一个热门的话题，这方面有许多论述和成功的案例。总结多年的实践，可以看到“管理”其实离不开员工类型，虽然其中有许多共通性，但在基本理念方面还是有差异的。

对于体力型员工从事的工作，有非常完整的理论与实践，建立了衡量方法与管理制度，有很好的管理和推广团队。以“精益管理”为代表的理论与实践，就是这方面杰出且行之有效的工具。它形成对体力型员工的工作进行严密和细致的督导，以保证他们“把事情做正确”。

笔者曾多次参加这方面的学习、实践，甚至在团队中组织过有关的“改善”活动，感觉受益匪浅。许多理念和方法运用到营销实践中，在规范营销工作流程和营销团队成员的行为习惯方面，取得了非常好的效果。

在多年的营销实践中，笔者一直在学习、探索对知识型员工工作的管理。虽然这方面有许多理论，也有许多经验总结，但要么非常抽象，要么不具有普遍性；没有看到像“精益管理”这样，有理论、有实践、有普遍意义又有专业团队推广的工具。究其原因，和知识型员工的工作属性有关。

弗朗西斯·赫瑞比2000年在《管理知识员工》一书中，对知识型员工这

一群体的工作内容做了如下概括：

“简而言之，知识型员工就是那些创造财富时用脑多于用手的人。他们通过自己的创意、分析、判断、综合、设计给产品带来附加价值。当然创造过程中也用到手，但只是用手将数据输入计算机，而不是用手扛一个 50 磅（1 磅 =0.4536 千克）重的麻包。”①

知识型员工这一群体有一些共同的职业特点：②

（1）具有相应的专业特长和较高的个人素质。

（2）具有实现自我价值的强烈愿望。

（3）高度重视绩效或成果激励和精神激励。

（4）具有很高的创造性和自主性。

（5）强烈的个性及对权势的蔑视。

（6）工作过程难以实行监督控制。

（7）工作成果不易加以直接测量和评价。

（8）工作选择的高流动性。

正是基于上述职业特点，要求知识型员工应具有很强的自我管理能力。而不断提升自我管理的能力，必须是发自员工内心的，是其在职业生涯中不断提升、不断完善、不断实现自我价值的过程。这一过程将伴随知识型员工的整个职业生涯。

企业只能协助和培养知识型员工不断提升自我管理能力，从而实现其自我价值。因此，企业的职责在于：

（1）建立“责、权、利”明晰的管理体系。

提升知识型员工的责任意识，从而自觉地完成任务，自觉地做出贡献，自觉地追求工作效益；

---

① 弗朗西斯·赫瑞比．管理知识员工［M］．郑晓明等，译．北京：机械工业出版社，2000.

② 资料来源：百度百科

要提供良好的工作环境，让知识型员工在职责范围内的工作有自主决定权，得到企业和团队的支持与帮助；

对工作的绩效或成果，有明确的考核方法，对其工作和贡献在给予肯定和认可的同时，给予相应的物质激励；对无法实现“有效性”目标的人，给予淘汰。

简而言之，绩效或成果目标要明确；绩效或成果考核方法要规范；绩效或成果收入要具体；员工成长有空间。

（2）要建立有效的沟通机制，帮助知识型员工提升沟通意识，自觉地协调与各部门的关系。

（3）要建立“以人为本”的尊重知识、尊重人才的企业文化，充分授权，让员工感受到尊重与信任，从而有归属感。

（4）要建立监督机制，帮助知识型员工提升法律和诚信意识，自觉地遵纪守法。

三、销售工作的职业特点

“会计和研究岗位的知识成分是显而易见的，管理和销售工作的脑力成分可以想象得到。”①

销售工作是典型的知识型工作，销售人员是典型的知识型员工。销售人员并不是简单地销售产品，他们销售的是解决方案。他们需要对每个客户的需求和自己的产品有足够的了解，提供满足特定客户直接需求的产品和服务。

从事销售工作多年，总结销售工作的特点为四个字——“不确定性”，这种“不确定性”表现为：

时间空间的多变性。销售人员的工作时间、地点都要以客户要求的时间、

---

① 弗朗西斯·赫瑞比．管理知识员工［M］．郑晓明等，译．北京：机械工业出版社，2000.

地点为准。因此，工作计划总是相对被动的。

客户情况的差异性。没有两个客户的情况是完全相同的，因此，工作的重复性不高。

项目因素的多样性。每个项目的影响因素众多，同时具有不可预测性和突发性的特点。

思维判断的自我性。对于客户关系、项目进展、影响因素等的判断，带有销售人员的主观性，与销售人员的能力、阅历、工作经验、客户关系等因素有关，因此，同样具有很多不确定性。

这种工作内容的“不确定性”，决定了销售人员的工作是收集信息、利用信息，通过独立的思考去工作，用不同的方法和技术来解决问题，并有权决定用什么工作方法来完成他们的、不同的工作任务。销售人员的注意力是集中在精神上的，而不仅仅是体力上的，这需要创造力和自制力，最终是以取得的绩效或成果来衡量其成功与否。

技术型销售工作是典型的知识型工作，技术型销售团队是典型的知识型组织。因此，对技术型销售团队和成员的要求是“有效性”和“做正确的事情”(To get the right things done)。

四、销售人员的自我管理能力

影响销售业绩的因素是多重的，比如市场情况、产品竞争因素、营销策略、销售组织架构等外部因素。而销售人员的能力是影响销售业绩重要的内在因素，这些能力包括责任感、学习能力、专业知识、交往能力、综合和分析问题的能力、判断力，等等，不一而足。但在所有能力中销售人员的“自我管理能力”是重中之重。

在知识型组织中，许多成员都是单独作战的，技术型销售人员的工作就是如此。虽然在通常情况下他们没有下属，但他们仍然是“管理者”。这种管理的核心就是管理好自己，管理好自己的业绩目标、市场规划、时间分配、项目进程、与绩效或成果相关的各种数据的收集、分析和运用……

在实践中经常有这种情况，同一地区，前后不同的销售人员，会有不同的绩效或成果。大多数人把这种情况归结为运气。我们无意否认时间、前后工作的贡献等因素，但在三十年从事销售管理的实践中，通过观察、总结大量的事实，可以得出一些规律性的东西。绩效或成果好的技术型销售人员，都有很强的自我管理能力。

某公司在某省的业务几年不见起色，负责该省业务的销售人员有很好的专业背景，并在该行业工作多年，公司始终认为该销售人员是合适的人选。但在业绩实在无法被接受后，公司决定换人。

新的销售人员入职后，大家都带有试试看的心态，因为担心其没有该行业的职业背景，会影响其适应新工作。但是该员工加入公司后，第一年承担的业绩从前一年的年销售额 20 万美元，提升到 100 万美元，增长了 400%。前八个月，他实现了年度业绩的 70%，达到 70 万美元。他未来 12 个月的销售漏斗中有 400 万美元销售机会。面对这样的业绩，大家有不同的解读。在分析了各种数据后，笔者对他进行了一次访谈，为使访谈更有效，事先起草了提纲，并做了记录。

总结访谈记录，看到他工作方面的两大特点。

1. 入职后在不同时间阶段有不同的工作重点。

（1）入行后他给代理商的人员布置了一项作业：在一个月内对自己所管辖区域内的客户——医院，做一个调查。调查内容包括：

a）该医院的财务数据（年收入是多少？）

b）该医院 ×× 专业科室的设备数据（使用年限是多少？）

c）该医院 ×× 专业科室的地位（年收入占医院总收入的比重是多少？）

用他的话说，这种看似与急需取得销售业绩无关的调查，让代理商的人很不理解。但调查结果出来后，他对全区域状况有了全面的了解，并且和代理商就工作方向和采取的行动达成了共识。

（2）在工作进入常规阶段后，他将每月的时间都规划好。

a）把与主代理商的销售人员讨论工作的时间固定下来，同时议题基本固定，指导、布置他们一个月的工作。

b）每周五下午，依据销售漏斗和公司大活动的安排，有针对性地安排自己下一周的工作，包括自己和代理商销售人员的工作。

c）对当月要签单的项目跟进工作与新市场开拓工作合理地分配时间。几个月下来，在较弱的二级医院和民营医院方面工作有了较大的进展，主要体现在销售漏斗中在进行的机会项目数增长了50%。

2. 对市场、代理商、产品有非常理性的分析和工作重点。比如他提出了一些理念：

（1）市场推广上，由于人力、物力、知名度等因素，要有计划和步骤。这个计划和步骤不是仅仅依据公司的计划，而是应该结合自己所在市场、客户发展程度，制定符合自己实际情况、可实施的计划。

（2）换位思考，了解代理商的追求——业绩和利润。学会管理代理商，不是自己冲在前面，要培养和调动他们的业务员，只有这样才能逐步建立起信任，提升代理商的忠诚度。

（3）向客户推广产品要从低配到高配。不要见客户就推销最贵的产品，希望一下就把客户拿下。要根据客户的实际需要、技术水平，介绍合适的产品，持续不断地向客户推广产品，成为合作伙伴关系。（这难道不正是我们常说的培养客户，在销售领域里可持续发展的理念吗？）

（4）协调客户、二级代理、主代理之间的关系，力争做到公平、共赢。

总结此次访谈可以看到，上述案例中的这位销售人员之所以能取得如此好的业绩，是因为日常工作中在“时间管理”与“工作管理”方面非常有特点。这两方面正是销售人员“自我管理能力”的体现。

第二节 销售人员自我管理能力的提升

一、自我管理能力主要表现在哪些方面?

在《卓有成效的管理者》一书中，彼得·德鲁克先生指出，“卓有成效”是可以学会的，而卓有成效表现在五个方面：

掌握自己的时间——自我管理

我能贡献什么——责任

如何发挥人的长处——素养

工作中要事优先——工作规划

有效的决策——判断力与担当

这五个方面概括了一个成功管理者应有的使命感、自我管理能力和担当精神。而“掌握自己的时间”和“工作中要事优先”是密不可分的，我们不妨将之称为知识型员工的“自我管理”，而知识型员工这方面的能力就是“自我管理能力”。

如何使自己在实践中卓有成效呢?

“有效的管理者并不是一开始就着手工作，他们往往会从时间安排上着手。

他们并不以计划为起点，认识清楚自己时间用在什么地方才是起点。”[①]

在知识型员工的职业生涯中，管理好自己的时间，是使自己卓有成效和取得理想绩效的起点，并贯穿职业生涯的始终。在信息爆炸和时间被碎片化的当下，管理好自己的时间就显得尤为重要。有形的浪费容易被察觉，并及时克服；无形的浪费容易被忽略，更难以及时纠正。这就像生活中的水、电，人们容易发现有形的浪费，而忽略了跑、冒、滴、漏。我们工作中容易发现纸张、场地、设备的浪费，而往往忽略了在时间这个无形财富上的浪费。时间管理是自我管理的过程，别人只能给予帮助、提醒。因此，管理好自己的时间是卓有成效的核心和基础。

时间是最稀有的资源。若不将时间管理好，要想管理好其他事情就只是空谈。而分析自己的时间，也是系统地分析自己的工作，鉴别工作重要性的一种方法。[②]

“认识你自己”这句充满智慧的哲言，对我们一般人来说真是太难理解了。可是，“认识你的时间”却是任何人只要肯做就能做到的，这是通向贡献和有效性之路。[③]

德鲁克先生上述论述说明，知识型员工在职场上的自我管理能力就体现在“时间管理”（掌控自己的时间）与“工作管理”（要事优先）两方面。

讲时间管理，一定是以工作管理为重心；

讲工作管理，一定是以时间管理为载体。

这两者之间是互为依托。如果讲时间管理不与工作管理结合，时间管理就成了没有重点的流水账；同样道理，如果讲工作管理，离开了时间管理，也

---

① 彼得·德鲁克．卓有成效的管理者（珍藏版）[M]. 许是详，译．北京：机械工业出版社，2009:24.

② 彼得·德鲁克．卓有成效的管理者（珍藏版）[M]. 许是详，译．北京：机械工业出版社，2009:50.

③ 彼得·德鲁克．卓有成效的管理者（珍藏版）[M]. 许是详，译．北京：机械工业出版社，2009:50.

就失去了计划性和时效性。

二、销售工作中的自我管理

销售人员的日常工作包括了对不同项目的管理和对具体项目的不同进展阶段的管理。

与生产领域“精益管理”中关于“一件流”的概念不同，在销售领域中（除大客户、大项目订单等特别案例外），每位销售人员在同一时间内，会同时有多个项目交叉进行。同时管理多个项目是销售工作的常规模式。

而每个具体项目中，又有不同发展阶段的问题需要管理。在不同的项目进展阶段，销售人员又要关注不同的工作重点、不同的关键人，需要争取不同的资源和协调不同的关系。这是一个复杂的系统工程。

因此，技术型销售人员时时面对的挑战，是在销售目标（月度、季度、年度）这个常量与掌控的项目数量、进展阶段等多个变量之间的不断协调、不断匹配的工作过程。而每个时间段一到，不管结果如何，一切归零；新的协调、匹配工作又开始了。

另一方面，对销售人员来讲，不光要做眼前的工作，完成当前的任务，还要为未来的发展做更多的开拓工作。有一个比喻，说销售人员的工作和农夫一样，要“吃着碗里的，看着锅里的，想着仓里的，种着地里的”。这个比喻非常形象地说明了销售人员既要能打好战斗、战役，又要在自己管理的领域（地域、行业或产品方面）有策略性和实施策略的能力。

在和许多销售人员的交流中发现，目标的压力，思维的跳跃性，时间的碎片化，让他们有一种疲倦感，那种刚刚加入销售工作的激情已经不在。这种情况需要通过销售人员的自我管理能力去解决。如何合理地安排自己的时间和协调各个项目的工作进程，是摆在每个销售人员面前，并伴随其销售职业生涯永远的课题。在这一过程中，还会涉及销售人员的勤奋、判断力、沟通协调能力、团队意识、决策力、学习能力等方方面面，但体现在“时间管理”与“工作管理”上的“自我管理能力”是最根本的核心能力；没有这个能力，其他能力都无从谈起。在这方面，团队的其他人员，包括上级管理人员，都只能起到辅助的作用。

第三节 销售漏斗是什么

近年来，“销售漏斗管理”成为销售管理的热门话题，通过销售漏斗管理提升销售业绩的案例比比皆是，一时间似乎通过对销售漏斗的管理就可以提升销售业绩，成为销售管理的主流声音。许多公司花重金建立起销售漏斗系统，聘请顾问公司培训；有些公司甚至出台奖惩措施，推动员工认真填写、更新数据。在实施的初期确实取得了很好的效果，但是随着时间的推移，系统的作用越来越弱化，甚至有名无实。

纵观众多公司使用销售漏斗的经验教训，可以看到一个有趣的现象——管理层的热情很高，但与管理层的热情形成鲜明对比的，是销售人员反应冷淡，甚至抵触。究其原因，关键在于要弄清楚销售漏斗是什么。

一、销售漏斗的发展与应用中面临的问题

销售漏斗不是最近才有的，三十二年前（1989 年），笔者加入美国福禄克公司时就有做销售记录的习惯。在这份记录中，有客户信息、项目情况、产品清单、预计签单时间等内容，这就是销售漏斗的雏形。

随着电脑系统的逐步成熟，应用程序的不断开发，销售漏斗的版本翻新

和应用走上快速发展的轨道。

从记账式的管理，到电脑列表的 Sales Pipeline，再到用 Excel 建立 Sales Funnel——增加了许多分析功能，以数据筛选、透视表等工具为基础，用数据帮助销售人员管理销售流程的方法初步建立。

当前，利用网络平台建立的销售漏斗（Sales Funnel）和销售人员工作日志，更是在数据收集的即时性、数据分析的全面性、销售管理的系统性方面达到了极高的水平。

作为这一发展进程的亲历者，笔者一直被一个问题所困扰——为什么，每一次新方法的推行都是以信心满满开始，又都以不了了之草草收场？

系统设计者们根据管理者的要求，建立起各种管理模型，并强调系统的功能如何强大、实用；

管理者看好系统的功能，并且在使用的初期就总结出系统如何促进了业绩成长，以及新系统的优点；

而参与者，特别是第一线的销售人员，则是历数系统的问题，从侧面阻击（因为是公司的决策、领导的要求，不好公开违抗）销售漏斗的使用。最终这一工具的推行不了了之。

当新的技术得以应用时（比如，从 Excel 模式向网络平台模式转变时；从网络平台模式向移动终端模式转变时），上述过程就又重复一次。

问题究竟出在哪里呢？

经过多年的实践、思考与总结，笔者逐步意识到，销售漏斗是一类广义的营销管理工具的概念，问题的关键在于“如何认识销售这个职业的特点（或属性）”，从而建立一套有效的销售人员和销售业务管理的理念，以及与之相应的管理体系、工作方法和配套的管理工具。

以销售漏斗概念推出的种种工具在实践过程中遇到的困境和许多尴尬的局面，从一个侧面说明，在使用具体销售漏斗工具的过程中，缺失了对销售漏斗在工具定位、应用主体、分析模型、应用组织等方面的指导；没有形成像

"精益工具"那样的，有理念、有工具体系、有实践经验、有专业推动队伍的管理体系；对销售漏斗理念的探讨，更落后于具体销售漏斗工具推出的速度。

因此探索销售漏斗工具使用中规律性的东西，总结出基本理念、数据分析模型、应用案例和销售漏斗工具使用的组织模式，形成"销售漏斗工具"应用的理念、方法论和组织实施方法势在必行。

为了区别销售漏斗概念与具体销售漏斗工具，本书在后续的论述中，按照读者习惯的方式，将"销售漏斗"定义为"销售漏斗工具"；用"销售漏斗理念"强调讨论的问题是关于销售漏斗的基本理念、数据分析模型、解决问题的方法等基本概念。望读者能适应！

二、销售漏斗中数据的特点

当前，运用数据分析各种问题是社会发展的大趋势。各种数据收集方法和分析模型也就应运而生、层出不穷；甚至一谈解决问题的方法就要沾上大数据的概念，让人有些雾里看花、应接不暇的感觉。

实践中，虽然各种模型都强调其全面性、合理性和有效性，然而这些模型和方法都离不开一个基本的、核心的事实——要进行数据采集。

在工业、农业、医学和科研领域，数据采集一般都是通过传感器收集物理、化学量来实现的；而在社会生活领域，人们迁徙数据的收集可以通过移动终端设备定位，人们消费的数据可以通过各种交易系统和使用公共设施的信息实现；而社会发展数据是由社会工作者通过设计调查问卷和进行调查获得……上述数据具有一个共同的特点就是客观性，其结论的精确度可以通过传感器的改进、采集点的调整、问卷的设计、抽样调查的方法加以控制和改进。影响数据的主观因素几乎可以忽略不计。

销售业务是通过销售人员与客户的交流进行的，这种与人交往的过程存在着强烈的主观性和不确定性。现有的各种对销售业务和销售人员管理的工具中，其数据的提供者是销售人员，即数据的收集来自销售人员（这里我们用“收集”一词，表明销售管理中的数据具有主观性、因素多样性的特点，以区别传感器采集的是客观数据）；而所有分析模型提出者和最大的受益者是企业，是代表企业的管理者。这样，先不说销售过程中许多因素的复杂程度无法完全定量确定，也不说许多销售人员根本不接受这种管理的理念，就是要求被管理者（销售人员）提供数据，让管理者（经理们）用这些数据来管理自己，这本身就是一对矛盾体，就已埋下了执行过程中的层层阻力。尽管管理者可以运用行政手段要求员工执行，但不成功、不了了之的案例比比皆是。因此，以建立对销售人员而言“帮助销售人员自我管理”，对管理者而言“帮助销售人员提升自我管理能力，从而提升销售业绩”为核心的销售管理理念和相应的工具就应运而生了。

由此可见，销售漏斗实际上是以销售漏斗理念为基础的管理销售业务的一类工具，既然是工具，就不存在对工具本身进行管理。我们是运用销售漏斗，对销售业务进行管理。建立有效的销售漏斗本身不是目的，首要的目的是，用这个工具帮助提升销售人员的能力，在提升销售人员能力的基础上提升销售业绩，而这里所指的能力，就是第二节中论述的“销售人员的自我管理能力”。

第四节　销售漏斗中的数据对企业营销管理和决策的重要性

企业各级管理者之所以如此重视销售漏斗工具的使用，是期望通过销售漏斗中的数据对企业营销状况做出预判，为企业的发展策略提供数据支撑。图 1–1 形象地反映了销售漏斗中收集的各种信息形成的营销数据和能力数据，与企业各层级应用这些数据的关系。

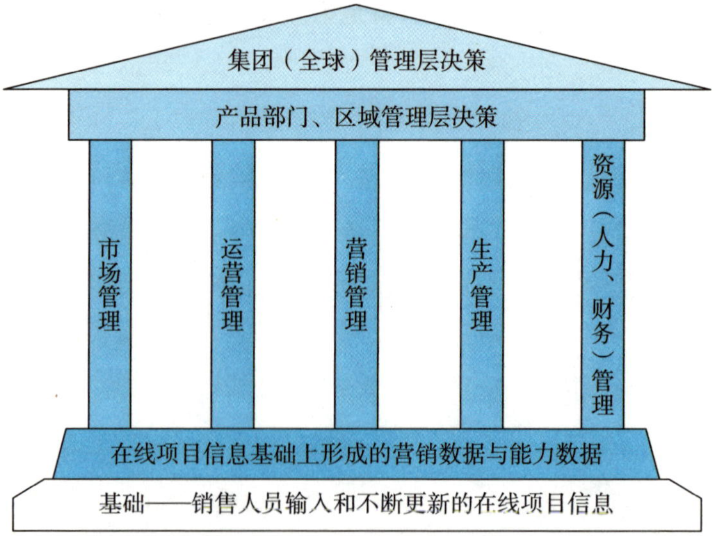

图 1–1　销售漏斗中的在线信息是所有应用的基础

从图 1–1 中可以看到，如果企业各级管理者希望从销售漏斗中“在线项目信息基础上形成的营销数据与能力数据”里，获得管理和决策的数据支撑，那么“销售人员输入和不断更新的在线项目信息”就是整座建筑的基础。这里强调“在线项目信息”是因为销售漏斗是线上工具，我们姑且将录入销售漏斗中的正在进行的项目称为“在线项目”，与没有录入的正在进行的项目以示区别。

对照企业营销目标，销售漏斗在线项目形成的营销数据与能力数据，可以呈现营销状况和发展趋势，能够帮助营销团队和各职能部门直至公司管理层，及时发现和分析营销过程中的问题，并加以解决；销售漏斗在线项目数据的使用者（包括销售人员），都希望从中获得有助于自己实现业绩目标的信息。

同时，销售漏斗中的营销数据和能力数据，是高层决策者做决策和向股东汇报业绩与企业发展前景的重要数据之一。由此，就不难理解企业上下各级管理层为什么如此重视销售漏斗工具的使用情况了。

观察图 1–1 会发现，在销售漏斗工具的使用中存在着内在的“因”“果”关系，如图 1–2 所示。

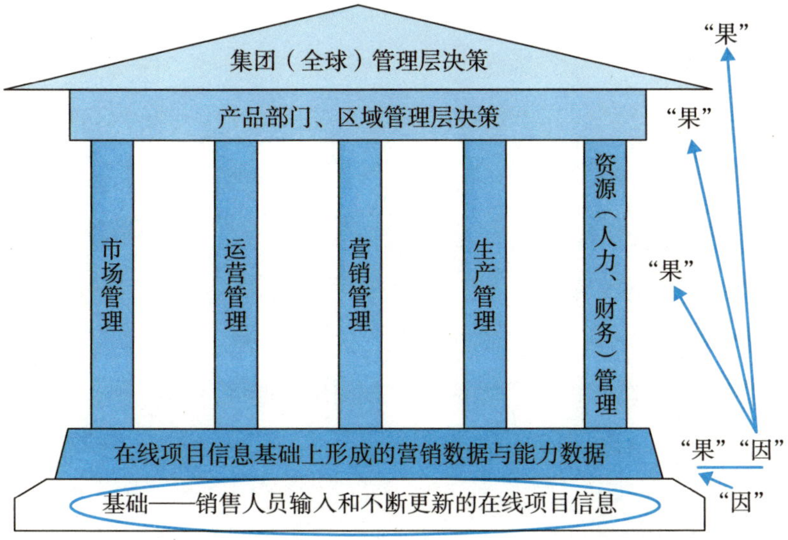

图 1–2　使用销售漏斗工具的“因”“果”关系

销售漏斗的使用者涉及企业的各个职能部门和高层管理者，他们使用的是“在线项目信息基础上形成的营销数据与能力数据”，而这些营销数据与能力数据的基础是“销售人员输入和不断更新的在线项目信息”。销售人员输入和不断更新的在线信息是“因”，在此基础之上的形成的数据和对这些数据内容的应用都是“果”。销售人员对销售漏斗工具的认知程度和使用的认同感，是销售漏斗这一工具有效性的根本。

在推行使用销售漏斗工具的过程中，一方面要让销售人员和销售经理们认识到，这个工具首先是帮助销售人员自我管理的工具；另一方面管理层应在日常工作中讲清销售漏斗中的数据对企业营销管理和决策的重要性，让销售人员和销售经理们意识到，在线项目基础信息的真实和有效，对企业发展和策略制定的重要性。上述两方面，要达到平衡，不可过于偏重一方。而销售漏斗工具在这两方面的有效性，都要求其中的“在线项目信息”要与实际业务情况相符合，即实际销售项目信息能够及时、准确、标准化地存在于系统中(在线可见)和不断进行更新!

第五节　谁是销售漏斗的应用主体？

目前许多企业对销售漏斗的使用，除了销售部门用于对销售人员日常工作管理外，更多的是提供给管理层、市场、运营、生产等部门使用。

各级管理层将销售漏斗当作销售预测的工具，为了上报销售预测层层加码，甚至要求销售人员凑数，比如：

当月，销售漏斗中可以签单的数值要达到销售计划的两倍；

下月，销售漏斗中可以签单的数值要达到销售计划的一点五倍；

隔月，销售漏斗中可以签单的数值要达到销售计划。

这种凑数情况的发生，使得销售漏斗中的数据，违背了数据真实、有效的基本原则，又怎能反映出真正的销售状况呢？在销售工作遇到挑战、不达标时，管理层就根据销售漏斗中、按照领导“旨意”凑出的数据批评销售人员，甚至对照销售漏斗中没有实现的项目，指责销售人员“没有诚信”。此时的管理者已经忘了（或者不愿意面对）这些数据是怎么来的了！更严重的是，这种情况在营销团队中造成了不讲真话或不敢讲真话的风气，是对销售队伍最大的伤害。

市场部门一方面依据销售漏斗里的数据，做市场分析，策划市场活动；另一方面，给销售人员布置大量销售机会（Leads）跟踪、汇报的工作，统计销售机会进入销售漏斗的转化率。实践中往往出现，市场活动红红火火，上报了大量销售机会，业绩突出；而销售人员则抱怨连连，销售业绩没有根本改善，却给销售人员增加了大量销售以外的工作；最终出现市场人员抱怨销售人员不配合，销售人员抱怨市场部门添麻烦，双输的尴尬局面。

在某公司，笔者目睹了这样一幕。月底销售人员忙于签单、发货的时候，市场部的同事不断来电话，催要销售机会跟踪的情况。后来该销售人员一看来电显示是联系自己的市场人员，立即挂断电话，并向笔者抱怨。

如此局面，一方面与公司部门业绩考核方法有关，市场部门希望找到一个简洁的考核方法，于是想到了销售漏斗，将发掘销售机会转换进入销售漏斗的数量作为考核目标。这些数据的确是市场活动的重要数据之一，但从一个营销团队整体来看，最重要的，也是唯一的考核指标——销售业绩——才是团队的共同目标，才是协调整个团队工作的基础。否则往往会出现，市场部门的指标完成得超好，而销售部门的业绩与之不相匹配，甚至倒挂的尴尬局面。这种局面，在营销团队中司空见惯。

运营、生产部门以销售漏斗的数据安排资金、采购、生产，当实际结果与预测基本一致时，皆大欢喜，都夸奖销售漏斗的好处，许多案例都被用来证明使用销售漏斗的成功。但是，一旦出现库存积压或者供应不足的情况，首先将造成问题的原因指向销售漏斗中数据不准，也指向销售人员。

凡此种种，不一而足。

造成上述困扰的原因就在于，销售漏斗的定位不清和功能被过分强调。当取得预期效果时，各方皆大欢喜；没有达到预期效果时，首先被抱怨的是销售人员提供的数据有问题。

销售漏斗本身是管理销售业务的工具，而销售业务是通过销售人员去实施的，销售漏斗中的信息数据也是由销售人员录入的，因此，销售漏斗的应用主体首先是销售人员。

我们不否认销售漏斗具有的各项功能，不是说销售漏斗不可以承担上述功能。但是，问题在于，一个销售漏斗承载了各方的需求，而最终承载压力的是第一线的销售人员。

定义销售漏斗“首先是帮助销售人员自我管理和帮助销售人员提升自我管理能力的工具”，就是要从销售人员和管理层两方面依据销售漏斗理念对销售漏斗（工具）给予定位。只有当销售人员用好了这个工具，使其业绩稳定发展了，这个工具中的数据越接近市场的实际，才越具有价值，也才越能帮助各方面管理好企业的业绩提升；否则就本末倒置，事倍功半了！

第六节 销售漏斗在主要使用者群体中的定位

前面我们已经指出，销售业绩与销售人员的自我管理能力有关，管理者的职责就是帮助销售人员提升自我管理的能力。而我们研究销售漏斗，面对的使用主体是销售人员，因此它首先是帮助销售人员自我管理的工具。只有销售人员认为这个工具有助于他们自我管理和帮助他们提升业绩，才会愿意使用。只有在销售人员愿意使用，数据输入及时、准确、标准化的条件下，销售漏斗所具备的功能，比如，趋势分析、市场分析、产品分析等数据，才具有可靠性和参考价值，也才能供不同部门使用。

在营销团队中，直接使用销售漏斗工具和使用系统中数据的有三个主要群体——销售人员群体、销售管理人员群体和销售漏斗数据共享者群体。这三个群体对销售漏斗作用的理解，对销售漏斗工具的认同感和认知程度，以及对销售漏斗数据的期望，都会影响销售漏斗工具使用的有效性。

一、销售人员群体——帮助销售人员自我管理的工具

当今从事销售这一职业的从业者，绝大多数是知识型工作者。

知识型工作者的特点是，一般有较高的学历，许多应届大学毕业生在择

业时，销售工作成为首选。一般高技术产品的销售人员几乎百分之百是本科以上学历；而近年来，具有硕士、博士学历的销售人员，在生命科学、医学、环境科学、电子技术领域的企业中的比例更是明显上升。

知识型工作者在他们的工作中更多的是运用他们的知识能力去服务客户，因此他们的工作模式是不固定的。

销售人员的工作，无论在时间和空间上都是不确定的，在销售过程中，他们要运用自己的思维和判断去推动业务的发展，赢得订单。更重要的是销售人员同时管理着多个不同客户、不同进展阶段的项目；还要协调处理客户与公司内部的各种关系和问题；为保证业务的持续发展，还要参与到市场开发当中，在客户、行业、地域等方面发掘新的销售机会，以及新产品的应用、推广等工作。

面对众多的工作内容，如何有效管理自己的时间、把控项目进程和协调安排各项工作，是对销售人员能力的考验。而依据销售漏斗理念设计的销售漏斗则是帮助销售人员管理时间和项目进程，提供自己负责范围内业务状况数据和自我能力数据的有效工具（有关内容将在第二、三、四章中加以详述）。运用好销售漏斗，将可以帮助销售人员不断提升自我管理的能力；在所从事的销售工作实践中提升有效性，从而提升业绩，实现自我价值。

二、销售管理人员群体——帮助销售人员提升自我管理能力的工具

以往销售管理人员的重心是利用销售漏斗管理业绩预测、签单等工作。其实这只是全部工作的一部分，更重要的是销售漏斗应提供的业务状况数据和能力状况分析数据，与相关的业绩数据对照，帮助销售人员提升销售能力。比如：

根据项目的进程，指导销售人员分析项目有关情况，正确判断和展开项

目的下一步工作；

根据数据图表，帮助销售人员分析整体市场状况，安排相关活动，并协调资源；

根据业绩与销售漏斗提供的关联图，和销售人员一起预测业绩发展趋势，及时调整方向；

根据销售漏斗提供的日常工作记录，帮助销售人员有效管理时间，提高工作效率；

……

总之，在营销管理过程中，销售管理人员最重要的职责是帮助销售人员提升自我管理能力，指导销售人员成长，从而提升业绩。因此，销售漏斗提供的相关业绩数据、趋势数据、能力数据，是销售管理人员“帮助销售人员提升自我管理能力”的重要工具。（有关内容在第四章、第五章详述）

三、销售漏斗数据的共享者群体——期望数据助力自己的工作

销售漏斗中的在线项目数据，除了销售人员和团队在营销管理中直接使用外，还可供企业其他部门共享。各部门希望通过运用这些数据，能够帮助完成自己的工作，并最终助力企业实现营销和战略目标。

除了具有通用性的营销基本数据以外，销售漏斗数据的共享者们希望销售漏斗可以提供一系列专项数据，比如：

市场部门需要的行业数据；

生产部门需要的预测出货数据；

产品技术部门需要的产品分布和市场反应数据；

人事部门需要的人员能力数据（当然也可以提供给销售人员和团队）；

高层管理者需要的特殊统计数据，比如，营销业务的同比、环比等数据；

……

提供给不同部门、不同功能所需的专项数据一般是定制化数据；定制化的数据要有清晰的定义，并安排专人提取，不要影响营销基本数据，这是数据共享的过程与原则。

在推动和使用销售漏斗工具，以及销售漏斗数据共享方面，企业的管理层应达成共识——营销主管是第一推动人；在销售漏斗采集数据的内容设定、营销基本数据呈现内容和方式等方面，应以销售团队为主导，各方取得一个平衡。

在销售人员群体和销售管理人员群体用好销售漏斗的基础上，销售漏斗中的数据才具有可靠性和实用性；此时的销售漏斗，针对项目多、人员多而分散、业务量大的局面，可以将业务状况、销售人员状况等数据梳理清楚，通过基本的数据分析模型，将公司业绩情况、市场情况、未来趋势、销售人员的能力等数据，以可视化的方式呈现在公司管理者面前，从而为管理决策和团队管理提供依据；同时对业务调整措施和营销策略实施的效果给予跟进和数据反馈。

同样道理，在销售人员群体和销售管理人员群体用好销售漏斗的基础上，销售漏斗系统中的数据才能实现共享者群体要求的有效性。就是说，在销售漏斗工具的使用中，三个主要群体是有主次之分的，销售人员群体和销售管理人员群体用好这个工具是主导方面，由销售漏斗数据共享者群体主导销售漏斗工具的使用是不恰当的。

第二章

销售漏斗的建立

第一节 销售漏斗的发展

目前销售漏斗已是销售管理的重要工具，它的发展经历了几个阶段，笔者有幸亲历了它的发展过程。

第一阶段，20 世纪 80 年代末，笔者刚加入销售工作时，就有做记录的习惯，将每天拜访客户的信息记录下来，并标注出下次联系的时间和需要解决的问题。在每个信息后面用不同颜色的彩笔标注出进展情况。这种流水账式的记录，有效地帮助笔者安排工作，提高了工作效率和成功率。

但是随着业务的增长，联系客户数量增加，这种记录方式无法归类和筛选的弊端暴露出来。虽然每周做一次整理，但每次都要将记录从前翻到后，工作量大，还经常出现客户和项目遗漏的情况。

第二阶段，20 世纪 90 年代，计算机开始进入实用阶段。收集、储存客户信息成为可能，这是公司客户信息数据库的雏形，称为“Pipeline”——销售管道。它非常形象地将“公司—客户”之间的关系比喻为通路。通过这种收集、存储客户信息，公司可以保持与客户的联系，为市场活动开展、业务状况分析，提供了有效的基础数据。同时，由于数据是统一录入和保存的，对客户资源这一公司重要资产，进行了有效的保存和保护。

这时的“Pipeline”——销售管道，在辅助销售人员管理自己的时间和项目，提升自我管理能力方面，没有实质性的帮助。因此销售人员仍然以工作记录来管理自己的业务。而输入、建立“Pipeline”，成为销售人员的额外工作，使这项工作没有真正得以发展实施。

第三阶段，随着计算机技术的发展，一系列办公软件的出现，为“Pipeline”的建立和使用创造了条件。用 Office Excel 构建的工具，具有了分类、统计、筛选、列表等一系列功能。这时一个新词产生了——“Funnel”，漏斗。它同样形象地说明了这一工具的特点，就是经过销售人员的努力，让销售信息一步一步变成销售业绩，像漏斗一样运作。它既反映每个项目的现实状况，又记录着它的发展过程。而一系列分析功能，又为市场、生产、技术等部门提供了基础数据，对制定市场策略和活动、生产任务安排、技术支持服务等工作给予了很大的帮助。但此时销售漏斗只是一类工具的总称，人们对它的认识仅停留在具体工具的层面。

目前基于 Excel 构建的销售漏斗仍然是许多个人和中小企业有效的管理工具，发挥着重要的作用。从 2002 年接触基于 Excel 构建的销售漏斗起，笔者一直坚持在销售业务管理中，使用和完善 Excel 构建的销售漏斗，指导销售人员运用这一工具提升自我管理的能力。本书的许多案例就是在应用 Excel 构建的销售漏斗的基础上获得的。

然而，Excel 构建的销售漏斗存在着天然的缺陷：

1. 没有统一的数据输入平台，在多人使用时，要将数据粘贴到一起。由于每个人的习惯不同，比如：有人喜欢以“年 / 月 / 日”表示时间，而也有人喜欢以“日 / 月 / 年”表示，这样粘贴到一起的数据，往往会给数据分析造成问题。

2. 随着网络技术的发展，人们对于呈现界面的要求越来越高，要求简洁、操作方便。虽然 Excel 表格在不断改善，可以用下拉菜单等形式选项，但是随着业务的发展，不断更新升级表格的工作变得越来越困难。

3. 不能记录动态数据。一个数据更新后，历史数据就被清除了。这对于追溯一些问题带来不便。当然可以设置一些输入记录的界面，但增加了销售人员使用的工作量。

4. 销售的管理应该是动态过程，如何自动收集动态数据，按规则做统计分析，并应用于销售业务的动态管理中，是一项非常重要的应用。比如，每个销售人员都有成长周期，在不同时期的签单率可能是不同的，如何计算一个时期的平均签单率，从而得到一个参考标准，指导销售人员提升业绩。显然这些在以 Excel 为模板的销售漏斗中是很难实现的。

尽管 Excel 构建的销售漏斗存在着许多缺陷，但在这个阶段还是有许多公司坚持使用这个工具，并逐步形成了一些分析问题的方法、数据分析的模型和实践应用的成果；这些方法、模型和成果，构成了有关销售漏斗的理念和方法论。应该说，这个阶段是销售漏斗的理念和方法论发展最快的时期，推动销售漏斗得到更广泛的使用，也催生了许多专业销售漏斗软件工具。

第四阶段，随着网络技术的发展，应运而生了 CRM 系统。CRM 系统建立起了强大的数据库，并且提供了各种数据分析功能。CRM 系统解决了 Excel 构建的销售漏斗的缺陷，使得销售漏斗的发展从第三阶段进入第四阶段。

统一的数据输入界面，所有数据是标准化的；

呈现界面可以更人性化，符合使用者使用习惯；

历史数据可以记录、保存下来；

对动态数据可以进行统计，并用于销售业务的动态管理。

在这个阶段，销售漏斗还是附属于 CRM 系统，解决的仅仅是 Excel 销售漏斗的缺陷，人们对 CRM 系统与销售漏斗的差异性还没有清晰的概念。

第五阶段，专业销售漏斗的出现与应用。之所以称之为专业的销售漏斗，是因为在软件设计中融入了销售漏斗的理念和方法论，这样销售漏斗除了具有上述第四阶段的优点以外，还具有一整套符合营销管理需要的分析功能，将销售人员日常工作管理、能力分析、业绩管理等模块植入，这样就可以给销售人员和销售团队提供全方位的自我管理工具，也为管理层提供了业绩管理的数据支撑。

第二节 销售漏斗与CRM系统

“我们已有CRM系统，为什么还要有销售漏斗？”

提到销售漏斗，人们自然想到了CRM系统。许多CRM系统都在介绍中说明具有销售漏斗功能（或模块）。因此，“我们已有CRM系统，为什么还要有销售漏斗？”这个问题就自然而然地摆在了我们面前。这是一个关于“销售漏斗与CRM系统异同”的问题。就笔者本人的能力而言，虽然接触过十几个版本的CRM系统或销售漏斗，可以说仍然是对CRM系统“管中窥豹”，不敢妄加评论。对此，笔者查阅了大量的资料，试图对CRM做更多的了解，但最终仍不得要领！在此只能摘抄一些解释，以便展开讨论。

CRM与OA、ERP是三个系统开发平台，它们共同构成了营销过程的全程管理系统，它们之间既有相互呼应，又有分工、各有侧重。CRM应用于客户、营销、销售、服务与技术支持管理；OA则是办公室工作流程管理；ERP是对采购、生产、发货、库存、财务的一体化管理。CRM、OA、ERP只是某一类系统的总称，专业的软件公司和人员根据用户的需求设计、制作成具体软件工具。

客户关系管理简称CRM（Customer Relationship Management）。对于CRM系统，其深层的内涵有多种解释。以下摘录国外研究CRM的几位专家对CRM的不同定义，通过这些定义，让我们对CRM有一个初步的认识。

从字义上看，它是指企业使用CRM来管理与客户之间的关系。CRM是选择和管理有价值客户及其关系的一种商业策略，CRM要求以客户为中心的商业哲学和企业文化来支持有效的市场营销、销售与服务流程。如果企业拥有正确的领导、策略和企业文化，CRM应用将为企业实现有效的客户关系管理。

CRM是一个获取、保持和增加可获利客户的方法和过程。CRM既是一种崭新的、国际领先的、以客户为中心的企业管理理论、商业理念和商业运作模式，也是一种以信息技术为手段、有效提高企业收益、客户满意度、雇员生产力的具体软件和实现方法。

CRM的实施目标就是通过全面提升企业业务流程的管理来降低企业成本，通过提供更快速和周到的优质服务来吸引和保持更多的客户。作为一种新型管理机制，CRM极大地改善了企业与客户之间的关系，实施于企业的市场营销、销售、服务与技术支持等与客户相关的领域。[①]

……

综上所述，客户关系管理（CRM）有三层含义：

（1）体现为新的企业管理指导思想和理念。

（2）创新的企业管理模式和运营机制。

（3）企业管理中信息技术、软硬件系统集成的管理方法和应用解决方案的总和。

最早提出该概念的高德纳公司（Gartner Inc.）认为：所谓的客户关系管理就是为企业提供全方位的管理视角；赋予企业更完善的客户交流能力，最大化客户的收益率。

它不仅仅是一个软件，它是方法论、软件和IT能力综合，是商业策略。[②]

……

① 资料来源：百度百科

② 资料来源：百度百科

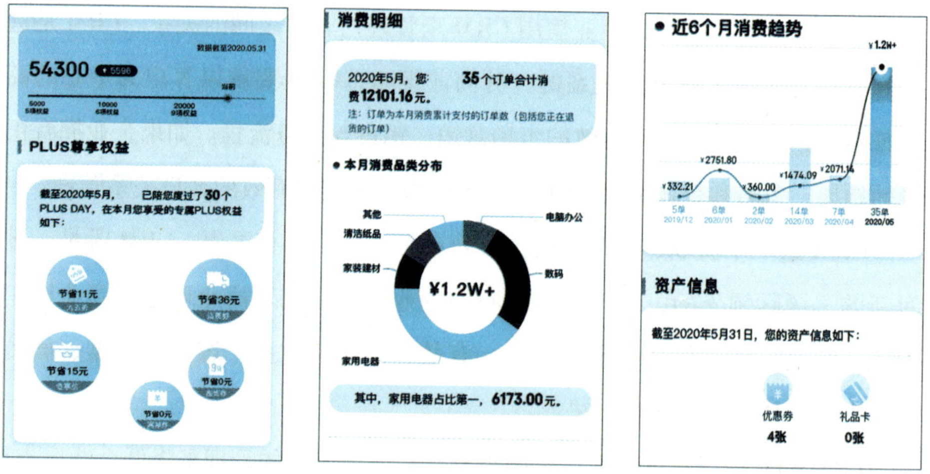

图 2-1　某电商平台推送给客户的消费数据分析图

作为客户，我们可能都感受过客户关系管理（CRM）系统给我们带来的客户体验。比如，我们在天猫、京东购物，或搜索某类商品后，这些企业的系统会记录有关信息，分析我们的关注点，及时将我们可能关心的商品通过邮件、网页、微信等方式推送给我们。

由此可见，当一个企业开始关注客户关系管理时，往往也伴随着业务流程的调整，通过引入先进的营销管理理念、可借鉴的流程制度以及自动化工具，来实现企业的战略目标。因此，CRM 系统绝不是一个简单的软件工具。

另一方面，CRM 软件实施起来有一定的风险，超过半数的企业在系统实施一段时间之后将软件束之高阁。[①]

目前许多企业，建立了自己的 CRM 系统，虽然这些系统中设计、融入了许多分析功能，但是，如果根据上述对 CRM 的定义——它不仅仅是一个软件，它是方法论、软件和 IT 能力的综合，是商业策略——来衡量，许多系统还是停留在“客户数据库”的阶段（我们暂且称之为“客户数据库”），还没有达到商业策略的水平。即使这些工具并不完美，但在客户管理、市场分析、营

---

① 资料来源：百度百科

销过程、售后服务等工作中，仍然可以起到一定的作用。

随着对销售过程的研究越来越深入，对销售过程管理的理念不断丰富，对销售人员管理与销售人员能力提升的需求越来越高，一个销售人员日常工作管理的工具——销售漏斗逐步发展起来。对具有客户管理、商业策略与营销流程管理的 CRM 系统整体而言，销售漏斗仅仅是针对销售环节的一个模块，这个模块是伴随着销售管理理念的发展，而发展起来的 CRM 销售管理模块（工具）。

如果 CRM 系统设计者可以将最新的销售管理理念设计到相应的 CRM 模块中，无疑是最佳方案。笔者与不少软件设计者讨论过有关问题，还参与过一些 CRM 软件关于销售漏斗部分的开发讨论。但结论是，对一般 CRM 软件设计者而言，要开发符合销售管理理念的销售漏斗模块是何其困难。一个好的销售漏斗软件（或模块）必定是营销管理实践者与软件架构师、程序设计师共同工作的产物。它随着营销管理理念的发展而发展，借用 CRM 的定义——销售漏斗不仅仅是一个软件，它是营销管理理念、方法、软件和 IT 能力的综合。

因此，近年来一些软件企业专门致力于专业销售漏斗软件（或系统）的研究，使之成为一个既可以认为是属于 CRM 系统一部分的软件或应用，又可以认为是独立于 CRM 之外，得以广泛应用的软件工具。

销售漏斗软件工具的发展，反过来促进了对销售漏斗理念的研究，逐步形成了关于销售漏斗的理念体系和方法论。与 CRM 专注于客户关系管理不同，销售漏斗则是对销售机会项目从“启动”到“签单”过程的管理。销售漏斗理念和方法论的发展，推动了一系列数据分析模型和方法的建立，这些直接影响和促进了营销管理水平的提升；伴随销售漏斗理念的发展，各种专业销售漏斗也就应运而生了。使用销售漏斗的过程，实质上是运用销售漏斗理念和方法论，对企业销售流程进行梳理的过程，是规范销售人员工作的过程，是提升销售人员时间管理水平和所负责项目管理水平的过程。销售漏斗从辅助销售人员提升自我管理能力出发，发现从销售人员到销售团队的各种能力问题（包括销售技能、业绩趋势、团队协同、市场拓展等方面），并加以解决，最终实现团队的销售业绩目标。

许多时候一说到销售漏斗，人们就联想到正在使用的、具体的销售漏斗，从而混淆了销售漏斗理念和具体销售漏斗是两个不同范畴的事物。这种混淆既影响了人们对销售漏斗理念的理解，也影响了销售漏斗的使用效果。因此，我们将用比较大的篇幅去探讨销售漏斗背后的理念和方法论，以厘清销售漏斗理念和方法论，与具体销售漏斗间的区别。这将有利于读者依据这些理念，去判断自己企业所使用的销售漏斗是否符合销售漏斗的理念和方法论，是否符合企业自身的需求，以及如何在销售漏斗理念和方法论的指导下，用好正在使用的销售漏斗的功能。

表 2–1 是对销售漏斗与 CRM 系统设计理念和出发点，以及在实际应用中的比较。虽然谈不上精准，但可以看到一些区别。为避免歧义，我们对销售漏斗加了专业两字：

表 2–1 销售漏斗与 CRM 系统的比较

	专业销售漏斗	CRM 系统
关注	销售机会，具体项目	客户历史状况和市场分析，整体情况
周期	具体销售机会、项目的过程	客户的长期维护
呈现	销售人员或团队的销售能力和业务趋势	客户动态和市场分析、产品分析
适用对象	销售人员和团队为主	市场策略和售后服务为主

从上述比较中不难看出，专业销售漏斗更专注于具体销售过程本身，是销售人员时间管理、项目管理和能力分析的工具；而 CRM 系统在客户维护、市场分析方面有更大的优势。

专业销售漏斗要关注进行中的销售机会，对未来业务做出预判；CRM 系统要对已完成的销售机会做出系统分析，提出未来市场发展趋势。

至此，我们对专业的销售漏斗与 CRM 系统的关系和发展有了一个全面的了解。如果一定要对两者做一个比较，从形态上讲，一些基本功能，比如从输入界面等外观，到客户基础信息、客户采购的产品信息、公司内部各部门与客户互动的信息，等等内容是一致的。但是从两者设计的出发点看，在发展过程中逐步有了明显的不同侧重点，CRM 系统总体的重点在于已有客户的信息、业务状况分析，为企业的客户管理和制定营销策略提供数据支撑；而销售漏斗则侧重于对正在进行的、具体的销售机会项目进程的把控，对未来（比如三个月，或半年、一年）业务状况的分析、判断，以及对销售人员能力的分析，是销售人员自我管理的工具。

用一个不太恰当的比喻，专业的销售漏斗与 CRM 系统两者间的关系是“点”和“面”的关系，专业的销售漏斗关注的是“点”，具体的项目进展；而 CRM 系统则更多关注的是“面”，市场与客户细分，营销策略。

举两个案例说明销售漏斗与 CRM 系统在实际工作中的运用。

案例一

某销售医疗影像产品的公司，有一套 CRM 系统（或者说“客户数据库”），该系统收录了可以收集到的、所在国的医院和诊所的信息，及与之相关的、在使用的影像设备信息，包括客户基本信息、设备使用人、设备状况（包括产品、使用年限、使用状况）等。该公司的内部销售团队（Inside sales team）依据该 CRM 系统的客户数据，对客户产品使用年限做了分类（影像产品的使用年限一般是五年）。他们针对不同使用年限产品的客户制定了不同的工作策略：

对处于产品使用初期阶段的客户，更多地是了解使用情况，给予指导帮助；

对进入产品使用中期阶段的客户，更多地了解是否满足工作量需求，进行使用方面的交流；

对进入产品使用后期阶段的客户，则了解设备情况，介绍新技术、新产品。一旦客户有了解新产品的意愿，立即安排销售人员上门拜访；有时是将产品进入后期使用阶段的客户信息，提供给销售人员，由销售人员安排主动销售拜访。销售人员接手相关信息后，该销售机会项目被录入销售漏斗，新一轮的销售工作展开。

案例二

笔者曾经工作过的团队，是销售电学、温度、压力等计量校准设备。这些设备的客户面很广（涉及计量、研发、过程工业等领域），销售过程一般较长（半年到一年，甚至更长）；而设备采购后使用更新周期也较长。如果这些客户全由销售人员管理，其工作量会很大。因此，在销售机会项目进行过程中，是销售人员将每个销售机会项目录入销售漏斗中进行销售项目管理。

当一个销售机会项目执行完成后，该客户的各种信息进入“客户数据库”，由市场和技术支持团队，通过技术交流、客户关爱、定期回访等活动展开跟踪、关爱、维护。销售人员虽然也参与到这些工作中，但策划安排等工作是由技术、市场部门主导，只是在各地区开展活动时，销售人员参与。一旦发现新的销售机会，就转给销售人员跟踪，形成新的销售机会项目录入销售漏斗进行管理。

这种分工管理的模式，让客户感受到厂家对他们的关注、关心，有一种良好的体验，也使得销售与市场分工明确，工作过渡很平滑，不会让客户认为你们很势利，“用人朝前，不用人朝后”。

本书研究的是销售漏斗与销售管理，因此我们的话题还是围绕着销售漏斗进行。至于一定要说销售漏斗与 CRM 系统的关系，做一个不见得恰当的定位：“销售漏斗是专注于销售过程的 CRM 系统”。以此给读者提供多一个视角去理解销售漏斗与 CRM 系统的关系，希望对理解有关理念有所助益！

第三节　销售漏斗的适用性

最近，在和一位公司高管交谈时，他提出了一个关于销售漏斗适用范围的问题，细想他的提醒的确很重要。

提到销售漏斗在销售管理中的作用，许多介绍不说到了“无所不能”的地步，也到了“实现销售业绩增长最有效手段”的地步。其实销售漏斗就是众多营销管理工具中的一个类别。既然是工具，就一定有其适用性的问题。

一般快速消费品和需要铺货、走销量的产品（比如一些工具类产品，扳手、螺丝刀、低端数字万用表等）是从市场细分入手，对已进入或将要进入的市场做跟踪分析，综合季节性变化等因素，应用 PSI（进—销—存，Purchase，Sales & Inventory 的缩写）制定销售目标和生产计划。

而大型项目的销售（比如某团队一年只有一个或几个项目，每个项目的金额都很大），一般是通过项目团队进行项目管理。

介绍专业销售漏斗时，我们已经指出，销售漏斗是侧重于对销售过程的记录、分析与管理。介于上述两种类型之间，具有明显的销售过程的项目才适合使用销售漏斗这个工具。总结曾经辅导过的众多业务项目，在销售漏斗适用性方面有一些特点：

直销项目为主，包括通过经销商或系统集成商做系统集成进行销售的项目；

客户采购有一定时间周期的项目型业务，这些项目进程中，客户的采购流程比较复杂，工作具有明显的阶段性（比如：项目调研→方案论证→审批→招标→采购，等等）；

技术性比较强，需要技术支持和对客户的培训；

客户采购参与决策的部门或人员比较多；

主要是工业型产品或服务，每个项目的金额相对较大。所谓项目的金额“相对较大”是因为，各公司销售的产品不同，所处的行业、地域不同，以及销售人员的年销售指标不同，项目在录入销售漏斗时，会对项目金额有所要求。举例来讲，有的公司对一千元人民币以下的项目不需要录入销售漏斗；而有些公司对一万元人民币以下的项目不需要录入销售漏斗。这一切都与产品、业务类型等有关；

每个销售人员在同一时间要管理多个销售机会项目；

客户涉及的行业或地域比较广，客户数量比较多；

销售人员比较多（比如十人以上），平时工作比较分散；

……

对于具有这些特点的销售业务：

在销售人员层面——销售漏斗可以帮助销售人员在工作中有效地安排自己的时间和对每个机会项目的工作进程的把控，帮助销售人员在部门间做资源协调；同时又可以对自己业务的全局有所了解，在工作中实现“提高效率”和“追求效果”的要求。

在管理层层面——销售漏斗针对项目多、人员多而分散、业务量大的局面，可以将业务状况、销售人员状况等数据梳理清楚，把各种分析呈现在公司管理层面前，从而为管理决策和对团队管理提供依据；同时对业务调整措施和营销策略实施的效果给予跟进和数据反馈。

需要指出的是，销售漏斗的应用和业务规模有关，虽然销售业务符合上述特点，但销售人员比较少（比如三五个销售人员）、销售业务集中在一两个主要负责人手中，使用销售漏斗的必要性和经济性就有疑问了。

对于耗材的销售是否可以用销售漏斗进行管理，我们正在实践，并取得了一些进展。在这个实践中，我们是结合对耗材消耗量细分客户进行的。有关内容在第四章中加以讨论。

对于目前快速发展的电商，也有使用销售漏斗进行管理的。观察他们的使用过程，更多的是对客户情况做记录，做客户类型与产品适合度匹配等分析使用，实质上是侧重于 CRM 系统数据库的功能。至于项目跟踪方面，则由于销售周期很短，对项目跟踪、推进的作用并不明显。

第四节　数据输入与数据库建立

一、销售漏斗的基本架构

真正意义上的销售漏斗一般由“数据输入与数据库建立”“数据分析呈现”和“可视化图形界面”三部分构成（见示意图 2–2）。本章将重点讨论“数据输入与数据库建立”相关的知识，这对无论什么结构的销售销漏斗系统都是基础的部分。而“数据分析呈现”和“可视化图形界面”是对基础部分内容的提升与发展层面的讨论，会有各种不同的理念和呈现模型。这些内容将在第三章中加以讨论。

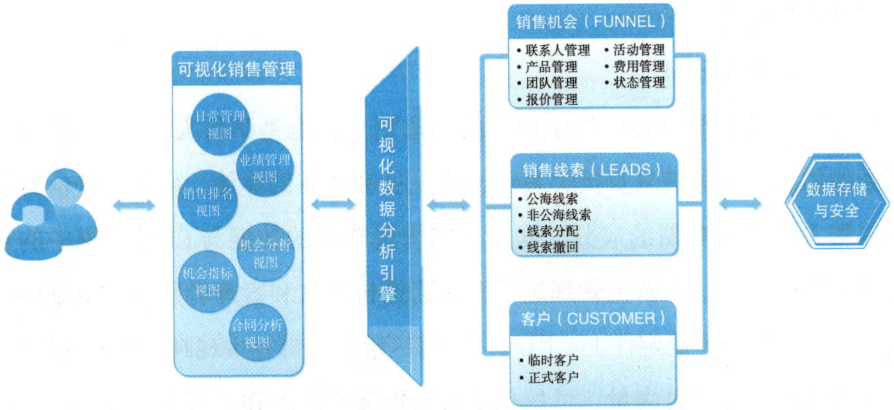

图 2-2　销售漏斗的基本框架示意图

二、销售漏斗中要收集哪些信息

数据输入与数据库建立，是按照一定的规则建立销售漏斗的第一步。因为销售漏斗的数据是由销售人员收集的，它与一些现场通过物理传感器采集数据的客观性与可测量性有所不同，带有许多无法测量的因素和主观因素。因此，保证信息尽可能具有客观性、避免主观性，在建立销售漏斗数据库时，收集哪些信息，是首先要考虑的原则。

一般来讲，销售漏斗数据库要收集的信息包括了“客户基础信息”“项目基本信息”和“项目动态信息”三部分。

1. 客户基础信息

记录客户的企业名称、所属行业、所在地域、具体地址、主要职能部门（如财务、采购、技术、企业架构等）的人员和联系信息等内容。客户基础信息应保持唯一性。

2. 项目基本信息

具体项目的情况，包括具体项目名称、内容、负责人、采购清单、项目时间表、项目资金情况等。一个客户可以有多个项目同时进行，但每个项目的信息还是独立的。

3. 项目动态信息

销售人员必须掌握的每个项目的动态信息，也是销售人员要实时跟踪、更新的信息，这类信息直接关系着销售人员和团队的业绩。但是这些信息会有销售人员主观判断的成分，这也是销售漏斗中的数据与CRM系统中的数据最大不同之处。在营销管理过程中，让销售团队和管理者感到最困难的也是在动态信息的不确定性上。因此，如何尽量减少带有主观判断内容的信息，让这些信息尽可能可测量、可量化是对销售漏斗理念和销售漏斗设计与使用的挑战。

我们希望从项目动态信息入手，看如何将需要主观判断的动态信息尽可能减到最少，同时找到这些关键动态信息的内在判断逻辑，从而可以相对规范、标准化销售的过程，提升营销管理的效率。

关系每个项目进程的关键动态信息可以概括为：

一个项目金额信息；

两个项目机会信息；

三个关键时间节点。

三、动态信息一、二、三

1. 一个项目金额信息

“预计签单金额”是销售项目的必要信息，它是直接反映项目重要性的信息。虽然在销售过程中，随客户方案调整、资金变化、竞争情况等因素的影响，项目金额会有所调整，但这个数据还是相对确定的，只要销售人员根据与客户的沟通情况及时更新就可以了。

2. 两个项目机会信息

（1）项目进展阶段

任何一个项目，从立项到采购完成，客户都会经过不同的工作阶段，卖方销售人员要进行与之对应的工作，要面对不同阶段的关键人。这就要求对项目进展阶段有准确的判断。由于销售过程中存在大量不确定因素，这无疑是最考验销售人员判断力、也最体现销售人员能力的一个信息；这也是关系销售漏斗使用成败的关键信息，是最具挑战性的信息。

之所以说项目进展阶段信息是关键信息、最具挑战性的信息，是由于在销售实践中这似乎是最没有规律可循，又最带有主观性的环节。许多管理者或软件工具设计者，希望通过一些要素判断，做出一些流程来规范这个信息，虽然会有一些效果，但总感觉不得要领。

笔者曾经与一位企业管理者讨论这个问题，他们公司有最好的软件系统，他希望由软件开发人员，跟踪、观察几位资深销售人员的销售过程，将他们的销售行为编成程序，供新销售人员学习，规范他们所管理项目的进程，安排销售工作内容。这种愿望是很好的，但是最终这个设想不了了之。究其原因在于，销售工作是一项涉及多个因素的工作，而客户、销售人员、各方面参与人员之间的互动、判断、应对，等等，不是一个程序能够包容和规范下来的，人的思维判断和应对决策，更是系统无法解决的。其实，我们说销售工作是最具挑战性的工作之一，就在于这项工作涉及各种知识结构，涉及与人交往的能力，涉及应变能力，涉及判断和决策能力，涉及体力和精力，涉及阅历与经验……

综上所述，如何定义“项目进展阶段”是销售漏斗理念不可回避的关键点，是用好销售漏斗的关键环节。我们将用第六节整节的篇幅来讨论。

（2）项目竞争状况

竞争是销售过程中永恒的话题。在销售管理中如何反映竞争状态是不难解决的问题，获胜率就是一个很好的判断标准。从获胜概率的角度看，只要有一个竞争对手，胜率就是 50%。以此类推：

表 2-2　竞争状况和数字化

竞争对手数量	项目竞争机会
0	80%
1	50%
2	33%
3	25%
……	……

这种方式的好处在于，既好理解，也好判断，为后续数据处理提供了条件。项目竞争机会时刻提醒销售人员和团队，只要订单没有落实，就有失去的危险。实践证明这个提醒是很重要的。在实际案例中就曾经发生过，即使代理商已签订单，货已发给代理商，在等待安装验收期间，客户更改了方案，安装了竞争对手设备的情况。

为什么没有竞争对手，仍然只有 80% 的胜率呢？

因为任何项目几乎都会遇到竞争，即使是独一无二的产品，客户仍然可以因为价格、采购风险、内部意见、资金投向等因素不能确定采购与否。

这种以百分比量化项目竞争机会的方法，可以在后续的数据处理时，区分不同竞争情况的胜率。比如，考核销售漏斗中机会项目金额时，可以得到一个机会项目金额的“有效值”，作为分析项目状况和未来趋势时的参考。因为“机会项目金额”与“机会项目金额有效值”之间的差值，除了反映项目进展状况，还可以更客观地反映面临的竞争状况（因素），从而制定相应的对策。

在实践中，不少公司设立了“销售机会”这样的参数，它是以销售人员对获得某一订单的判断（或感觉）为基础的一个参数，没有客观的定义。这种以销售人员主观判断（感觉）定义下的“销售机会”，在分析项目状况时有一定的参考价值，但主观性太强，往往会误导决策者。笔者曾亲历的一个比较大的重要项目，月初讨论当月销售预测时，销售人员对该项目当月签单的把握是90%（客户承诺签单），于是该项目列入了当月必定签下的订单项目中；但月底临近，该项目却迟迟没有动静，联系该销售人员时，答复是：没有想到竞争对手找到更高层的领导，决定暂缓项目采购，重新做项目评估。如果加入了竞争因素，在前期讨论该项目时，团队就会注意竞争状况，并有所准备——制定相应的竞争对策，以提升赢得订单的概率，避免在出现问题时措手不及。因此，我们更建议把这种销售人员的判断定义为“信心指数”。虽然我们对“信心指数”并不提倡，但许多管理者希望有这样一个反映销售人员主观判断的参考值。建议设定为“信心指数”，在字面上明确是对具体项目的主观判断，以区别包含了众多因素的“销售机会”。（有关“信心指数”概念，在本章后面会有介绍）

3. 三个关键时间节点

（1）预计签单时间。

这是销售人员预测每个项目的进程和安排工作的关键节点信息，也是关系销售业绩的关键节点信息，更是管理层最为关注的关键节点信息。“预计签单时间”实际也是一个不容易确定的信息，因为它与销售人员及团队掌握的信息量和对影响项目进程的各种因素的判断有关。确定一个确切的签单时间的确不是一件容易的事，但是，总结日常销售工作管理中的做法，我们从“预测”时间的精确度和准确性两方面去调整，使之具有可操作性，从而获得相对确切的预计签单时间信息。

所谓“预测”时间的精确度调整，是指“预计签单时间”的精确度不要求到“天”或“周”，而是以“月”为时间范围，这与我们销售管理的考核周期基本一致。

所谓“预测”时间的准确性调整，是指“预计签单时间”的准确性达到一定范围，比如：60%~70%，这其实是一个动态的能力指标。提升“预测”时间的准确性，唯有从提升销售人员或团队的能力入手，因此，我们在讨论销售漏斗数据模型时，会专门研究这个问题，并给出考核方法，建立一个帮助销售人员和团队提升自我管理能力的关键考核指标。

由于不同企业对“结单”的定义不同，会影响时间节点的定位，容易产生歧义，因此这里设定的是“预计签单时间”，而不是“预计结单时间”。“预计签单时间”的时间节点很明确，就是预计接到正式订单的时间，即签订合同的时间。在第六节讨论“项目进展阶段”的定义和设定方法时，我们会进一步论述设定“预计签单时间”的合理性。

（2）最近一次联系客户时间。

这是销售人员在每个项目的具体工作中，最近一次工作的时间节点。这个时间在研究项目状态时，直接影响信息的可信程度。

举例来讲：如果我们在讨论 2020 年 10 月的销售预测时，一个项目的“预计签单时间”是在 2020 年 10 月，“最近一次联系时间”是 2020 年 9 月 25 日，我们对这个预测的信任度就比较高。如果“最近一次联系时间”是2020年3月，我们对这个预测会持怀疑的态度，因为半年时间会有多少变化啊！我们会要求销售人员再落实。同时这个时间记录将告知我们，此项目有多久没有联系了，一般在设计 Excel 表的销售漏斗时是必须要填写的；但在 IT 软件系统的销售漏斗中是可以自动记录的。

实践中，这个信息反映了销售人员是否真正使用销售漏斗管理自己的业务。因为，及时更新是使用销售漏斗的原则之一。

（3）下一次联系客户时间。

在时间管理中有一项很重要的原则就是一项持续性的工作，本次工作完成后，要将下一次工作安排好；不要一项工作多次安排日程。这样既可以保持工作的连续性，又可以避免遗漏或重复思考安排工作。系统将在安排的时间临近时，及时做出提醒，以便安排每周、每日的工作。

纵观上述客户基础信息、项目基本信息、项目动态信息三部分内容，其中客户基础信息、项目基本信息两项都是非常客观的信息；只有“项目动态信息”带有强烈的主观判断，同时又是后期数据分析、开展各项工作最重要的依据。在六个“项目动态信息”中，预计签单金额、项目竞争状况、最近一次联系客户时间和下一次联系客户时间四项信息具有相对的确定性，只有“项目进展阶段”和“预计签单时间”两项需要销售人员，根据其收集到的信息，综合各种影响因素进行判断，带有主观性。而“预计签单时间”我们在讨论中已经介绍了获得相对确切信息的可操作性方法，在后续有关数据分析模型，提升销售人员能力以及销售漏斗数据在销售预测中的应用等问题讨论中继续研究。

至此，具有主观性、不确定性的关键动态信息就集中在“项目进展阶段”上。关于“项目进展阶段”的定义和设定方法是销售漏斗理念中核心的概念之一，也是使用好销售漏斗的基础。我们将运用项目管理的理念，对销售过程进行分析，针对不同行业、不同业务模式，提供一套可操作的方法，帮助企业或销售部门建立符合自身业务模式的“项目进展阶段”，尽可能降低影响信息准确性的主观因素，提升数据的客观性和销售漏斗系统的可操作性。

第五节 销售“项目进展阶段”的定义和设定方法

在前面介绍销售漏斗架构时，我们着重介绍了六个“项目动态信息”，其中包括：

一个项目金额信息；

两个项目机会信息；

三个关键时间节点。

这六个信息是销售人员要实时更新，并以此来管理自己的时间和工作内容的数据，是帮助销售人员自我管理的最重要的六个关键信息。正如上一节中讨论的，在建立销售漏斗时，这些数据中，“项目进展阶段”是一个需要根据不同的行业、不同业务模式（直销、分销等）、不同产品，由销售团队具体定义的最重要的核心参数。因此，我们在这里重点加以讨论。

一般销售漏斗中，都设定了“销售进展阶段”这一参数。“销售进展阶段”也是销售漏斗中最重要的一个参数。因为它的准确性，关系着工作进程和销售预测的有效性。但是另一方面，影响每个进展阶段的因素很多，每个人的判断又都不可避免地带有主观性。因此，在销售漏斗建立和使用过程中，谈到“销售进展阶段”这个参数，从销售人员到销售管理者，甚至领导层都十分头疼。可以毫不夸张地讲，“销售进展阶段”的设立、定义、判断，是建立和使用销售漏斗成败的关键。

销售漏斗中的“销售进展阶段”的难点主要在两个方面：如何定义“销售阶段”和在使用销售漏斗时，如何判断销售进程达到哪个阶段。

一、“销售进展阶段”

为什么这个参数会如此难处理呢？笔者从 2000 年接触第一份 Excel 的销售漏斗起，先后接触了许多公司的销售漏斗版本，从中归纳出以下两个典型的关于“销售进展阶段”的版本：

1. 设计销售漏斗的编程人员，仅根据销售人员的经验，归纳、设计了不同阶段。例如：

第一阶段：获得客户采购信息。

第二阶段：拜访客户，确定项目情况。

第三阶段：输入、建立销售漏斗。

第四阶段：介绍产品、提供方案。

第五阶段：客户咨询，确定方案。

第六阶段：准备投标文件；中标后，进入第七阶段；失败，做总结。

第七阶段：商务谈判、准备合同。

第八阶段：代理商下订单、付款，厂家发货。

第九阶段：安装、调试、验收。

第十阶段：收尾款。

这种“销售进展阶段”的设计，罗列了销售人员的工作内容。首先，先不说阶段设置之多，关键是这种罗列的文字，缺少相关的逻辑性，如果这样列下去，每个人都可以列出更多的工作内容；其次，所有数据都是以文字叙述呈现，没有量化，不利于数据后续的处理（比如计算“机会值”）。

2. 用百分比描述“销售进展阶段”，这有利于后续数据处理。以下是某公司的百分比阶段描述：

10%—用户对本公司产品泛泛地感兴趣。

20%—用户对本公司的具体产品已经有了明显或比较明确的意向。

30%—用户已确定采购本公司的产品。

40%—用户已确定本公司产品的具体型号，并申请费用。

50%—用户采购本公司产品的资金已经到位。

60%—用户已确认合同是本公司的。

70%—分销渠道确认没有问题（如果走分销商）。

80%—合同已经准备好。

90%—领导已经签字确认。

100%—合同签订。

0%—失掉了这次机会。

这个“销售进展阶段”分得很细、很具体，是从客户的方面在考虑问题，但还是在罗列客户的工作，缺少相关的逻辑性，以及存在很难让销售人员把握的情况，比如：泛泛地感兴趣、已经有了明显或比较明确的意向。在实际工作中，就有销售人员对每种情况的程度理解有所不同，因此对如何界定提出了种种问题，甚至有人提出是否可以再细化，比如，设立“15%—用户对本公司产品有意向，但还不明确”。这使得项目进展阶段失去了可操作性。

二、项目管理理念与“采购过程”和“销售过程”

杰克·韦尔奇先生曾说过：世上没有什么绝对真理和管理秘笈，最直接、最简单的管理办法，往往才是最有效的管理方法。①

如何将看似纷杂的销售过程，梳理成简单、直接、有效的管理方法呢？

① 资料来源：百度百科

项目管理的理念和方法是行之有效的工具之一。什么是项目管理？它与工商管理、公共管理的关系是什么？

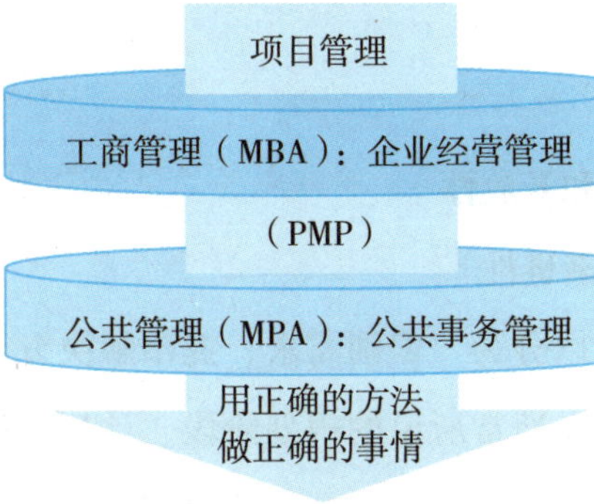

图 2-3　工商管理、公共管理、项目管理关系示意图

图 2-3 以示意图的方式说明了被称为管理理论 3M 的工商管理（MBA）、公共管理（MPA）、项目管理（PMP）间的关系。

工商管理和公共管理是学历教育；项目管理是资历教育。

工商管理和公共管理有较强的理论色彩；项目管理更侧重解决问题的方法和实践意义。

工商管理和公共管理政企有别；而项目管理则政企部门均适用。

近年来，项目管理的理念和方法在政企部门得到广泛的应用，在提高管理效率、防范风险等方面都起到了重要作用。

《项目管理质量指南（ISO10006）》中对项目的定义是："具有独特的过程，有开始和结束日期，由一系列相互协调和受控的活动组成，过程的实施是为了达到规定的目标，包括满足时间、费用和资源等约束条件。"

一般地说，所谓项目就是指在一定约束条件下（主要是限定资源、限定时间、限定质量），具有特定目标的一次性任务。①

而项目的共同特征是：

---

① 资料来源：百度百科

（1）一次性

（2）独特性

（3）目标的明确性

（4）活动的整体性

（5）组织的临时性和开放性

（6）开发与实施的渐进性[①]

项目的生命周期可以分为“识别需求、提出解决方案、执行项目、结束项目”四个阶段，也就是通常所说的规划阶段、计划阶段、实施阶段和完成阶段。项目的生命周期的四个阶段，是从项目实现过程的角度考虑的，是依次进行的，不可能重复。项目的四个阶段是描述项目在管理过程中的进度，有很强的时间概念。所有的项目都必须有这四个阶段，只不过是不同项目每个阶段的时间长短不一样而已。[②]

项目管理则是对项目在生命周期的每个阶段的工作进行管理的过程，归纳起来有五大管理过程：启动、计划、实施、监管与控制、收尾。

1. 五大管理过程可以说是在项目生命周期的四个阶段的基础上的进一步细化，使得项目在整个生命周期内都能够得到全面的管理。

2. 项目生命周期四个阶段是指项目的固有生命周期，而五大管理过程则是指该项目的项目管理生命周期。前者侧重于一种固有模式，而后者则更侧重于管理；不同的项目，其生命周期都是同样的四个阶段，但是对于项目管理而言，则意味着不同的管理模式、方法以及侧重点。[③]

综上所述，项目的四个阶段和五大管理过程的关系是，项目要经过“识别需求、提出解决方案、执行项目、结束项目”四个阶段的生命周期，对应的是“启动、计划、实施、收尾”的管理过程；而“监管与控制”管理过程贯

---

① 资料来源：百度百科

② 资料来源：百度百科

③ 资料来源：百度百科

穿于项目生命周期的始终。

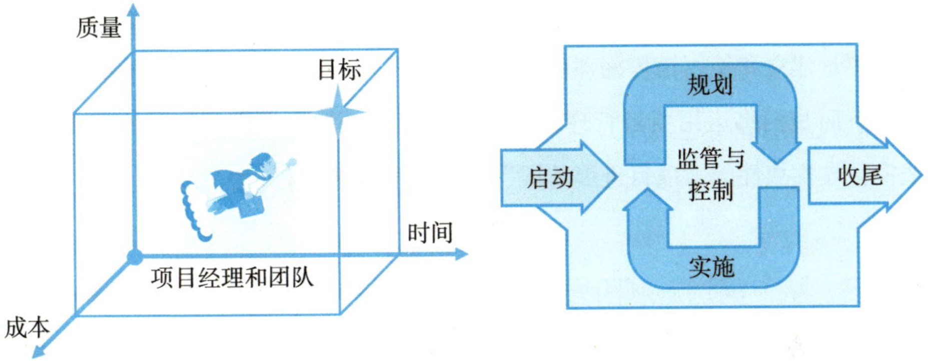

图 2-4　项目管理的三个约束条件和五大管理过程示意图

图 2-4 形象地说明了，项目经理和团队是在一定约束空间中（限定成本、限定时间、限定质量），去实现具有特定目标的一次性任务，以及项目生命周期的四个阶段与五大管理过程之间的关系。

（鉴于本书的重点是关于销售漏斗的理念和应用，这里只用很少的篇幅，简单介绍项目管理的一些定义和基本知识，以便后续讨论时运用。有兴趣的读者可以读一些项目管理内容的书籍，或参加有关内容的学习，这对理解书中关于销售漏斗理念和销售漏斗的使用，对各种业务的管理都是有助益的。）

根据项目管理的定义，我们以项目管理的视角来审视客户的“采购过程”，实际都是一个从“启动”到“收尾”的过程，有着明显的阶段性，而监管与控制则贯穿于项目管理的全过程；同时“采购过程”又必然受到成本、时间和质量的约束。因此，“采购过程”就是一个典型的项目管理过程，它与“销售过程”构成了一个事务的两个方面。在客户方面（买方）是采购项目的管理过程，在厂商方面（卖方）则是与之对应的销售机会项目的管理过程。

因此，我们可以从项目管理的理念出发，针对不同行业的买方采购工作特点，归纳出本行业（或一类）客户采购工作流程和工作中具有规律性的要素，并据此建立与之对应的自己卖方的销售流程。这是对营销工作梳理的过程，这一过程的必要性和重要性在于：

是将看似纷杂的销售工作相对标准化的过程；

是对销售漏斗理念理解的过程；

更是建立和使用销售漏斗的关键一环。

下面我们将运用项目管理的理念，具体讨论如何实现销售漏斗理念与实践中最具挑战性的“项目进展阶段”的建立与规范过程。

三、从“销售进展阶段”到销售“项目进展阶段”

前面两个典型案例中有一个共同点，“销售进展阶段”的定义都是从卖方或销售人员的思维出发的，都是事务性工作的罗列，缺少逻辑性。它忽略了销售的对象是客户，是采购者，而销售是否成功，关键在采购方的意愿这一核心问题。

客户采购任何产品都是一个具有过程的事务，是一个有头（启动、意向）有尾（签约、收尾）的项目过程，而这个事务过程是受到成本、时间和质量约束的，因此，客户的采购过程是一个完全符合项目管理定义的“采购项目”。笔者以一个亲历的案例来说明一个采购项目的过程。

某计量单位要上马一个新的计量项目，一般会经历这样几个步骤：

1. 项目使用者收集有关信息过程（启动——识别项目需求）。到同行业单位了解方案，网上、电话联系厂家（或代理商），了解各种相关设备和方案。

此时有影响力的决策者是项目使用工程师等。

2. 项目团队论证方案过程（规划——提出项目解决方案）。与各个厂家进行实质性接触，对各种方案进行比较，并形成论证报告，供领导层决策。

此时有影响力的决策者是项目主管和项目所在研究室主管。

3. 项目方案审批过程（规划——确定项目解决方案）。管理层对提交上来的论证报告，根据技术方案可行性、资金到位情况、配套设施进展、单位各项目之间的平衡等因素做出采购、暂停、延迟、再论证甚至取消的决定。

此时有影响力的决策者是技术、财务、后勤及最高决策层。

在项目审批通过后，要进入下一步采购流程。如果出现暂停、延迟、再论证，甚至取消的情况，一切工作都要回到最初的第 1、2 步。

4. 项目采购过程（实施——执行项目方案采购）。一般会出现直接采购、议标采购、招标采购等方式。但不管哪种方式，都要经过资质审查、技术方案落实、价格确立……

此时有影响力的决策者是审评人和相关机构。

在项目中标后，要进入下一步采购流程。如果流标、废标，工作要回到第 4 步，甚至最初的第 1、2、3 步。

5. 商务谈判过程（实施——落实项目方案采购）。虽然中标了，但仍然有一系列的商务和法律条款需要具体落实，因此要进行商务谈判，才能最终签署正式合同。

此时有影响力的决策者是设备采购人员和法律专业人士。

6. 合同签署过程（收尾——结束项目方案采购）。包括商务条款的确认、通过合规审查，最终签署具有法律效力的合同文件。

此时有影响力的决策者是合规审查人员和企业主管等。

从上面的案例中可以看到，客户采购流程分为不同阶段的工作过程，客户在不同阶段的工作内容和有影响力的决策者有明显的差异。而这些差异，将客户的采购流程分成了四个阶段和六项不同的工作过程（提出解决方案阶段实际包括，项目团队论证方案和项目方案审批两项工作过程；而执行项目则包括，项目采购过程和商务谈判过程两项工作过程）。这些工作过程具有固有模式，有很强的时间概念，既相互关联，各自又有独立的工作内容和目标。而方案论证、审批、招标采购、法律文件、合规审查这些工作，就是项目的监管与控制，是嵌入到对应项目流程四个阶段的六项工作过程之中的。因此客户的采购过程是典型的采购项目流程。

销售人员的工作，就是要根据客户在每个“采购进展阶段”中要实现的目标，不断做出判断、回应和有针对性地工作，推动客户逐个实现其采购项目在每个“采购进展阶段”的目标，并推动客户的采购进程进入下一阶段，直至让客户满意地实现他们的总目标。归纳销售人员在这一完整过程中的工作，也就形成了与客户“采购进展阶段”相对应的厂家“销售项目进展阶段”的概念。

这个概念区别于站在卖方角度考虑问题的“销售进展阶段”，反映了客户（买方）在采购过程中的主导地位，与销售（卖方）在一个采购项目进程中的相互关系，使得销售（卖方）的一切工作具有了出发点和落脚点，并促使销售人员的思维和工作更具逻辑性。

另外，如果把客户从有采购意向到完成采购签约的整个过程，定义为从0%到100%的进程，那么每个阶段既表明客户在采购进程走过了多少流程和当前所在位置，也反映了从当前所在位置到100%还有多少工作要做，客户与厂商双方都还有多少路程要走。这样既直观，又有利于进行数据处理。

值得注意的是，除非有特殊情况发生，客户的采购项目是持续进行的，直到采购项目结束；但是对参与客户采购项目竞争的每一个销售单位而言，在你参与和客户采购流程对应的销售过程中，则有可能在任何一个步骤被终止销售过程，因为竞争、销售人员工作到位情况、客户关系，等等因素，都会决定你的销售工作是否可以继续下去，直至获得客户的订单。因此，销售漏斗从定义客户的采购过程出发，确定销售团队在每一阶段的对应工作，甚至提前预测下一步工作会遇到的问题，从而帮助销售团队把控客户采购流程的每一环节，用正确的方法做正确的事，最终赢得订单。这是我们梳理客户采购流程，定义销售的“项目进展阶段”的意义所在。

综上所述，定义销售的“项目进展阶段”要遵循以下四个原则：

第一，从客户的“采购进展阶段”出发，研究销售的“项目进展阶段”。

第二，避免事务性工作的罗列，找出每个阶段的特征和相关阶段之间的逻辑关系。

第三，在销售的“项目进展阶段”的设定中，遵循项目管理的阶段划分原则，一般设定四个工作阶段，四至六个工作过程。买方与卖方之间的交流和工作可能会重复多次，但没有达到下一阶段的标志性要素前，都处于本阶段中（或属于本阶段的工作过程之中）。不要将具体工作与项目阶段（工作过程）混淆。比如，销售人员在每个阶段都要去拜访客户，但在不同阶段、不同工作过程，销售人员要拜访的有影响力的决策人和具体工作内容是各不相同的。因此，销售人员要根据客户采购流程的不同阶段、不同工作过程，用正确的方法做那个阶段该做的正确的事，而不是简单地去拜访客户，整天忙于事务性工作，没有重点。这样就避免了阶段过多、过细，不易判断的问题，从而提高可操作性。

第四，以百分比量化进程，为数据处理、建立分析模型做准备。

定义销售的“项目进展阶段”的过程，是根据客户采购流程决定销售流程的理念，运用项目管理的理念和标准化工作流程的方法，将看似复杂的销售流程标准化。在销售漏斗建立和销售管理中，这一过程非常关键，不可缺少。

四、建立本企业（部门）的销售“项目进展阶段”的方法

每个企业所处的行业，面对的客户、业务类型……都不相同，但都有其内在的规律，如何具体定义销售的“项目进展阶段”呢？在设定之初，团队要首先将当前销售流程建立起来。为取得共识，应尽量将大家的意见归纳进来，并做成流程图。（在后续的内容中，不做特别说明，“项目进展阶段”就是指销售的“项目进展阶段”。）

然后变换角色，从客户采购的流程去想问题。如果我是客户，我会如何操作呢？建立一份销售团队熟悉的客户采购流程图。从中可以发现，原来我们所做的一切，都可以分别归纳到客户的采购流程之中。接着根据客户在采购进程中每个步骤的工作内容和在此步骤中有影响力的决策人等方面的因素，将客户的采购流程归纳成几个阶段——这就是客户的“采购进展阶段”。

以下是笔者在某医疗检测设备公司建立“项目进展阶段”改善的实例（案

例一）。

首先，改善参与者对自己理解的部门销售进程做出流程图。

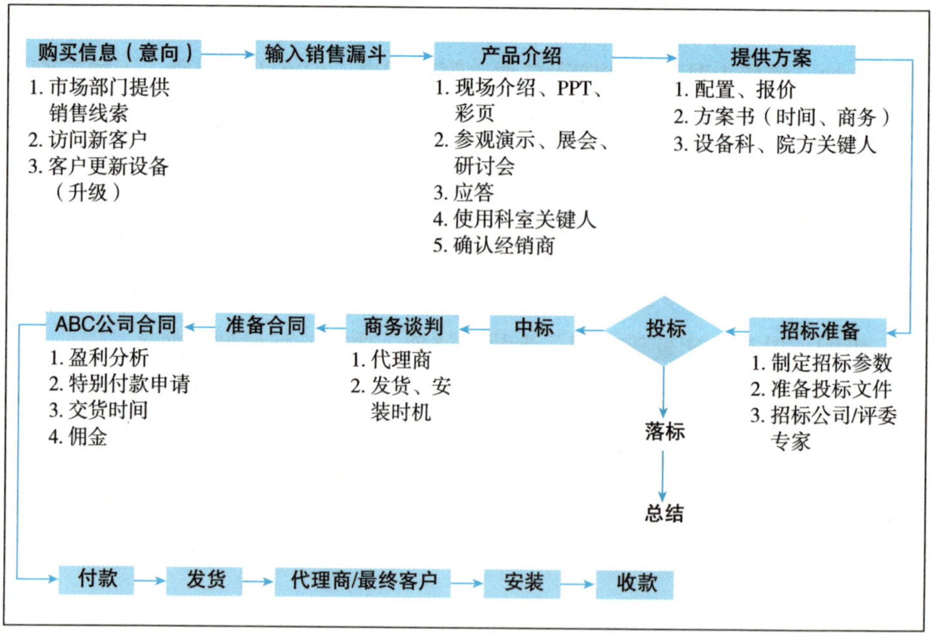

图 2–5　案例一：改善前销售团队对“销售进展阶段”的理解和定义

图 2–5 中可以看出，销售人员是以自己的工作内容来定义“销售进展阶段”，因此，整个过程看不出与客户的互动，忽略了采购过程中客户的主导地位。

改善过程中，上述参与者首先从客户的采购行为出发，归纳出了客户的“采购进展阶段”（图 2–6 中的“最终用户”部分）。从中可以看出，客户从有意向接触开始，到安装、使用经历了“需求确定—方案论证—上报审批—采购程序—商务流程—安装验收”这样六项工作。对照客户的“采购进展阶段”卖方需要做出对应工作，经历了与之对应的“初步接触—提供方案—确定方案—投标过程—商务流程—安装验收”等六项工作。由于是代理商销售模式，在对应客户的“采购程序”与“商务流程”时，就有代理商和厂家不同的两部分工作内容，因为投标是代理商，中标后是代理商和厂家，下一步需要做不同的工作。

实践发现，客户每个采购阶段都有其特征或判断要素，通过这些特征或判断要素可以帮助我们了解客户采购进展到了哪个阶段。在中国，进入国家五年计划的项目与民营企业采购项目的判断要素和工作进程是不完全相同的。

五年计划项目是规划在前，项目论证在前，资金到位、项目启动在后，关键点在资金到位，进入实质性项目启动和采购流程，因此绝不可因资金到位和项目启动在后，而忽视了前期技术储备和项目跟踪。

大多数民营企业是根据客户订单情况，决定是否需要立即进行采购；这就需要销售人员和代理商与客户保持密切的接触，随时了解客户的订单、生产、出货情况，对他们的需求做出及时的反应，并在技术上给予支持。

又例如，初步接触可分为“被动”和“主动”两种不同情况。客户通过电话、网上咨询、询价等方式联系到卖方，销售人员初步接触客户是被动的情况。但是，对于一位有经验的销售人员，他会更多地主动初步接触客户，进行销售。因为客户有采购计划和意向是有迹可循的，通过市场活动、行业会议等获得有关客户的信息，找出可能有采购计划的客户，展开主动销售。笔者工作过的一家公司，有经验的销售人员总结出两个经验：一是，凡新建广播电视大楼的电视台都有可能采购我们的设备，要早期做好项目跟踪；二是，电视台采购相关设备与其广告播出量和广告收入相关，因此销售人员会分析上一年度的广告播出和广告收入分析报告，针对有潜质的客户主动进行销售。

因此，在建立“项目进展阶段”的过程中，将销售人员在判断每个阶段时遇到的各种判断要素进行归纳、提炼和定义，最终形成一个判断的程序，可以有效地帮助销售人员规范思维和判断的客观性。实践中这方面遇到的问题是，判断要素设计者认为要素越多就越精确，因此将所有问题罗列，没有归纳和提炼，设计了大量的问题让销售人员选择；由于提的问题太多，让销售人员感到太复杂，造成反感，从而失去可操作性。

归纳“项目进展阶段”要素有两种模式，一是以每一阶段为一单元，根据销售人员的经验，设定三到五个具有显著特征的提示作为判断要素，当具

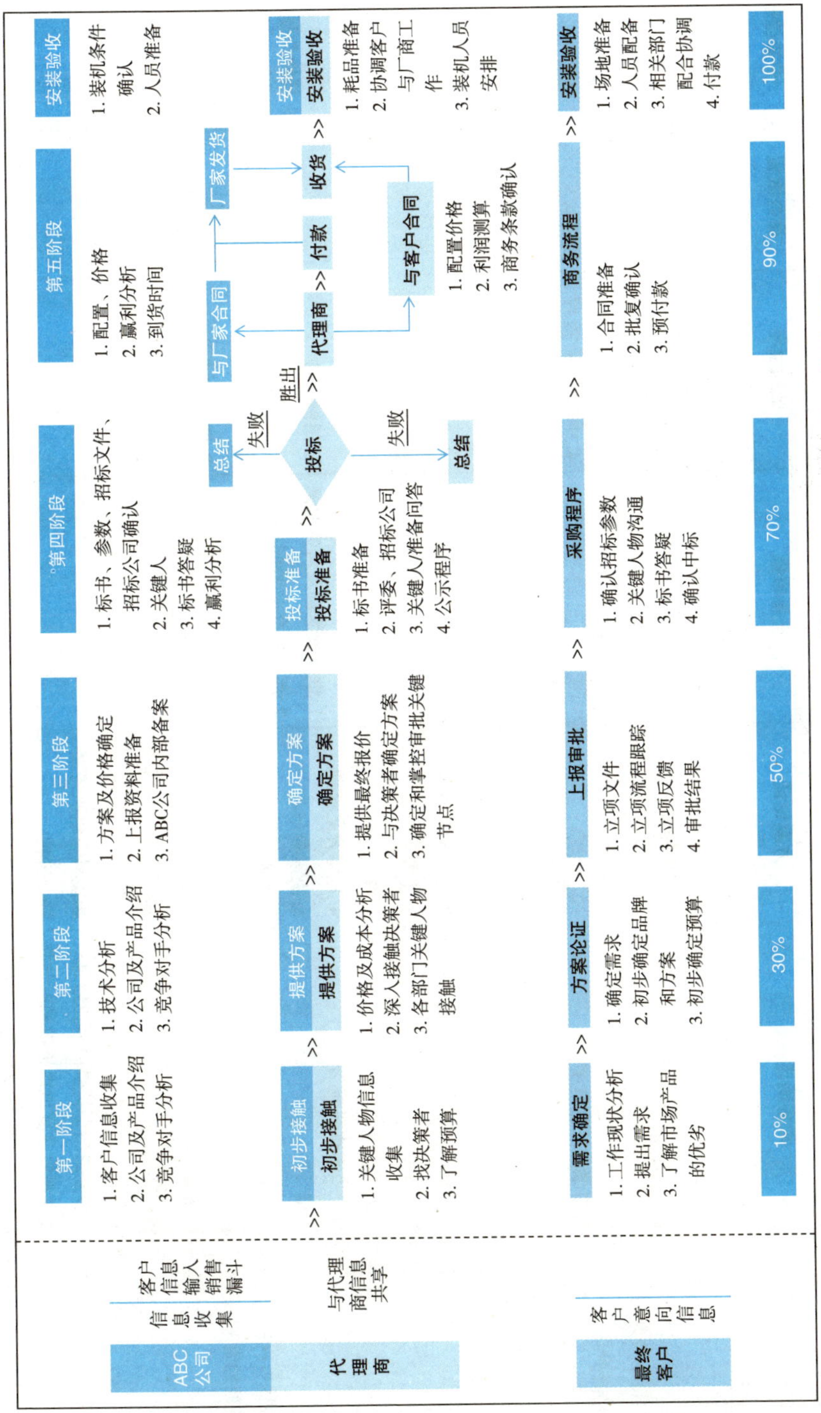

图 2-6 案例一：医疗产品厂商与客户采购工作流程相对应的销售工作流程图

表 2–3 案例一：医疗产品厂商与客户“采购进展阶段”相对应的“项目进展阶段”要素表

客户采购项目具体管理过程（由销售团队描述定义）	需求确定	方案论证	上报审批	采购程序	商务流程	安装验收
客户在每个管理过程的工作内容	1. 工作现状分析 2. 提出需求 3. 了解市场产品的优劣	1. 确定需求 2. 初步确定品牌和方案 3. 初步确定预算	1. 立项文件 2. 上报资料准备 3. 立项反馈 4. 审批结果	1. 确认招标参数 2. 招标公告 3. 标书答疑 / 评标 4. 中标公示程序 / 确认中标	1. 合同准备 2. 法务、财务审核 / 上级批复确认 3. 付预付款	1. 场地准备 2. 人员配备 3. 相关部门配合协调 4. 验收 5. 付尾款
哪些信息可以印证客户所处的管理过程	1. 有购买意向： 使用科室要求产品介绍，行业介绍 使用科室要求参考方案 使用科室要求参观 使用科室要求提供报告 2. 新大楼 3. 科室改造 4. 设备陈旧 5. 门诊量超负荷 6. 有特别拨款 7. 网上信息 8. 售后服务或培训提供的客户信息 9. 代理商报单或其他渠道得到的信息 10. 客户主动了解行业新动向、竞争产品	1. 申请报告表 2. 需求配置方案 3. 主要参与品牌 / 厂商 4. 考察方案计划 5. 决策参与者 6. 成本分担 7. 使用科室提交申请报告： 设备科要求收集产品信息 职能科室组织考察 资金到位 产品类型、数量初步确定	1. 批复预算额及落实时间 2. 产品推介会时间 / 院内参与者 / 竞争对手 3. 院内议标人员及意向 4. 意向招标参数 5. 竞争情况	1. 招标公告 2. 客户确定评标人员 3. 评标关键信息 4. 评标结果公示 5. 中标通知书	1. 讨论确定合同条款 2. 付预付款	1. 场地信息 2. 安装及培训时间 3. 培训参与人员 4. 授权验收人

续表

针对客户每个管理过程的工作内容，我方对应的销售工作内容（包括与代理商共同采取的活动）	1. 确认是否为有效销售机会 2. 判断项目价值与重要性 3. 在销售漏斗工具中建立机会项目 4. 提供初步产品方案	1. 确定采购流程 2. 与决策参与者沟通产品和预算 3. 了解竞争产品情况 4. 调整产品方案 5. 制定考察方案 6. 了解经销商工作 7. 代理商筛选	1. 与关键决策者确定产品方案及预算 2. 落实产品推介会，收集反馈信息 3. 根据反馈信息调整产品方案及对应策略 4. 做好招标前准备工作 5. 选择供应商 6. 做好备选方案，尤其是针对预算提高	1. 落实投标工作 2. 应对答疑，做好应对方案	1. 商务谈判 2. 合同签订 3. 收预付款 4. 订货	1. 向客户提供场地要求 2. 确认场地 3. 制定安装、培训计划 4. 签署验收报告 5. 验收报告归档 6. 收尾款
针对客户每个管理过程的工作内容，代理商或厂家对应的销售工作内容（如果需要，要列出）	1. 关键人物信息收集 2. 找决策者 3. 了解预算情况	1. 价格及成本分析 2. 深入接触决策者 3. 各部门关键人物接触	1. 提供最终报价 2. 与决策者确定方案 3. 确定和掌控审批关键节点	1. 标书准备 2. 评委、招标公司 3. 关键人/准备问答 4. 公示程序	1. 配置价格 2. 利润测算 3. 商务条款确认	1. 耗品准备 2. 协调客户与厂商工作 3. 装机人员安排
项目进展阶段	10%	30%	50%	70%	90%	100%

从图 2–6 中可以看到，客户的“采购进展阶段”有明显的“阶段性”和“可区分特征”；同时，这些阶段之间，又有着相关的逻辑性。针对这些阶段性和特征确立的“项目进展阶段”避免了过多、过细，提高了可操作性。因此，一般五到六个具有明显差异性的工作目标和工作内容的阶段足以。销售人员或团队在与客户交往时，在不同阶段有不同的目的、不同的工作内容和不同的目标，只要这些内容可区分、很明确、团队成员有共识即可。这样在讨论问题、汇报工作、采取行动时，团队上下就有了共同语言。

从图 2–5 到图 2–6 不是一个简单的变化，而是在定义工作进程时，从销售工作出发到从客户采购进程出发的观念转变。

在做“基于客户采购流程的销售流程图”时，应首先确定“客户的采购项目流程”，并定义客户在流程中每个阶段的工作内容；然后，确定“哪些信息可以印证客户所处的采购阶段”；最后，确定“针对客户每个采购阶段的销售活动”，也就是先做上述案例中的表格（见表 2–3）。完成了表 2–3，再做相对应的基于“项目进展阶段”的销售流程图（如图 2–6）也就水到渠成了。

通过案例一，我们详细介绍了将“销售进展阶段”转换为“项目进展阶段”的原理和方法。实践中，在讲清原理后，一般是组织团队直接完成《与客户“采购进展阶段”相对应的卖方“项目进展阶段”要素表》，在此基础上再完成《与客户“采购进展阶段”相对应的卖方“项目进展阶段”流程图》，以检查整个流程的合理性。

案例二，图 2–7 和表 2–4 介绍的是某医疗厂商按照上述理念和方法做的“项目进展阶段”流程图和要素表。案例二中的某医疗厂商与案例一中的厂商同处于医疗设备制造行业，都是医疗产品厂商。虽然同属于一个行业，但要素表和流程图却不完全相同，请读者在“项目进展阶段”的设置上找出其不同点。

购买进展阶段	阶段 1	阶段 2	阶段 3	阶段 4	阶段 5	阶段 6
最终用户 客户意向信息	科室对现状做分析	1.临床讨论会 2.科室上报采购计划 3.院务会，确定资金来源	1.资金到位 2.技术论证 3.商务论证 4.方案论证 5.产品考察	1.制定招标文件 2.确定招标公司 3.确定招标方式 4.确定院内参标人员 5.发布招标信息 6.评标 7.中标公示	1.通知代理商签订合同 2.进行商务谈判 3.付款条件 4.保修、维修条款 5.培训、安装事宜	1.签订合同 2.安排付款 3.安排培训、安装、验收事宜
客户购买流程	确认需求 >>	论证方案 >>	审批方案 >>	采购流程 >>	商务谈判 >>	签订合同
商家销售流程	初步接触	提供方案	确立方案	销售流程	商务谈判	签订合同
××公司与代理商 收集客户信息 与代理商共享客户信息并建立销售机会	1.主动接触客户 2.了解信息细节 3.掌握客户需求的整体背景 4.了解科室主任的背景和采购倾向 5.竞品信息 6.了解客户组织架构 7.代理商报单	1.主动介绍产品 2.根据客户预算帮助客户制定方案 3.竞品分析 4.了解医院采购渠道 5.提交可行性报告 6.代理商跟进	1.找到关键的方案决策人 2.确定渠道 3.配合考察 4.确定和主要竞品的竞争策略 5.提交参数、配置、价格 6.联合代理商跟进招标进程	1.代理商资质审查，出具授权书 2.购买标书 3.确定投标方案 4.价格审批 5.标书制作 6.准备应对答疑 7.准备质疑	1.确认配置 2.确认库存 3.代理商准备合同 4.制作订单 5.法务审核	1.签订合同 2.安排后续发货事宜 3.安排培训、安装、验收事宜
项目进展阶段	10%	30%	50%	70%	90%	100%

图 2-7　案例二：某医疗产品厂商与客户采购工作流程相对应的销售工作流程图

表 2–4　案例二：某医疗产品厂商与客户“采购进展阶段”相对应的“项目进展阶段”要素表

采购项目周期四阶段	启动阶段	计划阶段		实施阶段		收尾阶段
客户采购项目六个管理过程	1. 项目使用者收集有关信息过程 （识别确定项目需求）	2. 项目团队论证方案过程（提出项目解决方案）	3. 项目方案审查过程（确定项目解决方案）	4. 项目采购过程（执行项目方案采购）	5. 商务谈判过程（落实项目方案采购）	6. 合同签署过程（结束项目方案采购）
客户采购项目具体管理过程（由销售团队描述定义）	确认需求	论证方案	审批方案	采购流程	商务谈判	签订合同
客户在每个管理过程的工作内容	科室对现状有分析	临床讨论会 科室上报采购计划 院务会，确定资金来源	资金到位 技术论证 商务论证 方案论证 产品考察	制定招标文件 确定招标公司 确定招标方式 确定院内参标人员 发布招标信息 评标 中标公示	通知代理商签订合同 进行商务谈判 保修、维修条款 培训、安装事宜	对合同及附件给予确认 客户法务部门审核合同及附件 签订合同
哪些信息可以印证客户所处的管理过程	医院有新大楼 重点专科建设 科室以旧换新 工作量增加 人员增加 有专项资金拨款 展会上咨询	经销商提供科室情况信息 科室收集厂家信息 技术参考、效益分析 要求介绍产品	询价会 谈判会 要求提供技术、配置、价格等资料 经销商主动联系厂家	医院咨询招标文件细节 网上看到公示文件 医院通知招标 要求做技术澄清	中标通知 商务谈判通知 提供或讨论合同文本 提出合同附件	确认合同及附件 确定合同签署时间和方式

续表

哪些信息可以印证客户所处的管理过程	访问公司网页或电话咨询 政策导向 新技术引进		场地确定			
针对客户每个管理过程的工作内容，我方对应的销售工作内容（包括与代理商共同采取的活动）	主动接触客户 了解信息细节 掌握客户需求的整体背景 了解科室主任的背景和采购倾向 竞品信息 了解客户组织架构 代理商报单	主动介绍产品 根据客户预算帮助客户制定方案 竞品分析 了解医院采购渠道 提交可行性报告 代理商跟进	找到关键的方案决策人 确定渠道 配合考察 确定和主要竞品的竞争策略 提交参数、配置、价格 联合代理商跟进招标进程	代理商资质审查，出具授权书 买标书 确定投标方案 价格审批 标书制作 准备应对答疑 准备质疑	确认配置 确认库存 代理商准备合同 制作订单 法务审核	对合同及附件给予确认 公司法务部门审核合同及附件 签订合同
项目进展阶段	10%	30%	50%	70%	90%	100%

五、关于“结单”与“签单”

细心的读者可能已经发现，对比要素表和流程图，案例一与案例二的起点基本是相同的，不同点就在于“项目进展阶段”最终的结束点上。案例一的流程结束是“安装、调试、验收、收回尾款”，而案例二的流程结束是“签订合同”。

这种不同反映了一个重要问题，那就是每个公司都要根据自己的业务管理要求，制定“项目进展阶段”，这当中没有对与错，只是涉及对销售工作“结单”的定义，各公司会有所不同。

有些公司的销售业务，“结单”是设定到安装、调试、验收、回款完成，才算实现销售，一个项目才算完成。这种方法反映了整个销售进程，对跟踪、考核销售人员的业绩有利。图 2–6 和表 2–3 所显示的案例一，就是这种情况。

而另一些公司，“结单”是拿到合同，就算销售过程完成，这里的“结单”实际应为“签订合同、接到订单”（简称“签单”）更确切。后续工作实质是合同执行阶段的工作，这部分工作虽然没有在销售漏斗中体现，但仍然是销售人员的工作，是计入销售人员业绩的；这部分工作的管理和业绩考核是在运营团队的其他管理工具或数据中进行的（如 ERP、财务等）。这种方法区分了工作性质的不同。

项目管理中，关于工作排序要遵循工作“依存关系”原则。什么是工作“依存关系”呢？简单地讲，“依存关系”就是一种逻辑关系，表明一个工作依赖于另一个工作的开始或结束。“依存关系”有三种主要形式：结束—开始、同时开始、同时结束（见图 2–8）。

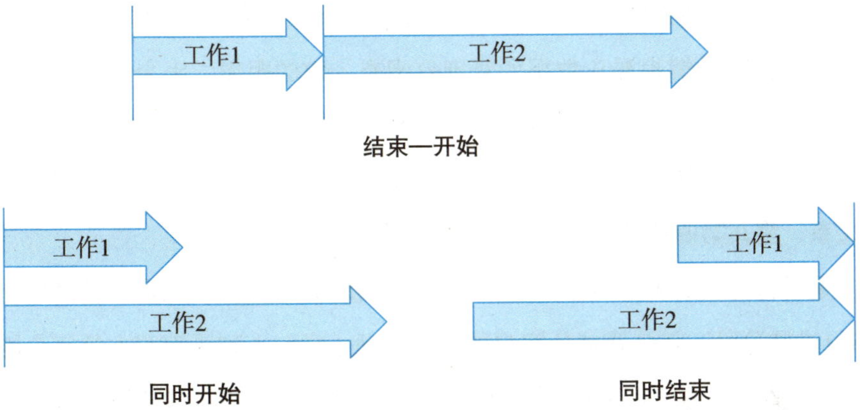

图 2-8 工作“依存关系”示意图

从图 2-8 示意的三种“依存关系”可以看到，在销售过程中“签单”是一个节点，它将从客户有采购意向，到安装、验收、回款的整个项目过程，分为两个相互衔接的工作部分。第一部分工作是以客户主导的从“意向”到“签单”的采购过程——合同签订过程；第二部分工作则是主要由厂商主导的生产、发货、安装、调试……过程——合同执行过程。需要说明的是，第二部分工作同样有买卖双方的互动、协调，但主要以厂商为主。而这两部分工作的依存关系——合同执行工作，是在合同签订工作结束后开始的——是典型的“结束—开始”型的工作流程。

在销售实践中，本来就有合同签订（Booking）与合同执行（Shipment）两种不同范畴的工作内容，这两种不同范畴的工作由不同的业务团队和各自适用的工具来管理。销售漏斗，是销售团队专注于与客户采购过程所对应的合同签订过程；而 ERP 系统等工具，则是运营团队用于管理产、销、存的合同执行过程。

案例二模式，将“项目进展阶段”的结束定位在“签单”，避免了各方面在讨论销售预测时对“结单”定义不清晰，一下说订单，一下又跳到发货、安装、验收。实践中，销售指标分为订单与发货两个不同的考核指标，才有利于管理，也才能更好地发挥销售漏斗的作用。因为订单拿到后，发货、安装、验收等工作，由 ERP 等系统和运营团队管理，每个月都有合同执行专题会议。这与我们讨论的销售漏斗数据的管理范围有一定的距离，因为许多因素不在销售人员和销售团队的控制范围之内。有关签单预测、待发货订单与发货预测数据的关系和统一管理，也就是销售漏斗数据、ERP 数据与实现销售业绩的关系，将在第四章销售漏斗数据应用中专题讨论。

笔者将传统的销售工作节点“结单”转换为“签单”，并定义管理销售的“项目进展阶段”就是管理从客户的项目启动（意向）到买卖双方签订合同的过程。建议使用案例二的模式，有利于对销售漏斗理念的理解与销售漏斗的使用，避免赋予销售漏斗太多的功能，从而提升其可操作性。对已完成签单项目和在进行项目给予清晰的区分，有利于对在进行项目的市场、产品、行业分析。这种区分的优点在第四章关于 OEM 产品销售管理和耗材销售管理中可以看得更清楚。（本书后续讨论销售活动时，不做特别说明，销售工作结点都定义为“签单”。详细内容在第四章加以讨论）

有些读者的企业和部门，要保持案例一的模式管理销售人员和团队。他们认为销售工作的全程管理是到合同执行完成。这种模式中，将考核签单的节点定位在 90%，即在研究订单预测（Booking）时，要关注有多少项目（或金额）将完成“合同签订”，达到 90% 的节点。后续合同执行的工作内容包括：发货、安装、调试、验收、尾款回收等，一切工作完成后再由销售人员将“项目进展阶段”从 90% 转换成 100%。这样可以反映出有多少订单还未完成合同执行的工作，要求销售人员还要继续给予关注，并预计什么时间能够完成这些工作。这种情况下，销售漏斗中会有大量达到 90% 节点，但还未达到 100% 的未结单项目，需要在未来完成结单。

这种模式的优点是，让销售人员可以了解自己管理的项目中有哪些已签单，但合同还没执行完成；也让管理者从一个工具中了解合同签订与实现销售（验收完成才算销售）两方面的情况，并加以管理。

缺点是，有时合同执行的时间会很长（甚至跨年度），数据库中存在大量不同工作范畴的工作内容，建立数据分析模型和做数据分析会比较复杂，在讨论合同、发货、验收等一系列工作时，各方面对此要有清楚的概念。

其实，对客户项目的全程管理，与采用不同工具来管理不同阶段的工作，是两个概念。我们要求企业员工和各个部门，特别是与客户直接联系的销售人员和销售团队，要建立对客户和项目进行全程管理，服务客户的理念。但在具体工作过程中，需要更专业的团队、方法和工具去实现每个阶段的高效管理。谈到合同执行，每个公司都有专职的团队和一系列运营工具去管理、督促销售人员继续完成已签合同项目的执行。因此在销售漏斗中，案例一模式所具有的将合同执行完成设置为工作结束点的优点，是可以通过其他工具和方法去实现的。言外之意，笔者建议“合同执行”阶段的工作不要包含在销售漏斗的管理范围。

读者会看到，笔者建议的案例二模型——将销售漏斗对销售过程管理的范围，设定在客户意向到合同签订，即实现“签单”，在建立销售漏斗数据分析模型，帮助销售人员和团队进行时间和机会项目管理，实现销售业绩目标方面，具有简单、直接的优势。

六、判断项目处于哪个阶段的要素

在案例二的表 2-4 中有这样一栏“哪些信息可以印证客户所处的管理过程”，这些就是判断项目处于哪个阶段的要素。客户采购流程的每个阶段，都会有一些情况出现，形成销售工作的“判断要素”，产品、行业、客户类型等因素不同，判断要素也会不同。一个销售团队要总结以往的经验，把每个阶段的“判断要素”分别列出，同时列出这一阶段的关键决策者，销售人员要做的是有针对性地工作。这样，一个与客户“采购进展阶段”相对应的“项目进展阶段”就形成了。这是销售团队自己归纳、总结出来的，一定会容易理解，从而更容易执行。

本章从销售漏斗的发展，介绍了销售漏斗与CRM系统的关系；从销售过程中因为众多不确定的因素给销售管理带来的困扰出发，归纳造成不确定因素的动态信息；通过对动态信息的分析、归纳，最终确定了造成销售工作困扰和影响销售漏斗使用效果的关键因素是对“销售进展阶段”的定义和判断。

通过对销售流程的梳理，看清了主导采购过程的是客户（买方），销售工作的进程实际上是呼应客户的采购进程所开展的活动。客户的采购过程是典型的有起始、有结束的采购项目过程。用项目管理的理念来分析，一个采购项目的生命周期可分为四个阶段，六项工作过程。

过去三年，在辅导不同行业客户定义销售“项目进展阶段”时，通过收集不同行业客户采购项目的工作过程，最终总结出对应客户采购项目周期的四个阶段和六项不同工作过程，以及每个过程的总体工作内容。这些工作过程和总体工作内容具有固定模式，有很强的时间概念，既相互关联，各自又有独立的工作内容和目标。而方案论证、审批、招标采购、法律文件、合规审查这些工作，就是对项目的监管与控制管理过程，是嵌入对应采购项目周期的四个阶段和六项工作过程之中的。因此客户的采购过程是典型的项目流程，可以运用项目管理的理念来分析客户的采购过程，并管理与之对应的销售过程。

本章第五节的案例二和OEM案例是非常有代表性的案例，对其他案例的分析，都可以从这两个案例中得到启发，我们将这两个案例的要点以例表的方式（表2–6和表2–7）展现在读者面前，希望读者在定义自己团队的“项目进展阶段”时，可以得到启发和帮助。

定义销售“项目进展阶段”的关键在于，不同行业采购项目处于哪个阶段的表现形式、提供的判断信息要素是有所不同的。这正是在使用销售漏斗工具前，每个团队要定义自己业务的销售“项目进展阶段”的重要性所在。销售“项目进展阶段”的定义会随着业务的发展、营销模式的变化有所变化，但大的原则和框架是一定的。因此，营销团队要定期做销售“项目进展阶段”调整，这也是优化业务流程和调整工作内容的过程。

有其中两个以上的要素时，就可以定义为销售进入了此阶段。以上述案例二某医疗产品厂商与客户“采购进展阶段”相对应的“项目进展阶段”要素表为例（见表2-4）：

第一阶段　确认需求——10%

医院有新大楼

重点专科建设

科室以旧换新

工作量增加

人员增加

有专项资金拨款

展会上咨询

访问公司网页或电话咨询

政策导向

新技术引进

……

第二阶段　论证方案——30%

经销商提供科室情况信息

科室收集厂家信息

技术参考、效益分析

要求介绍产品

……

第三阶段　审批方案——50%

询价会

谈判会

要求提供技术、配置、价格等资料

经销商主动联系厂家

场地确定

……

第四阶段　采购流程——70%

医院咨询招标文件细节

网上看到公示文件

通知招标事宜

要求做技术澄清

……

第五阶段　商务谈判——90%

中标通知

商务谈判通知

提供或讨论合同文本

提出合同附件

……

第六阶段　签订合同——100%

要求确认合同及附件

确定合同签署时间和方式

……

这种方式的优点是可以帮助销售人员判断项目的进展阶段，甚至可以直接切入到相应的项目进展阶段。有经验的销售人员会比较喜欢这种模式。

另一种方式是将所有判断要素不分阶段，以可能出现的前后顺序逐条列出，由销售人员从上到下逐条选择，系统设定判断程序，自动生成“项目进展阶段”。这种要逐条选择的方式，使思维具有连贯性，判断由系统完成，更客观，对新销售人员有帮助。

其实，在确定“项目进展阶段”的过程中，有经验的销售人员都会有其判断的逻辑思维，他们对上述两种方式都不太喜欢，认为烦琐。之所以设置这样的功能，仅仅是希望销售漏斗在数据建立和使用过程中，对最不客观的参数能够有标准，相对标准化，让销售人员在建立和使用销售漏斗过程中，在团队讨论项目情况时，有相对的参考标准。

七、关于 OEM 项目的销售“项目进展阶段”的分析

为客户（品牌商）生产配套产品的原始设备制造商（OEM）的 OEM 项目是销售漏斗理念需要研究的重要领域。这个领域的销售过程与前面分析的产品直接销售的模式，有三点不同：

（这里客户标注出“品牌商”，是由于这种配套产品的直接采购方往往不是“品牌商”，而是其代工厂。实践证明，如果 OEM 配套产品不能获得“品牌商”客户的认可，在与“代工厂”客户的合作中会遇到很多问题。因此，在做 OEM 配套产品时，一方面要与“代工厂”客户很好地合作，另一方面要直接取得最终客户——“品牌商”客户的认可，这对把控 OEM 配套产品的质量要求、应用场景、价格定位、生命周期，以及与“品牌商”客户的长期合作都是非常重要的。为不造成混淆，在后续讨论这个议题时，我们对客户不加标注就是指“品牌商”客户。）

1. 客户的整个工作流程中，是将分属于“规划阶段”的“方案确定过程”和“实施阶段”的“采购过程”，合并为对候选 OEM 生产厂商的方案进行审查的过程；此时的方案审查过程包括入围供应商资格审查和产品审查两部分，最终得出候选 OEM 厂商方案是否入围的结论。

这样分析客户的采购项目仍然是四个阶段，只是“计划阶段”只有“方案论证”一个工作过程；“实施阶段”有对候选 OEM 生产厂商“资质审查”“产品测试”和“商务谈判”三个工作过程。因此，客户的“采购项目具体管理过程”仍然是六个，只是“资质审查”与“产品审查”两个过程的界限不那么明确，但是从候选 OEM 生产厂商的工作过程来看，界限是很清楚的。

2. 在应对客户提供样品进行测试的工作过程时，候选 OEM 生产厂商的工作实际是两部分：一是根据客户的要求，设计、生产、内部测试样品的过程；二是将样品提供给客户，并配合其做测试的过程。而这两个过程会涉及样品的不断改进，反复进行，直到通过客户的审查。候选 OEM 生产厂商的“项目进展阶段”的工作过程仍然是六个。这是 OEM 生产厂商对应客户的采购项目管理过程的工作过程。

3. 一旦 OEM 生产厂商提供的某一样品通过检验测试后，就成为定型产品。该产品在所对应的客户产品的生命周期内，客户都会采购该定型产品，以满足生产自己（品牌商）产品的需求；当然，一般同一配套定型产品，客户会选择两个以上的 OEM 生产厂商成为供应商。这说明，某一配套产品在所对应的客户产品的生命周期内，始终存在竞争。

上述特点就决定了生产配套产品的 OEM 项目的“项目进展阶段”有其自身的特点。

图 2–9 和表 2–5 是典型的与客户采购工作流程相对应的 OEM 生产厂商定义的销售工作流程图和“项目进展阶段”要素表。

比较表 2–5 与表 2–4 可以看到，本案例中客户的采购流程中，要求供应商提供资质审查资料和样品的工作过程，以及后续的样品测试评估过程，都属于对候选供应商资质和能力进行审查的过程；如果从项目管理的角度分析，加上后续的商务谈判过程，这三个工作过程都是处于项目实施阶段的工作过程。

从这个 OEM 的案例中可以看到，客户的具体工作过程属于项目管理四个阶段中的哪个阶段，要根据客户采购过程的具体工作内容来判断。关键在于，定义由客户采购工作过程构成的“采购进展阶段”时，要有明显的“阶段性”和“可区分特征”；同时，这些工作过程之间又有相关的逻辑性。因此，由客户“采购进展阶段”出发，对应定义得到的卖方“项目进展阶段”，使销售人员或销售与技术团队在与客户交往时，不同工作阶段都有明确的目的性、明确的工作内容、明确要对应的客户决策者和明确的工作目标。

	阶段 1	阶段 2	阶段 3	阶段 4	阶段 5	阶段 6
品牌商的采购流程	找供应商 1.网络 2.展会 3.老客户新项目 4.关联厂商介绍	要求候选供应商提供 1.技术方案 2.初步价格 3.预估交期 4.过往业绩 做全面评估	1.要求候选供应商提供样品供测试 2.要求候选供应商产品认证材料 3.要求对候选供应商进行审厂	1.对候选供应商提供样品进行测试 2.要求候选供应商改进工艺，再次提供测试样品 3.对候选供应商提供的测试样品出具测试报告，做出正式评价	样品测试、审厂通过和招标结束后： 1.如需招标，进行招标程序 2.讨论商务条款，包括：最终价格、交期、付款方式等商务条款 3.起草总体采购合同 4.合规审查 5.草拟年度采购框架协议	1.签订总体合同 2.根据已确定的商务条款和年度框架协议，依据生产进度安排持续向供应商下正式采购订单
	获取供应商线索 >>	方案论证 >>	候选供应商资质审查 >>	样品测试 >>	商务谈判 >>	签合同/持续采购
供应商的销售流程	初步接触了解客户 >>	提供方案 >>	提供样品和资质文件 >>	跟踪测试情况 >>	商务谈判 >>	签合同/持续获得订单
	1.了解客户背景 2.了解客户采购产品的使用场景需求 3.获取关键人信息 4.竞争分析 5.销售机会项目录入销售漏斗	1.内部评估 2.向客户提供技术方案 3.运用FAB/POD向客户提供产品优势和竞争分析 4.初步报价 5.为客户审厂做准备	1.内部样品申请 2.样品加工制作 3.给客户送样 4.向客户提供产品认证材料 5.安排客户审厂	1.跟踪客户测试情况，随时就客户提出的质询给与答复 2.对测试中问题与生产部门沟通，加以改进，甚至重新加工制作样品	样品测试、审厂通过和招标结束后： 1.如需招标，参与投标 2.讨论商务条款，包括：最终价格、交期、付款方式等商务条款 3.起草总体供货合同 4.合规审查 5.草拟年度供货框架协议	1.签订总体合同 2.就产品质量、交期、付款等问题与采购方（品牌商）保持联系，防止竞争对手扩大供货份额 3.根据已确定的商务条款和年度框架协议，依据品牌商的生产进度安排，获得正式采购订单，并安排后续供货事宜
	10%	30%	50%	70%	90%	100%

图 2-9　OEM（配套）厂商与客户（品牌商）采购工作流程相对应的销售工作流程图

表 2-5　OEM（配套）厂商与客户（品牌商）“采购进展阶段”相对应的“项目进展阶段”要素表

采购项目周期四阶段	启动阶段	计划阶段	实施阶段		收尾阶段
客户采购项目五个管理过程	1. 项目使用者收集有关信息过程（识别确定项目需求）	2. 项目团队论证方案过程（提出项目解决方案）	3. 项目方案审查过程（确定项目解决方案）	4. 项目采购 / 商务谈判过程（落实项目方案采购）	5. 合同签署过程（结束项目方案采购）

客户采购项目具体管理过程（由销售团队描述定义）	获取供应商线索	方案论证	对候选供应商进行资质和产品审查	对候选供应商提供的样品进行测试	商务谈判	签合同 / 持续采购
客户在每个管理过程的工作内容	寻找符合要求的产品和供应商	1. 评估技术方案，收集价格、货期等信息 2. 综合评估供应商能力，确定备选供应商	1. 要求供应商提供测试样品 2. 对候选供应商进行资质审查	对样品进行测试；做出评估报告	在样品测试合格，供应商资质审核通过后： 1. 就合同细节与供应商谈判 2. 草拟总体合同文本和年度采购框架协议 3. 合规审查	1. 签订总体合同 2. 根据已确定的商务条款和年度框架协议，依据生产进度安排持续向供应商下正式采购订单
哪些信息可以印证客户所处的管理过程	1. 要求供应商提供产品介绍，行业介绍、参考方案要求参观供应商工厂，等等 2. 通过网络联系供应商 3. 通过参加展会联系供应商 4. 老品牌商有新项目通过审批或新的投资到位 5. 通过朋友推荐联系到供应商 6. 服务、市场等部门提供的品牌商新项目信息	1. 提出技术规格要求 2. 提出意向询价 3. 提出产品需要满足的交期要求 4. 通过各种渠道了解供应商的背景和业绩 5. 要求对供应商进行实地考察	1. 要求供应商提供样品 2. 要求供应商提供内部认证项目、类型 3. 要求对供应商工厂进行审核 4. 要求供应商提供第三方认证	1. 就测试方案与供应商技术人员进行沟通 2. 对供应商提供样品进行测试 3. 对测试结果与供应商技术人员沟通 4. 提出样品工艺改进意见，要求供应商再次提供样品，进行测试	1. 与供应商磋商成交价格 2. 与供应商确定产品交期 3. 与供应商确定付款方式 4. 确定品质、售后、违约责任等商务条款	1. 提供和更新年度采购计划 2. 就产品质量、交期等问题与供应商保持联系

续表

哪些信息可以印证客户所处的管理过程	7. 代理商报备或其他渠道得到的信息 8. 主动联系供应商，了解行业新动向，竞争情况 9. 产品升级，寻找替代产品和供应商 10. 终端用户给代工厂商推荐供应商	6. 要求供应商提供资质资料 7. 要求供应商提供样品图纸	5. 要求供应商提供现场技术支持 6. 要求候选供应商提供过往业绩报告	5. 对测试样品出具测试报告，做出正式评价	5. 确定是否通过招投标方式确定上述商务信息 6. 大品牌商要求供应商签订年度框架协议	3. 平衡各供应商之间的供货份额，保持采购方的话语权
针对客户每个管理过程的工作内容，我方对应的销售工作内容（包括与代理商共同采取的活动）	1. 了解该品牌商的行业地位、资信水平、财务状况等背景信息 2. 了解该品牌商对产品的规格、数量和使用场景 3. 获取该品牌商采购系统关键人信息 4. 对该品牌商接触中的其他供应商做竞争分析，制定针对性策略 5. 分析该品牌商现有使用产品性能、状况等针对该品牌商做实施替代竞争对手产品的预研 6. 评估该品牌商询价等行动的真实意图	1. 公司内部对该品牌商和项目进行评估 2. 公司对该品牌商的技术要求进行论证，确定产品方案 3. 确定这对该品牌商的备选产品方案 4. 运用 FAB/POD 对该品牌商的具体情况，做方案分析 5. 响应该品牌商询价，做初步报价 6. 配合、接待该品牌商工厂审核需求 7. 邀请、接待该品牌商现场考察	1. 向公司内部提出样品制作申请 2. 协调样品按时交付 3. 样品制作完成，送样到该品牌商 / 该品牌商指定的测试机构 4. 根据技术变更，再次制作样品提供给该品牌商	1. 跟踪样品测试过程，获取测试结果信息，及该品牌商鉴定报告 2. 根据该品牌商对产品的认证要求，对产品进行认证 3. 配合、接待该品牌商工厂审核的要求 4. 根据实验结果做产品技术变更 5. 根据该品牌商的要求安排现场技术支持	1. 针对该项目，制定多种成交价方案，与该品牌商进行价格磋商 2. 与该品牌商就年度供货达成框架协议 3. 与该品牌商就付款方式进行确定 4. 与该品牌商对品质、售后、违约责任等商务条款进行确定 5. 法务部门审核合同及附件 6. 该品牌商如需招标，进入投标程序 7. 根据商务谈判或招标结果，签订总体合同	1. 签订总体合同 2. 就产品质量、交期、付款等问题与采购方（品牌商）保持联系，防止竞争对手扩大供货份额 3. 根据已确定的商务条款和年度框架协议，依据品牌商的生产进度安排，获得正式采购订单，并安排后续供货事宜
供应商的销售流程	1. 初步接触客户	2. 提供方案	3. 提供样品	4. 跟踪测试结果	5. 商务谈判	6. 签合同 / 持续获得订单
项目进展阶段	10%	30%	50%	70%	90%	100%

对照前面的案例二，这两个案例告诉我们，销售团队定义“项目进展阶段”不是机械地建立“阶段”，而是从客户采购项目的具体工作过程和工作内容出发，定义自己对应的销售工作过程和工作内容。

值得注意的是，这个 OEM 的案例中，在样品测试通过，商务谈判完成后，订单是要伴随客户的生产计划以若干分订单的形式，逐步释放出来的；只要客户的相应产品保持生产，订单就会持续签订。这个过程可能少则一年、两年，多则几年也是有的。因此，在 OEM 销售过程中，针对某一个 OEM 配套定型产品，销售人员要对客户的相应采购项目持续跟踪、推动签订分订单，这是工作常态。这种业务模式决定了 OEM 生产厂商在销售队伍分工、组织管理和使用销售漏斗对销售过程进行管理时，有一些特别的方法和应用模式。

本小节我们只讨论 OEM 生产厂商的销售“项目进展阶段”的设定。有关使用销售漏斗管理 OEM 项目业务的应用案例，将在第四章介绍。

与合同执行过程中有一系列成熟工具可供使用相比较，销售“签单”过程管理方面恰恰是各企业的薄弱环节。虽然在营销管理中销售漏斗的概念经常被提及，但对其理念和该理念在实践中的应用，还有许多需要探索与总结的地方，需要形成一套成熟的方法论，去指导营销管理工作。本节以项目管理的理念为基础，通过五小节来讨论“项目进展阶段”和“签单”的概念：

一，关于从“销售进展阶段”到销售“项目进展阶段”；

二，建立本企业（部门）的销售“项目进展阶段”的方法；

三，关于“结单”与“签单”的讨论；

四，判断项目处于哪个阶段的要素；

五，关于 OEM 项目的销售“项目进展阶段”的分析。

用这样大的篇幅来讨论，就是希望确立销售的“项目进展阶段”和“签单”这两个概念在销售漏斗理念中的重要性。以此来梳理销售流程，尝试将普遍认为不确定因素太多的销售流程相对标准化，使之成为在探索销售漏斗理念、销售漏斗数据模型建立、销售漏斗软件工具设计和销售漏斗最终在实践中应用等方面的基础。

过去几年，笔者在对不同行业、不同类型的企业做“销售漏斗与销售管理”培训时，做了几十份《与客户“采购进展阶段”相对应的卖方销售“项目进展阶段”要素表》。这些要素表，证明运用销售“项目进展阶段”和“签单”的概念，梳理不同行业、不同类型企业的销售流程是可行的。笔者从这些要素表中选择了十份，作为附录，供读者参考，希望对读者梳理本企业的销售流程有所助益，也希望读者提供更多的案例，丰富销售漏斗的理念与实践。

第六节 有关销售过程中的其他动态信息

一、关于“机会项目金额有效值”的概念

在一般销售漏斗中，“机会项目金额”没有反映出“项目进展阶段”和“项目竞争机会”两个因素的影响。为了给机会项目金额一个参考，将两个机会因素考虑进去，于是就有了“机会项目金额有效值”。

机会项目金额有效值＝机会项目金额 × 项目进展阶段（%）× 项目竞争机会（%）

“项目进展阶段”越低，竞争对手越多，机会项目金额有效值就越小，与机会项目金额的差值就越大。机会项目金额有效值以数据、曲线、图形等形式，作为机会项目金额的参考值，它与机会项目金额形成直观的对比，两个金额值的差距，则是提醒销售人员和管理者对“项目进展状况”和“项目竞争状况”给予关注。相关内容在第三章的数据呈现中进一步介绍。

当然，随着软件形式的销售漏斗发展，钻取销售人员或团队的动态签单能力成为可能，可以有更好的方法给出对机会项目金额的预测参考值。

二、关于信心指数

“信心指数”没有被纳入“项目动态信息”，主要原因是这项参数带有太多销售人员的主观色彩。在实际销售实践中，多次出现销售人员信心满满，但到签单时出现意外的情况，甚至丢单。其实这种意外是有必然性的，因为销售过程本身就是一个多因素的事务，存在销售人员对信息的掌握程度与判断能力的问题，而客户方面、竞争对手方面的不确定因素往往是不可预见的。我们设计销售漏斗相关参数的原则，就是要将人为判断的主观因素降到最低，让数据更客观。因此，我们不建议使用主观色彩太多的参数。

但是许多销售漏斗使用者仍然希望看到销售人员对项目的信心状况，认为在分析项目时，“信心指数”有一定的参考意义。因此，在设计销售漏斗框架时，可以加入“信心指数”一项。但我们希望使用者和管理者更关注“项目进展阶段”和“项目竞争机会”，也就是更关注客户方面和竞争对手的动向，不要放松警惕。

“信心指数”一般分为四档，供销售人员选择：

25%——信心低

50%——信心中等

75%——信心高

90%——确定（或客户承诺）

表 2-6　一次性采购项目定义销售“项目进展阶段”的要素

客户采购项目周期	客户采购项目的管理过程	客户采购项目在每个管理过程的主要工作内容	销售对应工作内容	项目进展阶段
启动阶段	1. 项目使用者收集有关信息过程 （识别确定项目需求）	收集潜在供应商和产品信息，初步联系各潜在供应商	了解客户背景和需求，了解客户各阶段工作过程的关键人，潜在竞争对手	10%
计划阶段	2. 项目团队论证方案过程 （提出项目解决方案）	收集各种解决方案，比较各方案的优劣，并确定上报方案	配合客户提出有竞争力的解决方案、掌握竞争状况和准备应对策略	30%
	3. 项目方案审查过程 （确定项目解决方案）	对上报的各方案进行评估，并批准将执行的方案	配合客户完善解决方案，做好与竞争对手的对比，展示竞争优势	50%
实施阶段	4. 项目采购过程 （执行项目方案采购）	通过规定的采购流程（招标、议标、直采等），进行采购	以最佳方案参与竞争，准备回应客户澄清要求或方案完善	70%
	5. 商务谈判过程 （落实项目方案采购）	完成采购流程或样品测试后： 1. 与确定供应商，具体落实商务和实施方案、法律条款 2. 长期采购项目：提出长期采购框架协议	1. 商务和实施方案落实，通过内部法律与合规审查 2. 对长期供货项目：确定长期供货框架协议	90%
收尾阶段	6. 合同签署过程 （结束项目方案采购）	与供应商签署正式合同，结束采购项目 合同转入付款、设备安装、测试、验收等后续执行工作	配合客户签署正式合同，结束销售项目 合同转至相关部门（合同管理、生产、物流、售后等），进入后续执行工作	100%

表 2–7 OEM 项目（耗材、配件、原材料等长期采购项目）定义销售“项目进展阶段”的要素

客户采购项目周期	客户采购项目的管理过程	客户采购项目在每个管理过程的主要工作内容	销售对应工作内容	项目进展阶段
启动阶段	1. 项目使用者收集有关信息过程（识别确定项目需求）	收集潜在供应商和产品信息，初步联系各潜在供应商	了解客户背景和需求，了解客户各阶段工作过程的关键人，潜在竞争对手	10%
计划阶段	2. 项目团队论证方案过程（提出项目解决方案）	收集各种解决方案，比较各方案的优劣，并确定上报方案	配合客户提出有竞争力的解决方案、掌握竞争状况和准备应对策略	30%
实施阶段	3. 对候选供应商进行资质和能力审查	要求供应商提供资质资料和测试样品，供资质和能力审查	配合用户的要求，提供资质文件制备供客户测试样品	50%
	4. 对候选供应商提供的样品进行测试	1. 对供应商提供的样品进行测试 2. 反馈有关问题，提出修改意见 3. 要求供应商提供新测试样品 4. 提供测试评估报告	1. 配合用户进行测试，做好技术应答 2. 收集改进信息，反馈给研发部门加以改进 3. 项目返回提供样品阶段，再次进行样品制备	70%
	5. 商务谈判过程（落实项目采购）	完成采购流程或样品测试后： 1. 与确定供应商，具体落实商务和实施方案、法律条款 2. 长期采购项目：提出长期采购框架协议	1. 商务和实施方案落实，通过内部法律与合规审查 2. 对长期供货项目：确定长期供货框架协议	90%
收尾阶段	6. 合同签署过程（持续进行项目采购）	1. 签订总体采购合同 2. 根据生产安排，给供应商发出正式采购合同（或订单）	1. 签订总体供货合同 2. 保持与客户的沟通，配合客户的需求周期，安排签署正式供货合同（或订单）并转至相关部门执行	100%

销售人员的工作，就是根据客户在每个“采购进展阶段”中要实现的目标，不断做出判断，呼应客户的工作内容做出有针对性的工作，逐个实现客户在该项目的每个“采购项目阶段”的目标，直至让客户满意地实现他们的总目标。归纳销售人员在这一完整过程中的工作，也就形成了与客户“采购进展阶段”相对应的厂家销售“项目进展阶段”的概念。与站在卖方角度考虑问题的“销售进展阶段”不同，这个概念反映了客户（买方）在采购过程中的主导地位，使得销售（卖方）的一切工作有了出发点和落脚点，突出了整个采购项目过程是卖方与买方互动过程的理念，促使销售人员的思维和工作更具逻辑性。

每个销售团队一定要建立与客户的“采购进展阶段”相对应的销售“项目进展阶段”，以此来管理销售过程。在本章的结束语中我们再次强调，除非有特殊情况发生，客户的采购项目是持续进行的，直到采购项目结束；但是对参与客户采购项目竞争的每一个销售单位而言，在你参与的、和客户采购流程相对应的销售过程中，则有可能在任何一个步骤被终止销售过程，因为竞争、销售人员工作到位情况、客户关系，等等因素，都会决定你的销售工作是否可以继续下去，直至获得客户的订单。因此，销售漏斗从定义客户的采购过程出发，帮助销售团队在客户的每一采购阶段做好对应的工作，甚至提前预测下一步工作会遇到的问题，有所准备；把握对应客户采购流程的每一环节，用正确的方法做正确的事情，最终赢得订单。这是我们从梳理客户采购流程出发，定义销售的“项目进展阶段”以区分传统的“销售进展阶段”的意义所在。

本章中，我们论述了销售漏斗是对销售过程的管理，并依据项目管理中关于工作排序要遵循工作“依存关系”原则，提出销售工作中“签订合同之前”与“签订合同之后”是两项相互关联的工作，其性质、工作主导方、工作内容、工作负责团队和人员、有效的管理工具都是有所差异的。“签单”——签订订单，将销售工作分成了“合同签订”与“合同执行”两个工作阶段，它们之间的关系是典型的“结束—开始”性质的依存关系。而销售漏斗工具对销售过程的管理是到“签单”，即结束，这并不是说销售人员的工作结束了，而是说对于不同的工作内容，要由不同的团队主要负责，要用不同的工具和方法管理，只有这样才能使销售工作的管理实现“直接、简单、高效的原则”。

本书再版过程中，整理了十个与客户“采购进展阶段”相对应的销售“项目进展阶段”定义和工作要素的案例（包括本章第五节的两个案例）作为附录，这些案例涉及了仪器制造、仪器代理、机械制造、系统配套、建筑装修、原材料供应、医疗设备、设备配套、耗材销售、OEM等方面的应用，供读者参考！

第三章

销售漏斗中的数据呈现模型

本章的内容是比较枯燥的，建议读者先阅读第一节和第二节，了解建立数据分析模型和图示化界面的基本知识。然后就可以转入阅读第四章，第四章的案例会使你有兴趣。在阅读第四章时，会遇到某些数据的定义问题，再返回来查阅相关的内容，了解各种数据的定义，对销售漏斗的使用是很有帮助的。

第一节　建立数据呈现模型的重要性

第二章介绍了建立销售漏斗的基本知识，到目前为止，这些数据还是分散、孤立的一个个机会项目（简称项目）。一般销售漏斗，以数据列表的形式呈现一些管理者关心的内容，包括：当月可以签订单的总体情况、重点订单、产品分布、客户行业分布、未来 60 天和 90 天要签订单的项目状况等信息。许多 CRM 的设计是根据经理、主管们对管理业务的需要去设计数据呈现内容。但是我们应首先明确，谁是销售漏斗的使用主体，以及这个工具如何帮助使用主体管理好自己的业务，从而达成目标。从使用主体出发，设计数据呈现内容才是最重要的。因为，销售漏斗的使用主体是销售人员，首先是帮助销售人员自我管理的工具，如何从销售人员的视角出发，将数据呈现出来，以直观的方式帮助销售人员分析自己的业务状况，掌握项目进程和市场状况，安排自己的工作，是数据呈现要深入研究的课题。这样讲并不是忽视经理、主管们的意见，其实经理、主管们与销售人员的目标是一致的，他们还承担着帮助指导销售人员提升自我管理能力的职责，对销售漏斗的使用起着关键作用。

销售是一个动态过程，以 Excel 为基础的销售漏斗无法动态地反映这一过程（虽然一些加宏设计的 Excel 销售漏斗，可以在一定程度上反映这一动态过程，但不尽人意。）因此使用起来会有很大的局限性。计算机技术的发展，软件功能的完善，可以实现对项目动态过程的管理。

以各个公司高管最关心的，销售漏斗中每月可签单的项目金额到底应储备多少为例，我们来看建立数据分析模型的重要性。

在使用销售漏斗的过程中，所有公司都会对当月销售漏斗中的项目储备金额提出要求。但这个项目储备金额应该设定多少合适呢？这是长期困扰管理层与销售人员的一个问题。实践中每个公司都设定了各自的要求，比如是当月目标的 1.2 倍、1.5 倍、2 倍，甚至更高。那么到底应该设定多少才合理呢？这些要求，是靠经验值来确定的。而管理者设置这样一个标准的出发点，就是要保证完成当月目标。为了这个目的，他们经常会改变项目储备金额（注意，是不断加大项目储备金额）。这对处于市场激烈竞争环境中的销售人员来讲，又谈何容易。这种随意性会引起销售人员的反感，也使得销售漏斗失去了应有的意义。这是许多公司销售漏斗使用不成功或虎头蛇尾、名存实亡的原因之一。

实践中发现，项目储备金额的大小与签单能力有关；而签单能力，对每个销售人员而言是不同的。在一个销售团队中，新销售人员与有经验的销售人员之间的差距是很大的；而一个销售人员，随着业务能力的提升，签单能力也在发生变化。因此，用一个标准来要求所有人，或衡量一个人不同时期的能力，显然是不合理的。

设定项目签单率（Closing Rate）和项目总金额转换率（Conversion Rate），可以有效地反映一个销售人员的能力，而以三个月动态“签单率”和“转换率”做参考值，要求每个销售人员在销售漏斗中做好项目数和项目储备金额就合理多了。在后面的第四章中，会介绍这两个参考值的重要应用。

那么“签单率”是怎样定义的呢？

$$\text{签单率(\%)}=\frac{\text{月初确定的在销售漏斗中当月预计签单的项目中，到月底最终实现签单的项目数}}{\text{月初确定的在销售漏斗中当月预计签单的项目总数}}\times 100\%$$

注意这里强调了“月初确定的”这个条件。因为每个月销售漏斗中都会有项目进出，我们必须有一个时间节点作为统计的基准。举例来讲，一个销售人员月初在销售漏斗中确定当月预计要签单的项目为 10 个，月底在这 10 个项目中，签下来了 8 个，签单率就是 80%。至于在销售漏斗中，月初没有被确定为当月预计可签单的项目，即使这个月签下了，虽然可以计入当月的业绩，但不能包含在计算签单率的分子之中，因为，签单率反映的是销售人员预测的准确率，分子只能是那些在分母中确定的项目。

签单率（%）反映了一个销售人员（或销售团队）的销售预测的准确性和签单能力。为什么签单率以项目数为计算基数，而不以金额为基数呢？因为，每个项目从预测到签单，金额会有变化，比如：一个项目月初确定为 100 万元，月底签单为 120 万元（或 80 万元），签单率为 120%（或 80%）吗？显然不是！以项目数来衡量，签单率就是 100%。至于金额的转换是否要考核呢？这是一个转换率问题。长期统计下来，对评估业务发展有很大的参考价值，我们将在下一节中讨论。

我们以签单率为例，说明设计好数据呈现模型的重要性。一个好的数据呈现模型，可以帮助销售人员全面看清自己的能力，用数据指出他们要改善的方向（内容），从而有针对性地提升某方面能力。同时，一个好的数据呈现模型，可以给管理者提供准确的销售人员的能力信息，从而有的放矢地帮助销售人员提升能力。最终，一个好的数据呈现模型，可以帮助管理层看清销售团队的全面情况，为预测业务发展趋势，制定行动计划提供有效的数据支撑。

一、确定销售漏斗管理范围

对于不同产品的销售过程，会有不同的关键节点，那么销售漏斗究竟可以管理到哪一个节点呢？

笔者接触了仪器仪表、水环境检测、医疗设备、工程设备、OEM 配套产品，等等各种不同类型产品的销售过程。每个销售团队都希望销售漏斗可以涵盖从“销售线索”到客户“安装、验收、回款”的整个过程。在最初的销售漏斗设计时，确实希望尽量涵盖所有过程，满足各方面的要求。实践发现，这样将不同的工作内容放到一个管理系统中，会造成很多工作界限不清晰，使用者的理解会产生歧义，实施起来有很大的困难。第二章中我们把传统的“销售进展阶段”转变为销售“项目进展阶段”，就是以客户的购买进程为基础，针对“客户购买阶段”展开销售工作，这对原来“销售进展阶段”的定义有了更清晰的界定。而卖方获得订单后的工作进展，客户虽然关心，但已不是这一阶段工作进程的主导了；这主要是卖方公司内部的运作，销售人员也不再是主导。

因此笔者认为，销售漏斗管理的内容，应该是从“销售线索”进入到销售漏斗，形成销售机会项目起，到“获得订单”止的销售过程。至于“销售线索”质量、成为销售机会的转换率等内容，应由市场部门的统计工具完成；当然，软件设计时可以将此内容加入，但不在销售漏斗数据呈现模型的讨论范围之内。而“获得订单”后的工作，包括订单处理、内部流程审核、生产、发货、安装、验收、收款等工作环节，一般是由公司里面的专职团队来主导完成的，涉及计划、采购、生产、物流、售后服务、工程、财务、法务等部门。这些工作虽然是整个销售过程的重要组成部分，但此时销售人员主要是配合执行，做好与客户的协调的工作。这些工作一般是由 ERP 等成熟的系统来管理。

综上所述，“结单”一词在实际工作中会有不同的理解。许多公司认为，只有回款完成才算“结单”。但是，既然销售漏斗的管理范围是从销售机会进入销售漏斗起，到“获得订单”为止的这部分销售过程，因此，为避免歧义，建议使用“签单”一词更贴切，即销售漏斗的管理范围从销售机会项目进入销售漏斗起，到“签单”为止的这部分销售过程。处于发货前这一阶段的订单，一般称为“待发货订单”（Backlog），许多公司用ERP系统管理。（有关销售目标、发货、待发货订单、订单、销售预测、销售漏斗数据之间的关系，将在第四章中讨论）

二、订单目标如何确定

谈到任务目标，各公司有不同的提法，如发货目标、收款目标、装机目标，其实这些目标都是围绕着一个目标：公司收入目标。少有公司单独设定获得订单目标。然而，获得订单的重要性是不言而喻的，因为它是发货、装机、收款等工作的基础，没有订单，其他一切免谈。因此有明确的订单目标是管理销售的重要一环。

那么订单目标要单独设立吗？不用！公司的发货（Shipment）目标就是订单（Booking）目标。原因很简单，一个公司要保证发货过程良性进行，最好有一定数量的待发货订单（Backlog），其多少需根据生产（采购）周期、物流等因素确定，一般应有一到两个月的订单储备。以理想状态来讲，如果每个月按照应发货目标，从待发货订单中发出了一定数量的货，此时待发货订单中出现的空缺，就应由相应数量的新订单补充进来。因此，订单目标就是发货目标。这样管理考核就直接、简单、清晰、明确了，避免了出现讨论销售工作时，一下跳到发货，一下又跳到订单，谈发货有目标，谈订单没有标准衡量，总在关注具体案子的情况。

三、基础数据呈现模型的四要素

前面介绍的所有数据分类，仅仅是将分散的数据按照常规的分类，做了统计归纳，在业务管理、市场分析等工作中有一定的作用。但是这些数据，还是相对分散的，更没有与销售人员的业绩目标和基本能力关联，因此有必要建立一套“基础数据呈现模型”，以帮助销售人员和团队进行自我管理。

笔者根据多年的实践总结出，一个好的数据呈现应该包括四个方面内容：目标、当前的状况、当前状况与目标间的差距、发展趋势。将这四方面内容有机地整合在一起，形成一个“基础数据呈现模型”呈现出来，从而使发现问题和解决问题有了立脚点和出发点。

1. 目标——目标是一切工作的起点，也是衡量成功与否的标准。

在销售漏斗的设计与使用中如何将目标植入，是非常重要的。许多案例中，人们仅仅关注销售漏斗中的项目数量和金额、当月预计签单情况、进展和竞争情况……这些内容确实非常重要，但缺少了与目标的关联，就不能直观地判断出这些数据是否健康。

2. 当前的状况——当前状况包含了销售人员或团队到目前为止的业绩情况和销售漏斗中的相关数据，以及可以反映销售人员能力的一些数据。

一般销售漏斗数据呈现中，缺少到目前为止的业绩数据和可以反映销售人员能力的数据，这样无法将业绩与销售漏斗和能力有机地联系起来，从而总是孤立地看销售漏斗中的各个具体项目的情况，无法全面地让销售人员和主管及时发现业务人员的真实问题，以便及时有针对性地做出改进。

3. 当前状况与目标间的差距——当前状况包括已完成业绩和销售漏斗状况，这些数据与目标间的差距，在设计数据呈现时应当“一目了然”。

这样做的目的是要让使用者可以简单、直接地在一个界面上看到问题所在，而不要到处寻找数据，再做对比。

4. 发展趋势——通过在时间轴上展示连续的数据，可以发现业务的发展趋势。

经验告诉我们，短期的（季节性的）状况（业绩），不足以将发生的问题展现出来。比如，每年春节所在的月份，由于工作日的减少，往往会出现业务下滑的情况；此时和销售人员讨论业绩，经常得到的理由是工作日少。但我们如果看连续几个月的业绩和销售漏斗中的数据，就可以看清是暂时性的问题，还是长远的问题，从而可以提早发现业务发展的趋势。不论是向好还是下滑，都需要找到根本原因，从而采取相应的措施，以保持业务的平稳发展。又比如，预计业务有大的增长，要提前准备资金、备货、安排生产等；业务有下滑趋势，则要找到真正原因，调整工作重心、渠道、市场策略等，甚至做战略调整。

四、基础数据综合呈现模型

建立“基础数据综合呈现模型”的目的是为销售人员和团队提供简单、直接观察销售业务状况和趋势的窗口，将问题可以直接地展现出来，这就需要建立一套呈现的方法。表 3–1 就是“基础数据呈现模型”的一种呈现模式——基础数据综合呈现模型

表 3–1 中，将计划（目标）、实际执行结果、销售预测和销售漏斗呈现在一张表格之中，它们之间有着十分密切的相关性。在销售人员和管理者运用销售漏斗去分析业绩时，这些数据将会帮助我们全面了解销售人员的能力和需要改进的方向。

表 3-1　基础数据综合呈现模型

销售漏斗 – 销售预测 – 关键成果保龄图（¥万元）															
		YTD	JAN	FEB	MAR	APR	MAY	JUN	JUL	AUG	SEP	OCT	NOV	DEC	Total
计划	（¥万元）														
执行情况	订单总金额														
	预计项目中签单数														
	签单率（%）														
销售预测	预计签单项目数														
	金额														
销售漏斗	总金额	进展阶段													
	基础项目（¥万元）	90%													
		70%													
		50%													
		30%													
		10%													
	大项目	50 万元													

首先，计划（目标）是衡量业绩、销售漏斗是否健康的基准。离开基准无法判断销售漏斗健康与否。

其次，在销售预测与实际执行结果之间，除分别列出金额外，更分别列出了项目数，即月初确定的、销售人员和团队预计将在当月实现的“预计签单项目数”和实际实现的“预计项目中签单数”两个数据；这两个数据之比构成了“项目签单率”。“签单率”（Closing Rate）在实际应用中对判断销售人员能力方面，有着非常重要的作用。

$$\text{签单率（\%）}=\frac{\text{月初确定的在销售漏斗中当月预计签单的项目中，到月底最终实现签单的项目数}}{\text{月初确定的在销售漏斗中当月预计签单的项目总数}}\times 100\%$$

最后，在销售漏斗一栏，分别对“基础项目”（Base Line）和“大项目”（Big Case）进行了统计分类。在实践中，除做大项目或大客户业务的销售人员外，每个销售人员都会遇到如何处理基础业务与大项目间关系的问题。“基础项目”是衡量业务发展的基础，这些业务一般是随经济、市场、行业、技术、产品成熟度等因素的变化而变化的，带有一定的指标意义。分析这些数据，可以为业务发展、战略调整提供数据支撑。

“大项目”对业绩有至关重要的影响，但影响大项目成交的因素也远远多于“基础项目”，因此专门研究大项目，对所有团队都是必需的。

实践中，各方面对大项目的关注度会大于基础项目。特别在分配资源，安排计划时往往会出现矛盾。比如，在安排年度计划时，经常听到销售人员讲，“去年我结了 ××× 万的大单，今年没有了。因此，我今年的任务要在去年完成的基础上减去 ××× 万，再计算今年的计划”。此言听起来有道理，但分析起来会发现，去年有去年的大项目，今年有今年的大项目，不是简单的加减问题。

首先，基础业务是随经济、市场、行业、技术、产品成熟度等因素的变化而变化的，而大项目往往具有周期性（比如五年计划），或者带有偶然性（比如发生突发事件的紧急采购）。

其次，一般销售人员和团队对大项目给予的关注度高，而销售业务的问题往往是出自基础业务，大项目与基础项目不加区分，会掩盖基础业务的问题。而基础业务的恢复需要一段比较长的时间，如果不能及早发现，就会失去改进的机会。

最后，大项目每年都有，只是项目和金额不同，我们可以分别管理，这样制定的计划更具有合理性，销售人员和团队执行起来更有信心。

案例：

某公司在制定 2009 年业务计划时，公司要求平均增长 10%。某业务部门 2008 年取得了 1500 万美元的业绩，当年与北京奥运会有关的业务是 150 万美元，这种业务被称之为“一次性大单”（One time out order）。在制定 2009 年销售计划时，将 150 万美元“一次性大单”从 2008 年的基数中减掉，以 1350 万美元为基数安排 2009 年计划确实有其合理性。问题是，2009 年是否还会有一次性大项目呢？从销售漏斗中，可以看到与新中国成立六十周年有关的“一次性大单”大约是 120 万美元。

这样在计算 2009 年任务时，采取基础业务与大项目分解落实的方法：

基础业务增长 10%=1350×（1+10%）=1485 万美元

大项目预测：120 万美元

总任务 =1485+120=1605 万美元，2009 年比 2008 年增长 7%。

这样一个计划，有数据，有分析，得到各方面的认可。

在第四章中我们会讲述四个真实案例，从中可以看到，“基础数据综合呈现模型”将分散的数据与目标、业绩、执行情况综合在一起同时呈现时，这些数据会给我们提供大量的信息。经过综合分析这些数据所提供的信息，可以反映出每位销售人员的状态和存在的问题；可以帮助销售人员和管理者，有针对性地提升某方面的能力和对公司管理中的问题进行改善。

用 Excel 形成的销售漏斗，可以实现“基础数据综合呈现模型”，但是有些数据，比如，签单情况都要销售人员自己填写（这些数据包括：月初预测将在当月签单的项目数；月初预测当月签单的项目中，到月底实际签单的项目数；以及当月合同金额等），因此在使用中有很大的局限性，只适合人数较少的团队和销售人员个人应用。

幸运的是，应运而生的销售漏斗软件可以很好地解决这一问题，通过编程，可以在后台自动完成统计功能；而有关销售额、成本等数据，可以由运营、财务等部门在后台统一输入；销售人员要做的就是实时更新自己销售漏斗中的六个动态信息。因此，销售漏斗软件展现了强大的功能和应用前景。

第二节　数据的图示化呈现

数据以列表模式呈现是大多数数据的标准呈现模式，但是人们在观察一个事物的时候，并不一定要了解所有细节，而是根据一些能够反映事物基本状况的直观的图形，做出判断。数据呈现图形化，避免了用户看到的只有符号，发挥人的形象感知和形象思维的潜能，提高了信息传递、分析的效率。汽车的仪表盘就是一个最好的图示化管理的范例。

图 3–1　汽车仪表盘

在汽车一百多年的发展过程中，人们逐步建立起了以四个图示构成的驾驶仪表盘。它既满足了驾驶员需要了解的基本信息，又使所有汽车（特种车辆除外）的驾驶信息标准化。无论你在哪里，无论你驾驶的是哪个厂家生产的车辆，都可以很快熟悉。其实如果要了解车况，会有很多信息，但对驾驶员来讲，发动机转速、行驶速度、水温状况和燃油存量这四个基本信息就够了；更重要的是，对驾驶员的驾驶过程来讲，这四个信息也只需给出数值范围和趋势，并不需要具体的参数，而对需要提醒驾驶员的关键情况，比如怠速过高、水温过高、燃油存量低、关键行驶速度点等指标，用红色标识来警示。

同样，销售漏斗中有很多信息，每个人都有其关注的内容，但是作为一个团队，在讨论问题时要有统一的数据分析呈现；这个数据分析呈现要能够反映出业务的现状和发展趋势，而不是过多地关注于细节。许多管理者在使用销售漏斗时，过多地关注每个机会项目的细节，而忽略了对业务总体状况和趋势的把握；他们将销售漏斗等同于销售预测了。（有关销售漏斗与销售预测间关系的议题，将在第四章中讨论。）通过销售漏斗了解业务总体状况和趋势，仅以表格形成的“数据分析呈现”显然不够直观。因此，将有关的数据分析以图示化方式呈现出来就至关重要了。为使用者提供“可视化图形界面”，是销售漏斗，无论简易模式还是软件均不可缺少的内容。下面我们在介绍每组数据的定义时，把可视化图形界面一并介绍。

比较数据列表和图形模式，我们可以看到，图形模式具有直观的优点，可以帮助我们对销售人员和团队的问题及早发现，并采取改进措施。这个优势在实际解决问题时的作用在第四章介绍的案例中得到体现。

一般设计和建立销售漏斗要为使用者提供三类数据：基础数据、能力数据和管理数据。这三类数据，在实际使用过程中有非常重要的作用，下面将以三节的篇幅分别讨论这三类数据。

第三节 基础数据

基础数据是对销售漏斗中输入的数据，进行分类统计的结果呈现。通过这些数据可以掌握销售工作的基本状况。

一、理想 30、60、90 天和 90 天以上销售漏斗数据与形状

既然称作“销售漏斗”，顾名思义，销售机会应该是一个漏斗状的分布；而这种分布的纵坐标又可分为两种情形——以“预计签单时间”来衡量的时间维度（图 3–2）和以“项目进展阶段”来衡量的项目进展维度（图 3–3）。

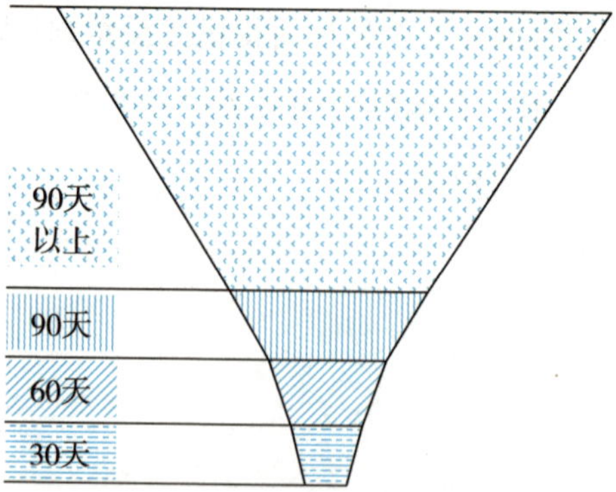

图 3–2 时间维度的销售漏斗示意图

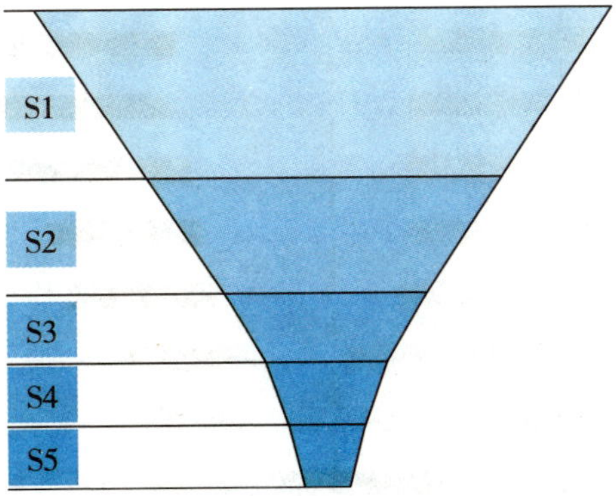

图 3–3 “项目进展阶段”维度的销售漏斗示意图

实际工作中，许多人会问这样一个问题：我们究竟应该从哪个维度来考核销售漏斗的形状？从销售最终目的是签单的角度考虑，销售漏斗都应归于时间维度来研究问题。因此最终应将图 3–2 和图 3–3 统一为时间维度的理想销售漏斗。

图 3–4 和图 3–5 就是将表 3–2 的数据，分别以时间维度和项目进展阶段维度，综合为时间维度的理想销售漏斗示意图和理想销售漏斗柱状示意图。从图中可以看到，每个时间段（图中以月为单位）的数据，都是由不同进展阶段的机会项目集合而成。为什么强调是理想状态呢？因为这是典型的漏斗形状；同时按时间维度看“项目进展阶段”分布也很合理，30 天的项目是以高阶进展项目为主的理想状态。在我们利用图形分析业务状况时，这种理想状况是我们分析问题的基础。

表 3–2 时间维度的理想销售漏斗数据

	2015/04	2015/05	2015/06	2015/07	2015/08	2015/09	2015/10	2015/11	2015/12
10%	0.0	0.0	1565.0	1895.0	1726.0	1850.0	2188.5	2484.0	2654.0
30%	0.0	671.0	1055.0	987.5	1549.0	1752.5	1857.0	2054.3	2095.5
50%	545.0	1299.0	851.0	998.5	1298.0	1330.0	1599.5	1719.0	2081.5
70%	761.5	950.3	205.0	115.0	0.0	0.0	0.0	0.0	0.0
90%	1323.0	293.0	0.0	0.0	0.0	0.0	0.0	0.0	0.0

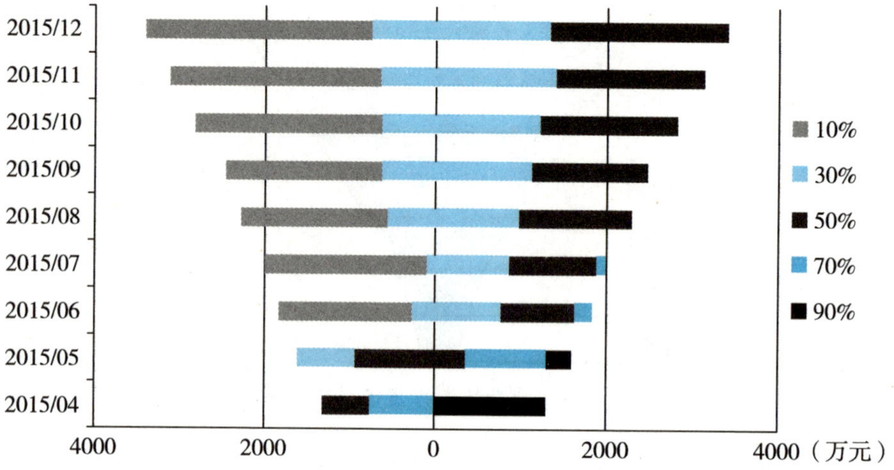

图 3-4 时间维度的理想销售漏斗示意图

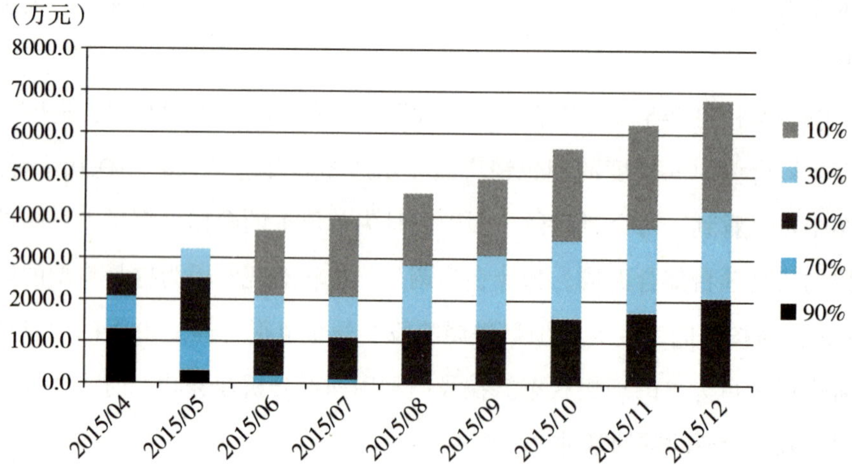

图 3-5 时间维度的理想销售漏斗柱状示意图

当我们将“项目进展阶段”维度转换到时间维度后会发现，各个“项目进展阶段”的项目是分布在不同的时间段。而其在不同时段存在的合理性，正是我们在管理中要不断质疑的。比如，在 30 天要签单的项目中还有处于 10% 阶段的项目，这合理吗？在正常情况下这肯定是小概率事件，但为什么这种小概率情况会在很多销售人员身上发生呢？其实这既涉及对“项目进展阶段"的理解、判断能力，更多的是涉及对销售漏斗使用的态度（或心理）问题（销售人员不愿将"项目进展阶段"写得很高）。这种态度（或心理）问题，正是用好销售漏斗这一工具要不断调整、修正，甚至是改变的，关键还是要回归销售漏斗首先是帮助销售人员自我管理的工具这一关键定位；整个营销团队，特别是管理层首先需要对此有正确的认识，并在实践中执行。

在上述各种图形和表格中都是以金额为单位进行讨论的，那么在使用销售漏斗这一工具时，我们是关注项目数，还是关注金额数呢？答案是，项目数和金额数都要关注。在使用销售漏斗的过程中，金额数被更多地关注；但在时间管理和工作管理中，项目数有很重要的作用。

有关上述小概率事件的影响，项目数在时间管理和工作管理中的应用，将在本章第四节和第四章中进一步讨论。

二、基础数据分析模型和动态十二个月销售机会图示化

从时间维度研究销售状况，我们的关注点会分别聚焦为 30 天、60 天、90 天的状况和 90 天以上两部分。因为这个工具毕竟是帮助我们实现销售业绩的，这种区分保证了我们兼顾短期与中长期业务的关系。

前面我们介绍了"基础数据综合呈现模型"，这些以列表形式呈现的数据，看起来仍然很不直观，因此将此模型图示化，会有助于销售漏斗的使用，是很有必要的。

比较表 3–3 和图 3–6 可以感受到，图 3–6 将计划目标、完成状况、未来机会项目分布等各种信息直观地展现在使用者面前，对分析问题很有帮助。这种"年度销售机会与年度目标关联图"是以每一年度为周期，其时间坐标是固定的，反映的是本年度的业务情况和趋势，而业绩指标一般称为 KPI（Key Performance Indicator）或 KOI（Key Outcome Indicator）指标（关键绩效 / 关键成果指标）。

表 3-3　××公司南区 2015 年 3 月销售漏斗——业绩数据表

销售漏斗 – 关键成果保龄图（¥万元）															
		YTD	2015/01	2015/02	2015/03	2015/04	2015/05	2015/06	2015/07	2015/08	2015/09	2015/10	2015/11	2015/12	Total
计划	（¥万元）	1,179.8	590	590	590	590	590	590	590	590	590	590	590	590	7,077
执行情况	订单总金额	1,079.0	603	476											
销售漏斗	总金额	进展阶段			1,138	1,300	1,423	1,718	1,773	1,177	1,145	737	1,179	744	12,333
	基础项目（¥万元）	10%	0	0	0	43	165	212	791	75	270	348	901	226	3,030
		30%	0	0	189	451	518	855	510	740	872	314	78	255	4,782
		50%	0	0	150	318	374	647	347	315	3	75	200	263	2,691
		70%	0	0	223	197	366	0	125	47	0	0	0	0	958
		90%	0	0	576	293	0	5	0	0	0	0	0	0	873
		100%	603	476	0	0	0	0	0	0	0	0	0	0	0
	丢失项目（¥万元）		168	375	0	0	0	0	0	0	0	0	0	0	0

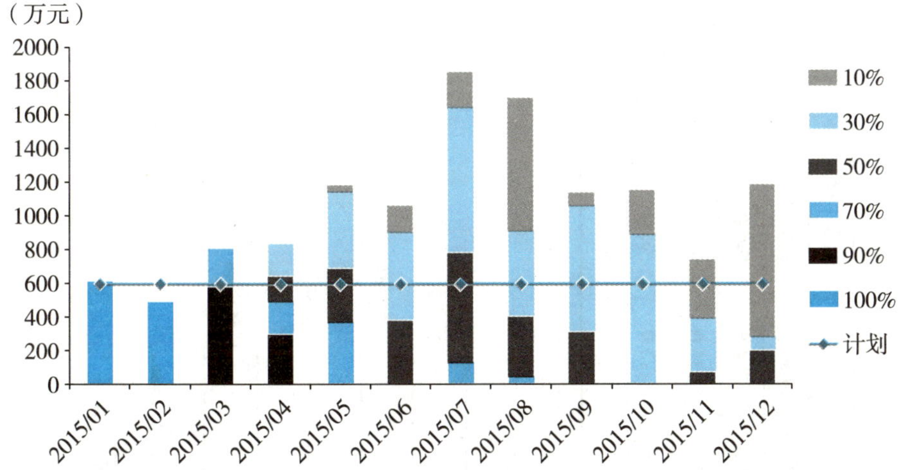

图 3–6　×× 公司南区 2015 年 3 月销售漏斗——业绩数据表的图示化

在销售漏斗的应用过程中，除了有以年度为单位的业绩表（KPI/KOI）和相应的图形呈现以外，动态十二个月的销售漏斗分布图，对研究长期业务发展趋势是非常有用的。“动态十二个月的销售机会项目图”的时间坐标是以当月为起点，因此坐标起点是随时间变化而移动的，顾名思义，它是从当月起以十二个月为周期变化的。这种数据图表与市场（行业）、产品、地域分布等图表结合，在做中长期业务分析、对项目周期比较长的业务进行管理和做新一年计划时，其作用会凸显。

“动态十二个月的销售机会项目”，同样可以用列表、柱状图和销售漏斗图的方式呈现。表 3–4 是某公司 2015 年 6 月起的十二个月动态销售漏斗中没有做任何修正的数据列表。图 3–7、图 3–8 分别以柱状图和漏斗图的方式呈现表 3–4 中的数据。

柱状图以时间为轴，可以直观地展现未来十二个月的变化情况；而漏斗图则可以反映出销售漏斗的形状。从图 3–8 销售漏斗图中可以看到，该公司销售漏斗中的销售机会，不是一个理想的销售漏斗状。有关销售漏斗图的形状与业务类型的关系，我们将在第四章中做专门分析。

表 3-4　某公司 2015 年 6 月动态十二个月销售漏斗数据状态表

	2015/06	2015/07	2015/08	2015/09	2015/10	2015/11	2015/12	2016/01	2016/02	2016/03	2016/04	2016/05
10%	119.0	565.5	360.5	1,170.0	1,458.5	2,620.5	4,331.0	995.0	683.5	553.0	529.0	255.5
30%	521.8	1,643.5	1,813.5	5,138.0	3,859.0	3,449.5	3,903.5	361.0	594.5	140.0	303.0	23.0
50%	1,384.0	2,136.5	1,956.0	2,995.0	1,344.3	1,873.7	1,744.0	427.5	125.0	0.0	0.0	48.0
70%	1,566.5	1,020.0	817.2	1,227.0	196.0	422.0	90.0	44.0	125.0	0.0	0.0	0.0
90%	1,480.5	967.5	206.5	0.0	478.5	75.0	0.0	0.0	0.0	0.0	0.0	0.0

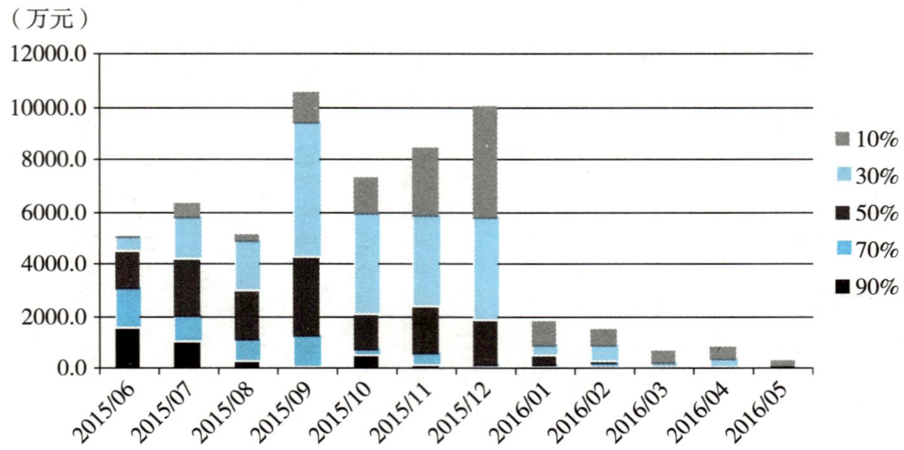

图 3-7　某公司 2015 年 6 月动态十二个月销售漏斗数据柱状图

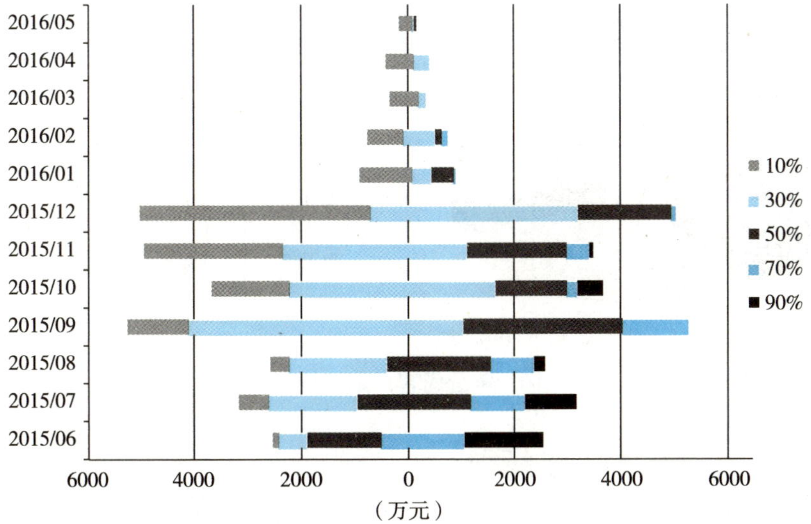

图 3-8　某公司 2015 年 6 月动态十二个月销售漏斗数据漏斗图

三、产品分布、地域分布、行业分布

在销售漏斗数据输入界面，一般要设计产品、地域、行业等内容。因此，收集这方面的数据加以分类统计，可以为我们做市场分析和销售人员能力分析提供有效的数据。

图 3-9、图 3-10、图 3-11 使用的是同一组数据，但它们给我们呈现了不同维度的分析结果。通过这些图示，我们可以从多角度去观察和思考问题。

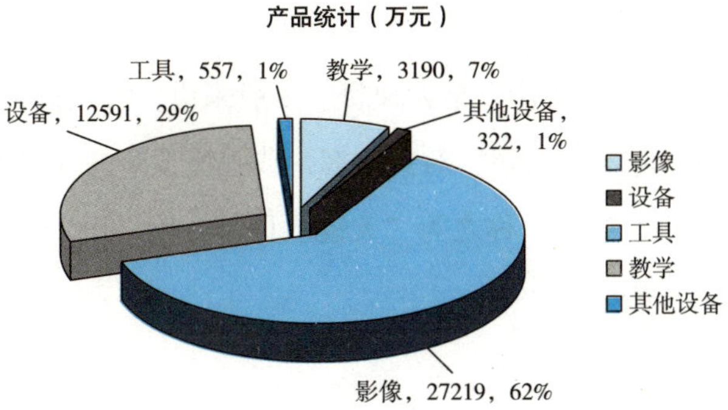

产品统计（￥万元）		
影像	27219	62%
设备	12591	29%
工具	557	1%
教学	3190	7%
其他设备	322	1%
总值	43878	100%

图 3-9　某公司产品分布图与表

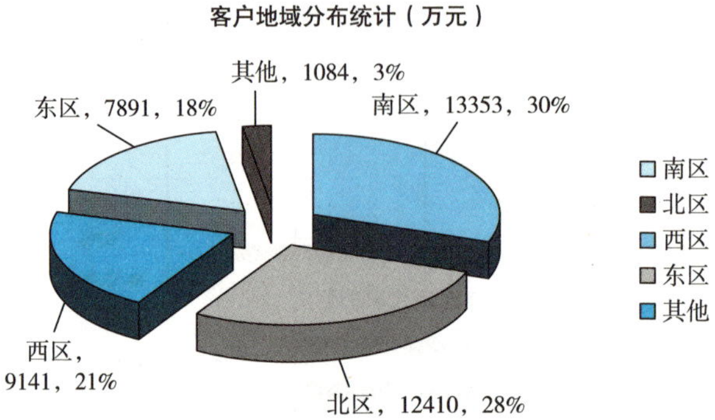

客户地域分布统计（¥万元）		
南区	13353	30%
北区	12410	28%
西区	9141	21%
东区	7891	18%
其他	1084	2%
总值	43878	100%

图 3–10　某公司客户地域分布图与表

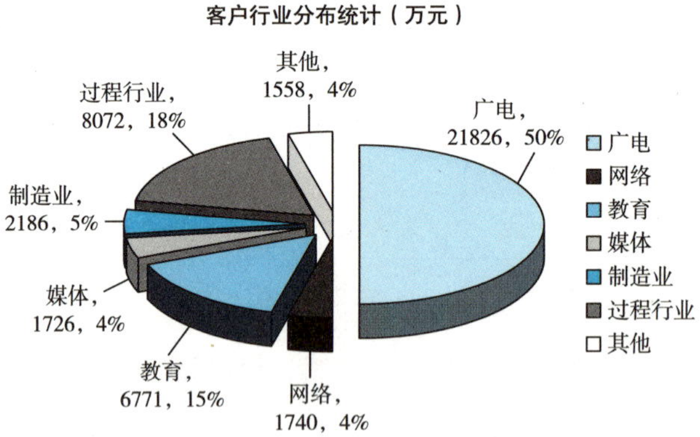

客户行业分布统计（¥万元）		
广电	21826	50%
网络	1740	4%
教育	6771	15%
媒体	1726	4%
制造业	2186	5%
过程行业	8072	18%
其他	1558	4%
总值	43878	100%

图 3–11　某公司客户行业分布图与表

四、大项目的管理

每个公司都会根据业务需求，定义什么是大项目。一般来讲，大项目都是以金额来确定的；当然也不排除某些公司，对关键客户或关键竞争的项目，单独给予特别关注，我们不妨将这些项目称之为“关键项目”，以示与大项目相区别。

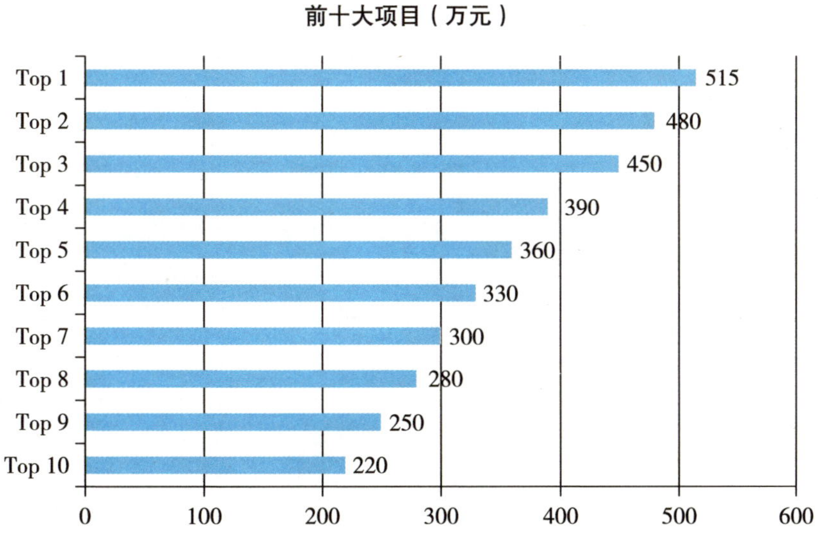

图 3-12 大项目筛选

统计和分析大项目与基础项目的数据，对衡量业务状况，帮助销售人员合理安排工作时间，有着十分重要的作用；同时，这些数据还将帮助我们了解销售人员的能力或特长，有助于我们将合适的人安排到合适的岗位。

大项目是所有销售团队，甚至公司高层都关心的，因此都要求将大项目单独列出和管理。在销售漏斗中筛选出前 5 或前 10 的大项目是通常的做法。

第四节 能力数据

在销售业务的进程中，销售人员不断更新销售漏斗中的数据，也就记录了每个机会项目的变化轨迹。每个机会项目的变化轨迹都贮存了销售人员的工作动态信息，统计、归纳这些信息可以为我们提供销售人员或团队的能力数据，也为帮助销售人员和团队提升自我管理能力提供数据分析。

能力数据包括签单的能力、在竞争中赢单的能力、推动项目进展的能力、预测（每个月签单）的能力，等等。

能力数据是一组动态的数据。任何人的能力变化都具有连续性，一般而言，判断一个人或团队的能力，不能仅仅通过一两个事件或案例来完成（当然不排除一些关键案例反映的问题，但这毕竟是少数）。因此，在研究能力数据时，建议采用以过去三个月为周期进行动态统计分析的方案。

为什么要采用三个月的动态分析呢？首先，能力数据具有统计分布规律，三个月的数据达到了一定的样本量，这样得出的统计数据可以避免偶发性问题（比如，某月某位销售人员签单率可能出现很高或很低的情况，这可能就是偶发性的问题），使数据具有可信度。其次，如果以长期统计数据作为能力数据，虽然样本量大，反映的状况更趋于真实情况，但会造成要处理的数据量过大的问题；同时很久以前的数据也失去了时效性。

我们以动态三个月为周期，获得一组能力数据，并以此数据指导销售业务。下面我们将首先介绍各项能力数据的定义。（以后不做特别说明，本书的动态参数都是以三个月为周期）

一、动态——项目签单率、项目金额转化率、项目失单率、项目转移率、项目搁置率、项目失效率

在每月的业务统计中，月初确定的、在销售漏斗中当月预计签单的项目，到月底时一般会出现以下五种状况：

项目签单

项目丢失给竞争对手（这里仅仅是反映当月预测签单的项目到月底时的状况。与做产品竞争赢 / 输单率时要考虑所有项目有所不同。后面介绍赢 / 输单率是对所有与竞争产品相关的项目进行分析，而不管这个项目预计在哪个月签单。）

项目改变预计签单时间

项目被搁置

项目被取消

根据上述五种状态，我们可以得到六个相应的数据，这就是项目签单率、项目金额转化率、项目失单率、项目转移率、项目搁置率、项目失效率。

这些数据有一个共同的基数，就是月初锁定的、销售漏斗中确定要在当月签单的项目总数（或项目总金额）。因此，我们首先定义：

月初锁定的，销售漏斗中确定要在当月签单的项目总数为 A；

月初锁定的，销售漏斗中确定要在当月签单的项目总金额数为 B；

1. “项目签单率”（%）——针对要在当月签单的项目总数中，月底实际签单的项目数占比。

定义：月初锁定的销售漏斗中确定要在当月签单的项目中，月底实际接到订单项目的总数为 X_1。

项目签单率（%）=（X_1/A）×100%

2. “项目金额转化率”（%）——针对要在当月签单的全部项目总金额，月底转化为订单的实际总金额数占比（这项参数没有项目金额一对一的关系，但长期统计结果有参考意义）。

定义：月初锁定的销售漏斗中确定要在当月签单的项目中，月底实际接到订单项目的总金额数为 Y。

项目金额转化率（%）=（Y/B）×100%（注：有可能大于 100%）

3. “项目失单率”（%）——针对要在当月签单的项目总数中，因产品竞争原因月底丢失给竞争对手的项目数占比。

定义：月初锁定的销售漏斗中确定要在当月签单的项目中，月底因竞争丢失项目的总数为 X_2。

项目失单率（%）=（X_2/A）×100%

4. “项目转移率”（%）——针对要在当月签单的项目总数中，月底被转移签单时间的项目数占比。

定义：月初锁定的销售漏斗中确定要在当月签单的项目中，月底转移签单时间项目的总数为 X_3。

项目转移率（%）=（X_3/A）×100%

5. “项目搁置率”（%）——针对要在当月签单的项目总数中，因种种原因项目暂停（并未取消），月底被搁置的项目数占比。

定义：月初锁定的销售漏斗中确定要在当月签单的项目中，月底被搁置项

目的总数为 X_4。

项目搁置率（%）=（X_4/A）×100%

6.“项目失效率”（%）——针对要在当月签单的项目总数中，因种种原因项目被取消，月底被取消的项目数占比。

定义：月初锁定的销售漏斗中确定要在当月签单的项目中，月底被取消项目的总数为 X_5。

项目失效率（%）=（X_5/A）×100%

显然，上述公式中［$X_1+X_2+X_3+X_4+X_5$］=A。

上述六组统计数据中，“项目签单率”和“项目金额转化率”是最重要的能力参数。“项目失单率”在与竞争相关的数据分析中，会更有意义。而项目转移率、项目搁置率、项目失效率，在分析销售人员对项目的把控能力、预测能力，或做“改善”时，会有重要的参考价值。

上述情况中，“项目失单率”是否就是我们在考核与竞争对手竞争时的“输单率”呢？显然不是！因为这里的“项目失单率”是指，月初确定的、在销售漏斗中当月要签单的项目中，因各种因素丢失项目的比率，是分析当月预计要签单项目的五种变化情况之一；而考核与竞争对手在产品竞争方面的“赢/输单率”时，其分析所对应的基数应该是所有与产品竞争有关的总项目数。虽然这之间有关联性，但是衡量的基数不同，与竞争无关的项目不应包含在其中。比如，某些项目因客户资金、项目规划变更等因素而被暂停或取消了，这种情况与因竞争失单就不是一个性质的问题。分别就不同问题做数据统计分析，理性分析问题，既不夸大也不忽视竞争因素，对提升管理水平是有益的。

另外，不在月初确定的当月要签单的项目，当月也会有项目赢/输的情况发生，这也是统计“竞争赢/输率”数据的一部分。设计销售漏斗数据分析时，一些设计者常常混淆了当月“项目失单率”与项目“竞争赢/

输率”两者间的区别。项目“竞争赢/输率”应归入竞争项目分析之中，专门进行定义。

我们已经定义清楚了项目签单率、项目金额转化率、项目失单率、项目转移率、项目搁置率和项目失效率，只要将数据采集扩大到过去三个月就能得到动态的各项数据。

表 3–5　动态项目签单、失单、转移、搁置、失效数据

项目	动态	%	前一月	%	前两月	%	前三月	%
签单	56	57%	28	60%	13	50%	15	60%
失单	9	9%	3	6%	4	15%	2	8%
转移	28	29%	13	28%	8	31%	7	28%
搁置	2	2%	1	2%	1	4%	0	0%
失效	3	3%	2	4%	0	0%	1	4%
总数	98	100%	47	100%	26	100%	25	100%

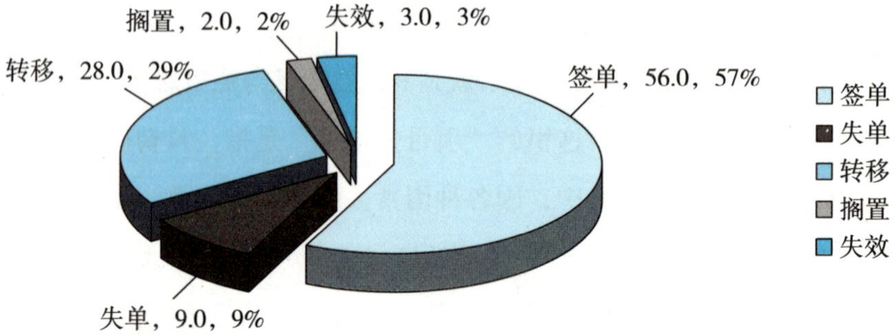

图 3–13　动态项目签单、失单、转移、搁置、失效分析

表 3–6　动态项目金额转换率数据

	动态	前一月	前两月	前三月
预计签单金额（万元）	428	210	98	120
实际签单金额（万元）	363	187	81	95
%	85%	89%	83%	79%

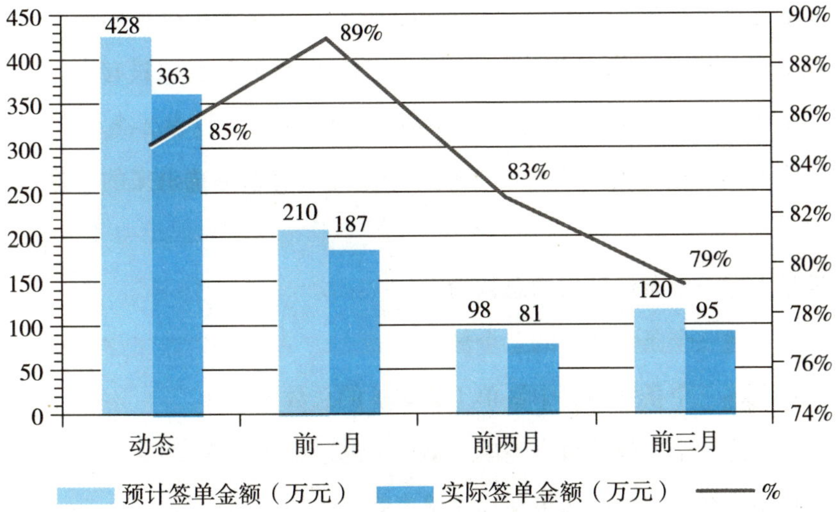

图 3-14 动态项目金额转换率

二、动态竞争——赢单率、输单率

赢单率、输单率实际是与产品竞争相关的参数，反映的是同类产品在市场竞争中的态势。许多公司在定义“赢单率”时，就等同于“签单率”，这是有问题的。要得到“赢单率”，设定测算基数是最重要的，这个基数既不是前面提到的“月初确定的在销售漏斗中当月预计签单的项目总数”，也不仅仅是当月获得的合同中有产品竞争的项目。这个基数应该是：

销售漏斗中、不管原来预测在哪个月签单的项目；除去被暂停和取消的项目，当月转化成签单（100%）和失单（0%）状态的所有项目里，存在竞争的项目数之和。

注意这里特别强调的三个条件：

1. 在销售漏斗中的项目，不管原来预测在哪个月签单；

2. 当月“项目进展阶段”转化成签单（100%）状态和失单（0%）状态中去除各种原因被暂停或取消的项目；

3. 上述已结束的项目中有产品竞争的项目，也就是根据我们在第二章中对“项目竞争机会”的定义，在满足上述两项条件的项目中只有销售机会小于 80% 的项目，才是我们要统计的产品有竞争的项目，见表 2–2。

这个基数，在专业的销售漏斗软件中是完全可以筛选出来的。这样我们可以定义：

满足上述三个条件项目的总数为 C_1；

满足上述三个条件项目的总金额为 C_2；

满足上述三个条件项目中签单（赢单）的总数为 W_1；

满足上述三个条件项目中签单（赢单）的总金额为 W_2；

这样得出在竞争中的赢单率和输单率就是：

$$\text{赢单率（项目）（\%）}=（W_1/C_1）\times 100\%$$

$$\text{赢单率（金额）（\%）}=（W_2/C_2）\times 100\%$$

$$\text{输单率（项目或金额）（\%）}=1-\text{赢单率（项目或金额）}$$

上述定义竞争“赢 / 输单率”的方法与相应的计算公式，比较以简单的“得 / 失”订单数（或金额）计算得到的“赢 / 输单率”，更严谨、更有逻辑性。下列公式就是以简单的“得 / 失”订单数（或金额），计算“赢（输）单率”的公式，读者比较两者可以看到关键不同点——是否有“竞争”。

$$\text{项目（或金额）赢（输）单率（\%）}=\frac{\text{得（失）单项目数（或金额）}}{\text{得单项目数（或金额）}+\text{失单项目数（或金额）}}\times 100\%$$

因为“赢 / 输”与“得 / 失”是两个不同范畴的问题，所有项目都可以有“得 / 失”，只有竞争的项目才同时具有“得 / 失”与“赢 / 输”的特征。不存在竞争的产品会有“得 / 失”，但不具有竞争的“赢 / 输”，不应放在竞争“赢 / 输”的范围内统计；比如，某公司有某种独有产品，得到了订单，就不属于竞争中赢得的订单，如果将这种产品得到的订单都计入“得单”数据中，就加大了赢单率；同理，如果这种产品失去了订单，计入“失单”数据中，又加大了失单率。在营销管理中，对这种不是产品竞争因素的“得 / 失”的状况，其原因需要有客观的分析，避免盲目乐观（或悲观），而失去了商机。当然在不具备筛选手段时，这种方法可以作为参考，但要清楚这种统计方法的缺陷，避免盲目乐观（这是实践中经常出现的问题）。

在实际操作时，我们发现上述定义还会有一些遗漏，就是没有进入销售漏斗的机会项目就不在统计基数之中，因此会造成“赢单率”存在偏差的情况（这种偏差往往是“赢单率”偏大，而“输单率”偏小）。比如，销售人员不愿录入有竞争且赢率不高的项目；还有当月发生的项目，当月就赢单或输单了，销售人员往往就不再录入了。因此，我们要求销售人员只要出现销售机会，不管签单周期如何，“赢 / 输”如何，都要及时录入到销售漏斗中。这样的统计结果就更趋于实际，更合理，更能反映竞争的真实状况。

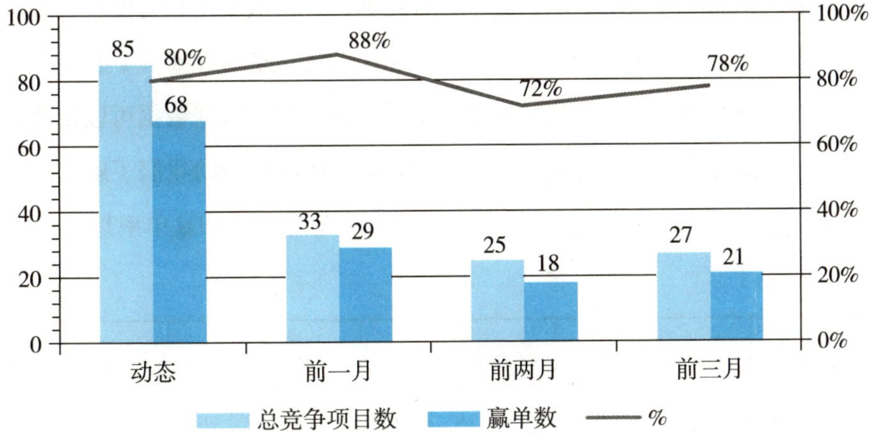

图 3–15　动态竞争项目“赢单率”

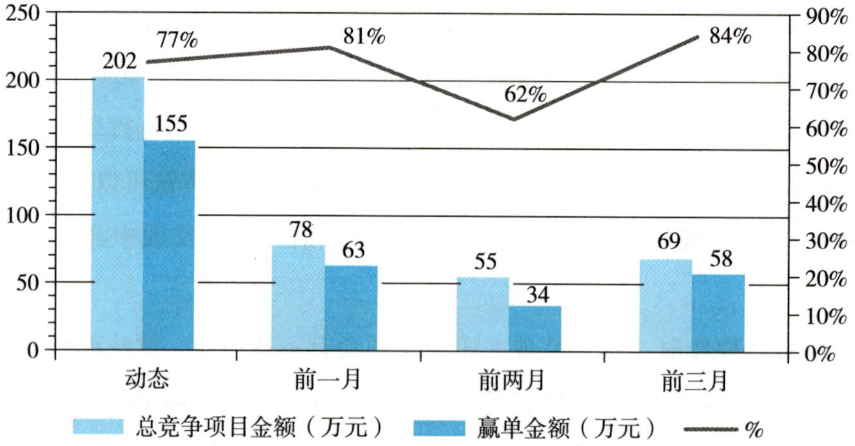

图 3-16　动态竞争项目金额“赢单率”

三、不同竞争机会的动态签单率

当有竞争时，不同数量竞争对手的存在，对签单率的影响也是很大的。在第二章中，我们已经设定了项目竞争机会指数，并用这个指数与项目进展阶段一起获得“机会项目金额有效值”。那么竞争状况，究竟对签单率有多大的影响呢？长期的积累，可以为我们提供一份可靠的数据。这些数据可以使我们分析项目时有据可依；同时对比不同时期的数据，还可以帮助我们了解市场竞争的变化。（这里除 80% 一栏，有竞争机会的项目的签单率和赢单率是一致的。）

表 3-7　动态竞争机会项目签单率

项目竞争机会	动态			前一月			前两月			前三月		
	项目	签单	%	项目	签单	%	项目	签单	%	项目	签单	%
80%->100%	13	12	92%	5	5	100%	4	3	75%	4	4	100%
50%->100%	19	12	63%	7	4	57%	6	4	67%	6	4	67%
33%->100%	17	6	35%	8	3	38%	5	2	40%	4	1	25%
25%->100%	25	8	32%	9	2	22%	7	3	43%	9	3	33%
20%->100%	15	2	13%	6	1	17%	4	0	0%	5	1	20%

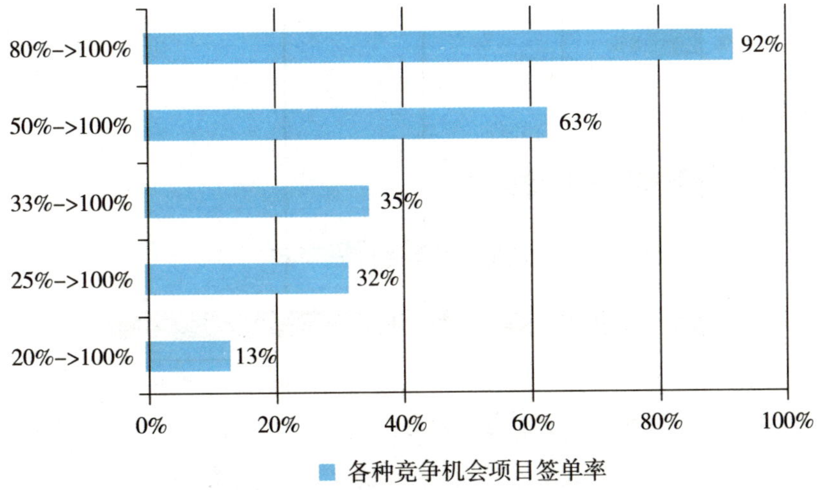

图 3–17　动态各种竞争机会项目签单率

四、销售机会在不同“项目进展阶段”的动态签单率和金额转换率

一般来讲，项目签单应该是走完项目的各个进展阶段，但是由于使用销售漏斗的熟练程度不同，销售人员的判断力不同和各种不可预知的情况（如发生突发情况，客户第一次联系卖方就立即签合同），项目在每个进展阶段都有可能被签单。统计出这种情况的比率，可以让销售人员和管理者比较全面地了解销售人员的判断力水平和使用销售漏斗这一工具的情况，从而找到改进的方向。在下一章介绍销售漏斗预测值时，可以看到这项参数有非常重要的作用。

表 3–8　销售机会在不同“项目进展阶段”的动态直接签单率

项目进展阶段	动态			前一月			前两月			前三月		
	项目	签单	%	项目	签单	%	项目	签单	%	项目	签单	%
10%->100%	13	1	8%	5	1	20%	4	0	0%	4	0	0%
30%->100%	19	3	16%	7	1	14%	6	1	17%	6	1	17%
50%->100%	17	5	29%	8	3	38%	5	2	40%	4	0	0%
70%->100%	25	14	56%	9	6	67%	7	3	43%	9	5	56%
90%->100%	35	30	86%	11	9	82%	9	8	89%	15	13	87%

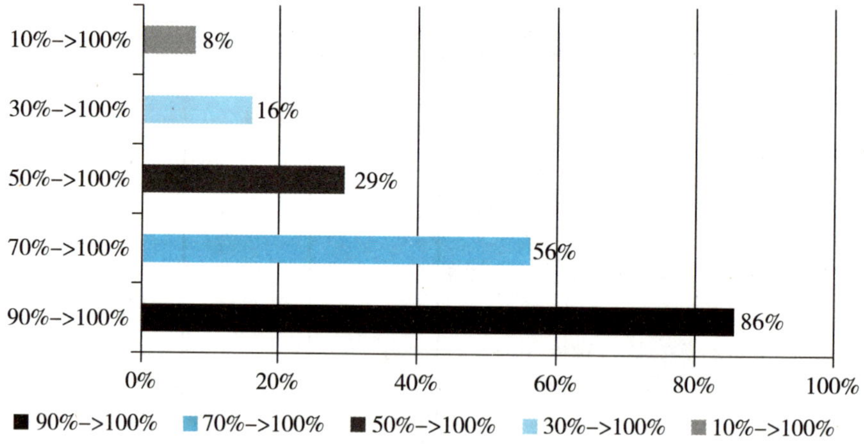

图 3-18 每个“项目进展阶段”的机会项目动态直接签单率

与表 3-8 和图 3-18 相对应的销售机会在不同“项目进展阶段”的动态金额直接转换率为表 3-9 和图 3-19。

表 3-9 每个“项目进展阶段”的动态金额直接转换率

项目进展阶段	动态			前一月			前两月			前三月		
	项目金额（万元）	签单金额（万元）	%	项目金额（万元）	签单金额（万元）	%	项目金额（万元）	签单金额（万元）	%	项目金额（万元）	签单金额（万元）	%
10% ->100%	62	3	5%	20	3	15%	27	0	0%	15	0	0%
30% ->100%	93	14	15%	38	7	18%	29	3	10%	26	4	15%
50% ->100%	120	36	30%	51	19	37%	33	17	52%	36	0	0%
70% ->100%	258	154	60%	81	49	60%	85	43	51%	92	62	67%
90% ->100%	483	412	85%	149	126	85%	158	139	88%	176	147	84%

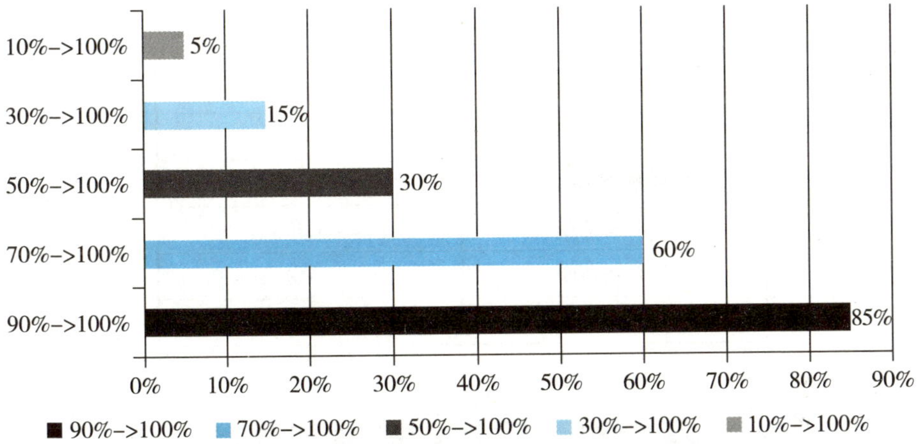

图 3-19 每个“项目进展阶段”的动态金额直接转化率

五、销售机会在每个“项目进展阶段”内的动态推进转移率

每个“项目进展阶段”中的销售机会，在销售人员的努力下，会向下一阶段推进。但由于不同项目阶段的情况不同，客户、竞争对手、销售人员和团队能力等各种因素的影响，这种推进一般不会是百分之百转移到下一阶段。因此，每个阶段都会有不同的推进转移率。

目前软件技术的发展，已经可以将每个销售机会变化过程的时间节点记录下来，据此可以建立起每个时间段内（比如一个月内），每个“项目进展阶段”的销售机会向前推进的比率，从而得到推进转移率。

以过去三个月为周期，将销售机会在不同“项目进展阶段”的推进状况统计出来，就得到每个“项目进展阶段”的动态推进转移率。

表 3–10　每个“项目进展阶段”的动态推进转移率

项目进展阶段	%
10% –> 30%	90%
30% –> 50%	80%
50% –> 70%	65%
70% –> 90%	45%
90% –>100%	95%

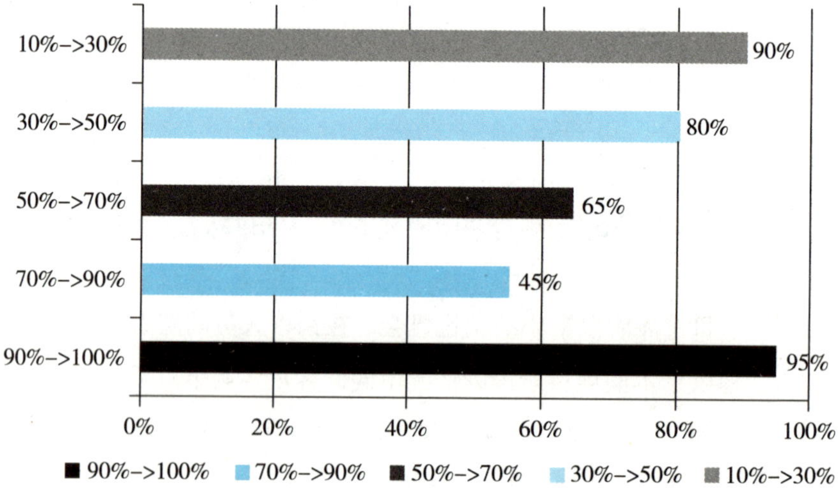

图 3–20　销售机会在各项目进展阶段的动态推进转移率

六、销售机会在每个“项目进展阶段”的平均停留时间（天数）、销售机会平均签单周期（天数）

销售机会在每个“项目进展阶段”都会存续一段时间（天数），将所有签单项目，在同一“项目进展阶段”的存续时间（天数）进行加权平均，就得出销售机会分别在每个对应的“项目进展阶段”存续的平均停留时间（天数）。定期对这些数据进行更新，就得到动态（到最近统计时间为止）项目在每个

"项目进展阶段"存续的平均停留时间（天数）。

将上述项目在每个"项目进展阶段"存续的平均停留时间（天数）相加，就得到动态（到最近统计时间为止）销售机会项目平均签单周期（天数）。这个数据对销售漏斗内项目或金额的存续量，对新产品进入市场的开发周期的评估，都有指导意义。

（注：签单周期——销售机会项目从录入销售漏斗起，到签单为止，在销售漏斗中存在的时间。）

表 3–11 销售机会在各个项目进展阶段平均停留时间和平均签单周期

项目进展阶段	平均停留时间（天）
90%	30
70%	60
50%	14
30%	60
10%	15
平均签单周期（天）	179

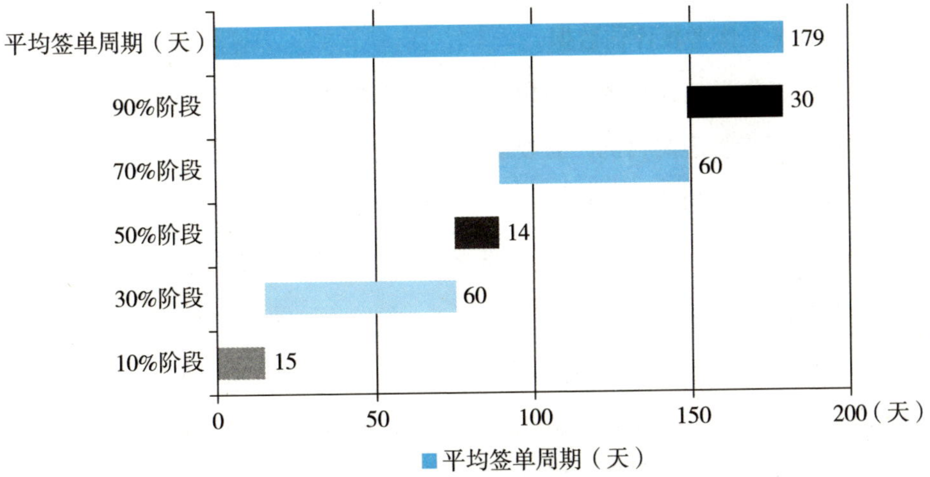

图 3–21 销售机会在各个项目进展阶段平均停留时间和平均签单周期

第五节　日常工作考核评估数据和业绩考核数据

销售漏斗与销售人员的日常工作紧密相连，上一节我们通过收集销售漏斗使用过程中的各种数据，对销售人员和团队的能力做了分析，得到能力数据。单纯的能力数据还不能说明问题，只有建立日常工作的考核评估标准，让这些能力数据与标准相对应，为销售人员提供日常工作达标状况分析，才能使销售漏斗真正成为帮助销售人员提升自我能力的工具。对这组数据我们定义为，日常工作考核评估数据。

与日常工作考核评估数据对应的还有一组数据，就是业绩考核数据。我们进行日常工作管理的目的，是要取得好的业绩。因此，虽然不能从销售漏斗中直接获得相关的业绩考核数据，但在设计销售漏斗软件时，应该留出导入业绩数据的界面（或端口），以便在考核时，可以在一个系统中得到相互关联的日常工作管理和业绩考核的数据。

有了每个销售人员或团队的日常工作考核评估数据和业绩考核数据，可以得到日常工作考核评估和业绩考核两个维度的数据分布图；每个销售人员或团队在两维数据分布图上都有各自的定位，这就构成了销售人员或团队日常工作与业绩考核散点图。

下面我们分别介绍这三组数据的构成。

一、日常工作考核评估数据——年度平均签单率、年度项目签单金额预测值平均达标率、年度累计客户拜访量达标率、年度累计新增机会项目数量或金额达标率

这是一组以一年为周期考核的数据。

1. 年度平均签单率（%）

前面我们已经介绍了销售人员或团队的签单率和动态签单率的概念，这是一项销售人员或团队能力的指标。签单率本身有时会受到很多偶然因素的影响，表现得忽高忽低，设定“年度平均签单率”就是将签单率的统计周期扩大到一年，以累积平均的方式，将原来每个月或动态三个月的观察指标，扩展为全年的能力考核指标。既有利于销售人员明确努力方向，也有利于对销售人员的能力进行量化考核。这种对销售人员签单能力的持续考核，要求销售人员和团队对项目的判断、把控能力和签单能力应达到和保持在一个合理水平。

我们首先回顾一下项目签单率的概念：项目签单率是针对要在当月签单的项目总数中，月底实际签单的项目数占比。它考核的是销售人员对项目进展的判断力和把控能力。

定义：月初锁定的销售漏斗中确定要在当月签单的项目总数 A 中，月底实际接到订单项目的总数为 X_1。

$$项目签单率（\%）=（X_1/A）\times 100\%$$

建立“年度平均签单率”，一方面是避免用一个月的数据考核会有偶然性；另一方面是要求销售人员或团队在一个较长的时间周期内，签单率保持在一个合理水平。团队签单率水平会随着团队的能力提升而达到一个合理值，比如，65%、70%、75%、80%……这对提升销售漏斗质量、销售人员或团队的能力都是必要的。

有了“月度项目签单率”，“年度平均签单率”就是（本年度已结束月份的）“月度签单率之和”除以（本年度已结束的）“月份数之和”：

$$年度平均签单率（\%）=\frac{（本年度已结束月份的）月度签单率（\%）之和}{（本年度已结束的）月份数之和}\times 100\%$$

根据上述公式：

到一月底的“年度平均签单率（%）”就是一月份的“月度签单率（%）”；

到二月底的“年度平均签单率（%）”，为一、二月份的“月度签单率（%）”之和，除以月份数之和2；

到三月底的“年度平均签单率（%）”，为一、二、三月的“月度签单率（%）”之和，除以月份数之和3；

……

依此类推。

这里很费笔墨地用文字描述这样一个指标，是希望读者能了解这个指标的含义和在实际应用时的意义。在销售漏斗设计过程中，软件工程师可以将此内容设计在系统之中；用户只需设置自己团队的“标准签单率”，而销售人员在使用销售漏斗时，完成对机会项目跟踪活动的更新和机会项目状态的更新就可以了，其他过程都是系统软件完成的。

以上介绍的是“年度平均签单率”的概念，在计算签单率方面，还有“年度签单率”的统计方法，就是根据签单率的定义：项目签单率（%）=（X_1/A）×100%（注：X_1是每个月项目五种变化状态中的签单状态项目数，详见本章第四节），逐月累计X_1和A，即对已完成月份的每个月的X_1和A分别求和，带入上述公式，得到“年度签单率”。这样得到的“年度签单率”是准确的。

在每月签单率波动不大的情况下，“年度平均签单率”与“年度签单率”相差是在可以接受的范围之内的；但当每月签单率波动较大时，两者之间的差值是较大的，采用“年度签单率”更符合实际情况。

2. 年度项目签单金额预测值平均达标率（%）

“年度项目签单金额预测值平均达标率（%）”就是要以销售目标为衡量标

准，持续考核销售漏斗中的项目金额值，是否可以满足实现长期销售目标的要求。这正是销售管理者最关心的——销售漏斗中已有金额能否支撑销售业务中、长期发展所需要的金额数，也就是通常所说的“销售漏斗大小”（Funnel Size）。这个值被称为预测值，并不是人为预测的，而是由业务属性、团队或人员能力，在正常使用销售漏斗的过程中，由系统测算出来的。

我们在讨论保证业务发展所需的销售漏斗大小时，会涉及三个变量，一是以什么基数（比如一年或是半年，还是三个月）来衡量销售漏斗中金额值大小是合理的；二是月度目标是变化的，如何设定；三是不同“项目进展阶段”的项目都有可能直接签单，如何统计。

第一个问题与销售团队的平均签单周期相关。考核应该以一个平均签单周期中，签单目标总金额和对应的销售漏斗中机会项目总金额为基数，比较机会项目总金额是否可支撑实现签单目标总金额。

用表 3-10 和图 3-20 的案例来具体说明。我们已经知道，该团队的平均签单周期是 179 天（6 个月）；因此我们可以用未来六个月的销售目标之和为基础签单目标之和（关于销售目标、发货目标、签单目标间的关系在第四章有专门论述，此处读者认为销售目标就是签单目标即可），去考核与之对应的销售漏斗中未来六个月的机会项目，看这些项目总金额是否可以支撑实现未来六个月的签单目标。

在实际操作中，平均签单周期虽然是一个动态参数，但对一个销售团队来讲，销售涉及的行业、客户的采购模式、产品的属性，都有其规律性和周期性，它的变化是相对比较平稳的，除非有新产品的推出、进入新行业等方面的变化，每年根据前一年度的数据设定是可以的。

（为讨论简便，我们在后面的描述中不做特别说明，以“周期”和“周期内”替代“平均签单周期”和“平均签单周期内”。）

第二个问题，因为是考核中、长期的业务趋势，并不是做下一月度的具体销售预测，因此将年度目标平均到 12 个月，以月度平均目标作为月度目标可以将问题简化，也有其合理性，在软件设计中具有实操性。这样做也可以避免当我们的考核是跨年度时，因没有下一年度的月度目标，而出现基数不明确的问题。在跨年度的情况下，一旦有了下一年度的目标，我们就可以调整以下年度的月度平均目标做基数。

第三个问题，前面我们介绍了在不同"项目进展阶段"项目的动态直接签单率的概念，我们可以根据不同"项目进展阶段"的项目直接签单率，统计出未来周期内每个月销售漏斗中，不同"项目进展阶段"的项目可签单预测金额值，以表 3–9 中的动态直接转换率为例，假定某月的销售漏斗如表 3–12，得到的该月项目可签单预测值就是 194 万元。

表 3–12 某月项目可签单预测金额

项目进展阶段	项目值（万元）	动态项目金额转换率	项目可签单预测值（万元）
90%	110	85%	93.5
70%	120	60%	72
50%	70	30%	21
30%	40	15%	6
10%	30	5%	1.5
总计（万元）	370		194

对周期内（比如前述的六个月）每个月的所有项目可签单预测值求和，就是该月在周期内的月度项目可签单预测值；以周期内（比如前述的六个月）每个月的签单目标值之和为基数，两者之比就是该月的"（平均签单周期内）月度项目可签单预测值达标率"。

$$\text{（平均签单周期内）月度项目可签单预测值达标率（\%）} = \frac{\text{（平均签单周期内）月度项目可签单预测值}}{\text{（平均签单周期内）月度签单目标值}} \times 100\%$$

例如：某销售团队平均签单周期为 6 个月；

平均每个月的应签单金额为 150 万元，周期内（六个月）签单目标值为

900 万元；

销售漏斗中未来周期内（6 个月）的项目可签单预测值如表 3-13 所示，为 778 万元。

$$（平均签单周期内）月度项目可签单预测值达标率（\%）= \frac{778\text{ 万元}}{900\text{ 万元}} \times 100\%=86.4\%$$

表 3-13　某月（平均签单周期内）的项目可签单预测值

月份	项目可签单预测值（万元）
当月	194
下月	155
隔月	128
第四月	110
第五月	98
第六月	93
总计（万元）	778

这个例子说明，考虑了“平均签单周期”、“平均签单周期”期间的签单目标值，以及团队动态签单能力等因素后，得出当月的在未来一个签单周期内（六个月），销售漏斗中存在的机会项目金额值，只达到签单目标值的 86.4%。这是一个动态的参考值，它一方面提前告知我们，在未来一个签单周期内，销售漏斗中机会项目与销售目标的差距；另一方面，提醒我们销售团队要从增加“机会项目金额”、提升“项目进展阶段”、提升“签单率”和“金额转换率”等方面入手，推动销售团队的能力提升。

通过这个案例，读者可以理解三个变量对销售漏斗大小的影响，以及以这种方式判断销售漏斗大小的逻辑性。

周期内月度项目可签单预测值达标率有可能大于 100%，在计算“年度项目签单金额预测值平均达标率（%）”时，就按照实际值计算。也就是说，一个优秀的销售人员其“年度项目签单金额预测值平均达标率（%）”，是有可能超过公司设定的基准线的，这里的基准线就是销售目标。

与“签单率”统计是在月底进行不同，“预测值”统计一般是在月初进行。因此，有了周期内月度项目可签单预测值达标率，“年度项目签单金额预测值平均达标率（%）”就是（本年度已开启月份的）月度项目可签单预测值达标率之和，除以（本年度已开启的）“月份数之和”（所谓“本年度已开启月份”，包括本年度已结束月份和预测当月。举例来讲，六月初做预测达标统计时，本年度已开启月份就是本年度已结束的一至五月份和预测当月的六月份，共计6个月）。

$$年度项目签单金额预测值平均达标率（\%）=\frac{（本年度已开启月份的）月度项目可签单预测值达标率（\%）之和}{（本年度已开启的）月份数之和}\times 100\%$$

根据上述公式，

一月初的“年度项目签单金额预测值平均达标率（%）”就是一月份的“月度项目可签单预测值达标率（%）”；

二月初的“年度项目签单金额预测值平均达标率（%）”为一、二月份的“月度项目可签单预测值达标率（%）”之和，除以月份数之和2；

三月初的“年度项目签单金额预测值平均达标率（%）”为一、二、三月的“月度项目可签单预测值达标率（%）”之和，除以月份数之和3；

……

依此类推。

这样考核“年度项目签单金额预测值平均达标率（%）”比单纯要求提升销售漏斗中的项目数或项目金额值更具有合理性、逻辑性和可操作性。

与用大量篇幅描述“年度平均签单率（%）”的目的相同，希望读者能了解这个指标的含义和在实际应用时的意义。在销售漏斗设计过程中，软件工程师可以将此内容设计在系统之中；用户只需将团队全年销售目标值录入即可（如前所述，系统以均分形式，既十二分之一作为“月度签单目标值”）；而周期内的“总签单目标值”是“月度签单目标值”乘以“平均签单周期”（比如前述案例中的6个月），其中的“平均签单周期”是系统自动生成的；销售人员只需在使用销售漏斗时，完成对机会项目跟踪活动的更新和机会项目状态的更新就可以了，其他过程都是系统软件完成的。

3. 年度累计客户拜访量达标率（%）

坊间有一句话说销售人员拜访客户的重要性，“销售无诀窍，访量定江山”，此话有一定的道理。拜访客户是销售人员的基本功，拜访客户的数量，是衡量销售人员日常工作的一项重要指标。

$$\text{年度累计客户拜访量达标率（\%）} = \frac{\text{（本年度已结束月份的）累计客户拜访量}}{\text{（本年度已结束月份的）累计客户拜访量标准值}} \times 100\%$$

公司一般都设定了销售人员客户拜访量的月平均标准值，比如，每个月平均拜访客户不少于20次，并不考虑工作日的多少、意外情况等因素，销售人员执行过程中往往会有这样那样的托词（比如节假日、出国培训、生病）。之所以采用全年连续、累计统计客户拜访量的概念，就是考虑到各种因素，希望销售人员能够调整自己的工作安排，在一个相对比较长（三个月、半年、一年）的时间内达标。

与前述累计管理数据的统计相同：

到一月底的“累计客户拜访量”和“累计客户拜访量标准值”，分别为一月份销售人员客户拜访量，及公司设定的销售人员月度客户拜访量标准值；

到二月底的“累计客户拜访量”和“累计客户拜访量标准值”，分别为一、二月份销售人员客户拜访量之和，及一、二月份销售人员月度客户拜访量标准值之和；

……

依此类推。

同理，团队只需在销售漏斗中设定“月度标准客户拜访量”，销售人员只需在使用销售漏斗时，完成对机会项目跟踪活动的更新和机会项目状态的更新就可以了，其他过程都是系统软件完成的。

4. 年度累计新增机会项目数量或金额达标率（%）

不断发掘新的销售机会，是保持销售业绩稳步发展的关键。销售人员和团队的工作就是要在各个部门（市场、售后服务、客户中心……）的支持帮助下不断地为销售漏斗补充新的销售机会。在每个标准时间段（比如一个月）补充多少销售机会项目或金额才是合理的呢？这涉及销售机会进入销售漏斗后的平均签单周期、销售机会项目的平均转换率、销售任务的变化等诸多因素。这在用 Excel 设计的销售漏斗中是无法实现的。但通过软件设计的销售漏斗，可以实现动态的管理。这里一个简单的原则就是，在实现每月指标任务的条件下，每月应补充的新销售机会项目金额，是每月任务目标值除以销售机会项目的平均转换率。

表 3–10　每个“项目进展阶段”的动态推进转移率

项目进展阶段	%
10% -> 30%	90%
30% -> 50%	80%
50% -> 70%	65%
70% -> 90%	45%
90% ->100%	95%

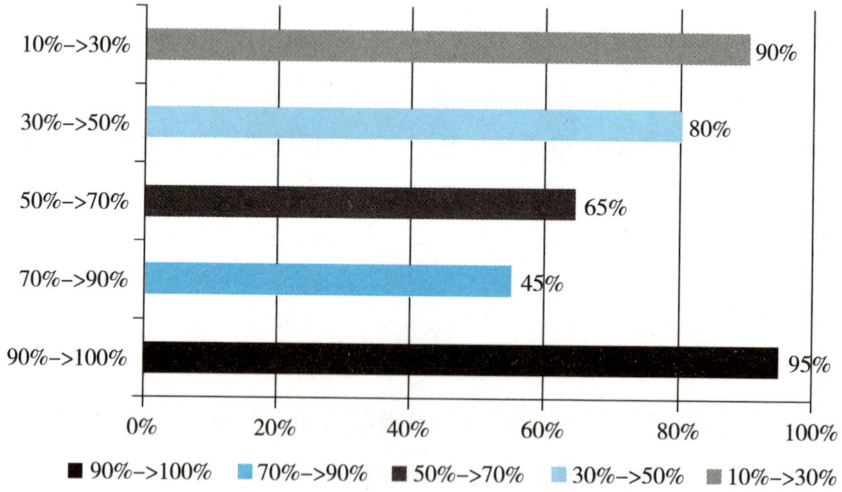

图 3–20　销售机会在各项目进展阶段的动态推进转移

以图 3–20（表 3–10）的数据为例，举例来讲，如果一个团队的月销售目标是 100 万元，从第一阶段到第五阶段，是 90%*80%*65%*45%*95%=20%，最终成功的项目只有 20% 左右。因此，每月要完成目标需要的新增项目机会应该是：

$$新增的销售机会 = \frac{100\ 万元}{20\%} = 500\ 万元$$

如果在平均签单周期以内（比如签单周期是 180 天）的销售机会金额不够，新销售机会的发掘量就要适当加大。

因此，管理层和销售团队可以设定一个发掘“新机会项目”的标准，这个新机会项目标准可以是新项目数，也可以是新项目金额。这两个标准在实际应用中各有优点。

以每月平均要开发新机会项目数作为“标准新机会项目数”，优点是操作简单。它的来源是，去除特别大订单，每个基础销售订单会有一个平均值，比如某销售人员 2016 年共签订了 15 个基础订单，总金额 300 万元，平均每个订单是 20 万元；如果该销售人员 2017 年的基础项目总目标 360 万元，以平均每个订单 20 万元计算，应签订 18 个订单，平均到每个月是 1.5 个订单，如果以 20% 的“项目 / 订单转换率”计算，每个月平均应至少开发 8 个新机会项目，才能实现销售目标。这种方式可以很直观地得到工作目标，在考虑工作安排、项目跟踪等方面都有很强的可操作性，问题是项目金额会有差异，对以总金额来考核业绩的企业来讲，会有较大的不确定性。

同理也可以以每月平均要开发新机会项目金额数值作为“标准新机会金额”。以前面的例子来看，该销售人员 2017 年的基础项目总目标是 360 万元，平均每个月目标是 30 万元，如果仍以 20% 的“项目 / 订单金额转换率”计算，每个月应至少开发 150 万元的新机会项目。这种方式与目标结合比较紧，容易理解，适合做预测。但要注意工作安排、项目跟踪时不要只关注大单，而忽略了其他项目。

从上述分析中可以看到，提升“项目 / 订单转化率”，也就是提升项目推进率和签单率，是减少新项目开发量的关键。

$$\text{累计新增销售机会项目数达标率（\%）}=\frac{\text{累计实际新增销售机会项目数}}{\text{累计新增销售机会项目数量标准值}}\times 100\%$$

$$\text{累计新增销售机会项目金额达标率（\%）}=\frac{\text{累计实际新增销售机会项目金额数}}{\text{累计新增销售机会项目金额标准值}}\times 100\%$$

“新增销售机会项目数量标准值”和“新增销售机会项目金额标准值”是销售团队根据自身业务发展设定的，一般以月度为基准的考核指标（某些大项目可能以季度或年度考核）。比如要求每个销售人员每个月，要开发 2 个新销售机会项目或 20 万元新销售机会项目金额。

“累计实际新增销售机会项目数（或金额）”和“累计新增销售机会项目数量（或金额）标准值”，都是销售人员或团队到目前为止（一般以一年为周期）累计的结果。

以新机会金额为例：

到一月底的“累计实际新增销售机会项目金额”和“累计新增销售机会项目金额标准值”，分别为一月份进入销售漏斗的新增销售机会项目金额，及新增销售机会项目金额标准值；

到二月底的“累计实际新增销售机会项目金额”和“累计新增销售机会项目金额标准值”，分别为一、二月份进入销售漏斗的新增销售机会项目金额之和，及一、二月份新增销售机会金额标准值之和；

……

依此类推。

与前面三个管理数据相同，团队只需在销售漏斗中设定标准——“新增销售机会项目数量（或金额）标准值”；销售人员只需在使用销售漏斗时，及时完成对新增机会项目的录入，以及后续对机会项目跟踪活动的更新和机会项目状态的更新就可以了，其他过程都是系统软件完成的。

5. 全面评估销售人员和团队能力的日常工作考核评估数据

上述与日常工作评估相关的四项指标，既相互关联，又可相对独立，是销售人员工作量与工作能力的评估指标，是销售人员做好日常工作管理的重要内容。

年度平均签单率，评估的是销售人员和团队的销售能力；

年度项目签单金额预测值平均达标率，评估的是销售人员和团队的中、长期业务状况；

年度累计客户拜访量达标率，评估的是销售人员和团队的日常工作状况；

年度累计新增机会项目数量或金额达标率，评估的是销售人员和团队的长期业务发展的潜力和趋势。

从这四个方面评估一个销售人员和团队的日常工作，可以将具体工作指标量化。每个公司可以根据具体情况，对每个项目赋予权重。比如，业务发展初期，发掘新机会项目是主要工作，新增机会项目达标率的权重就可以设定得高些；随着业务的发展，签单率可能更重要，其权重相应提高，而发掘新机会项目达标率，恢复到正常权重。将各项指标乘以权重后相加，这样就得到了一个有数据支撑的、销售人员和团队可以随时了解到的日常工作考核的百分比评估值。

举例来讲，假定上述四项指标的权重都相同，分别为 25%，到目前为止，某销售人员的四项达标率分别为：

年度平均签单率，53%；（这个数据反映该销售人员的签单率很低，实际签单率只有 50% 左右）

年度项目签单金额预测值平均达标率，78%；（这个数据反映了两个问题，一是该销售人员在平均签单周期内的项目金额少，不足以支撑完成销售目标；二是该销售人员的签单能力低，因此需要准备更多的项目数量和项目金额）

年度累计客户拜访量达标率，100%；（该销售人员还是很努力地跑客户）

年度累计新增机会项目数量或金额达标率，83%。

到目前为止，对该销售人员的日常工作考核百分比评估值就是：

$$(53\%+78\%+100\%+83\%)\times 25\%=78.5\%$$

如果以百分制打分，该销售人员的得分就是 78.5 分。他在客户拜访方面表现很好，给他提了分；可是在签单率、签单周期内的项目签单金额预测、新项目的开发方面存在很大的差距。这可能是一位新销售人员，工作很努力，但在工作有效性方面有待提高——特别是签单率和开拓新商机方面需要得到帮助和提升。

这种评估模式将团队所有成员置于同一条件和标准下，进行日常工作考核评估，既看清了每个人的强、弱项，也避免了销售管理的主观性、随意性等问题；真正实现了销售漏斗这个工具成为首先是帮助销售人员自我管理和提升自我管理能力的初衷。

图 3–22 就是将上述几个日常工作分项考核评估示意图，可以很直观地反映销售人员的日常工作状况和问题。

图 3–22　日常工作分项考核评估示意图

二、业绩考核达标率——签单金额达标率、发货金额达标率、利润率达标率、销售费用控制率、应收账款实现率……

业绩考核与日常工作的评估不同，因为业绩是衡量销售人员一切工作的唯一标准。虽然业绩管理数据并不在销售漏斗的范围之内，但是既然我们认为销售漏斗首先是帮助销售人员自我管理的工具，那么，设计销售漏斗时应预留出相应的端口，供运营或人事部门将业绩指标和业绩达成数据输入系统，从而形成业绩达标率数据，实时提供给销售人员和管理团队参考。各公司可以根据实际情况设定 3~5 个业绩考核指标，图 3–23 就是设定了以签单金额达标率、发货金额达标率、利润率达标率、销售费用控制率、应收账款实现率为业绩分项考核示意图。

图 3–23　业绩分项考核示意图

需要说明的是，签单金额达标率、发货金额达标率、利润率达标率几项分母就是业绩成果的目标值；而应收账款实现率、销售费用控制率各公司有自己的考核标准，比如，“应收账款实现率”有的公司以“实际回款数”占“应收账款”的比例来考核，也有的公司用回款周期来考核。再比如，“销售费用控制率”有的公司用万元销售费用考核，也有的公司用总费用控制方式考核。无论哪种考核方式都体现了公司的考量、模型设计与可操作性等因素，都有其合理性，这里我们不做更多的讨论。

和日常工作评估的四项指标一样，这些指标在销售人员或团队的整体业绩考核中，也可以设定各自的权重，同样可以得到一个有数据支撑的、销售人员和团队可以随时了解得到的、某一时间段的，业绩考核百分比得分。有兴趣的读者可以参看“日常工作评估”的第5段相关内容。

在销售漏斗设计时，留出向销售人员或团队提供动态业绩状况的窗口，是从销售漏斗与销售管理的角度出发，将“日常工作评估”与“业绩考核管理”关联起来，希望销售漏斗真正成为销售人员或团队自我管理的工具，最终一切努力都落实到销售业绩上面。

三、销售人员和团队日常工作与业绩散点图

很多公司要求对销售人员或团队做排名。它让管理层和每个团队成员可以看到个人与团队的状况，起到表彰先进、促进后进的作用，激励销售人员和团队努力做得更好。但如何排名，用什么数据排名是有很大学问的；排名不是目的，找到问题帮助销售人员和团队提升能力才是目的。

我们已经有了“日常工作考核评估数据”和“业绩考核数据”，这就为我们提供了非常有用的数据平台。如果以“日常工作考核百分比评估值”为横坐标，以“业绩考核百分比评估值”为纵坐标，我们可以构建以“日常工作”与“业绩考核”两个维度的散点图，每个人都可以在散点图上定位，图3–24就是日常工作与业绩考核散点示意图。散点图的数据为我们精准、有效地帮助每个销售人员改进工作和提升业绩提供依据；也使得末位淘汰更合理，避免片面性。（具体应用案例在第四章讨论）

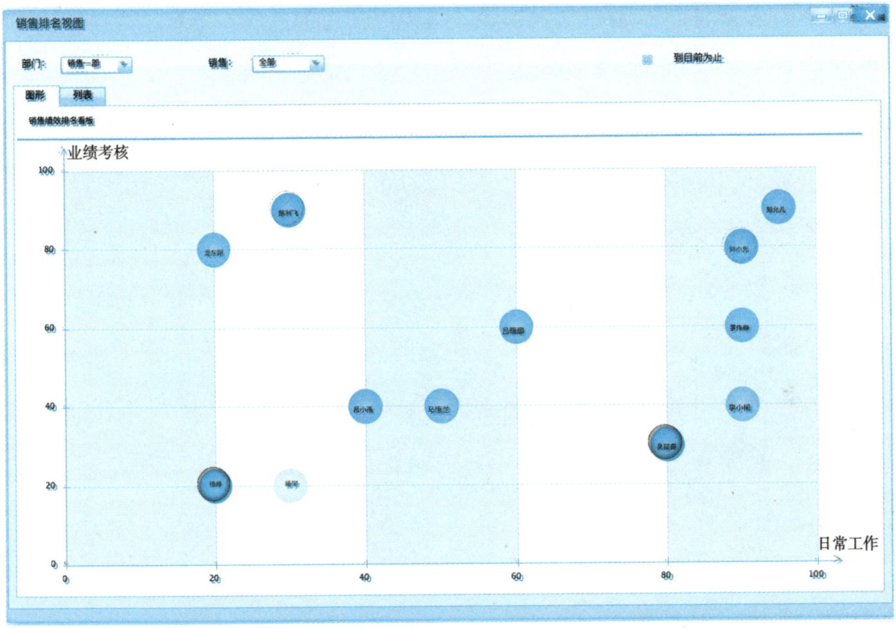

图 3-24　日常工作与业绩考核散点示意图

“日常工作考核评估数据”和“业绩考核数据”的设置可以根据各公司的业务特点和需求设立，但要遵守两个原则，一是定义清晰，二是够了即可（Just Enough），不可过多，否则让人无所适从。

至此，我们已经介绍了与销售漏斗相关的基础数据、能力数据、日常工作考核评估数据和业绩考核数据，这些数据为销售人员和销售管理者，提供了在业务管理、销售能力和工作业绩方面的量化分析。用好这些数据将有助于销售人员了解自身和管理者了解团队存在的问题，并明确改进的方向；同时跟踪、观察、对比数据的变化，可以检验团队改进的情况和能力的提升。

我们将在下一章介绍一些案例，了解这些数据如何在实践中得到应用，希望让读者对销售漏斗有更多直观的了解。

第四章

应用销售漏斗提升管理能力

我们在第三章中介绍了销售漏斗可以获得大量数据，这些数据在实际工作中如何得到应用呢？下面我们将就销售漏斗实际应用的一些问题加以讨论。其中许多数据模型可以设计到软件之中，作为参考数据供销售漏斗使用者对业务状况进行分析评估。

第一节　基础数据综合呈现模型在实际工作中的应用（案例分析）

在第三章中我们曾提供了一种“基础数据综合呈现模型”（表 4–1）。

表 4–1　基础数据综合呈现模型示例

销售漏斗－销售预测－关键成果保龄图（￥万元）															
		YTD	JAN	FEB	MAR	APR	MAY	JUN	JUL	AUG	SEP	OCT	NOV	DEC	Total
计划（￥万元）															
执行情况	订单总金额														
	预计项目中签单数														
签单率（%）															
销售预测	预计签单项目数														
	金额														
销售漏斗	总金额	进展阶段													
	基础项目（￥万元）	90%													
		70%													
		50%													
		30%													
		10%													
	大项目	50 万元													

这个模型是在早期基于Excel模板的销售漏斗中设计使用的。它提供的一些基本案例，在今天应用销售漏斗，分析销售人员的状况，帮助销售人员自我管理方面，仍然具有借鉴意义。我们通过一些实际案例说明销售漏斗首先是帮助销售人员自我管理，提升业绩的工具。在研究下列案例时，建议读者先看有关表格，自己做出分析，再阅读有关说明。

案例一

表 4–2　基础数据综合呈现模型案例一

销售漏斗－销售预测－关键成果保龄图（￥万元）															
		YTD	JAN	FEB	MAR	APR	MAY	JUN	JUL	AUG	SEP	OCT	NOV	DEC	Total
计划（￥万元）		100	50	50	50	50	50	50	50	50	50	50	50	50	600
执行情况	订单总金额	75	55	20											525
	预计项目中签单数	2	2	0											
签单率		29%	40%	0%											
销售预测	预计签单项目数	7	5	2	2	2	2								
	金额		70	50	30	25	30								
销售漏斗	总金额	进展阶段	95	70	50	45	40	45	45	60	95	65	0	0	445
	基础项目（￥万元）	90%	15												0
		70%	35	40	15										15
		50%	30	20	15	25	15	15	20	10					100
		30%	15	10	20	20	15	10	10	30	25	35			165
		10%					10	20	15	20	10	30			105
	大项目	50万元									60				60

表4–2中，该销售人员的销售漏斗中的"机会项目数"和"项目金额"都无法支撑其完成全年的任务。一般这样的数据表明这是一位新销售人员，或是刚刚接手新地区工作的销售人员。

作为他的直接管理者，应该有针对性地调动市场、技术等方面的资源，帮助该销售人员获得更多潜在客户的信息；指导该销售人员合理安排客户拜访，共同分析典型案例，以获得更多的销售机会。

案例二

表 4-3 基础数据综合呈现模型案例二

销售漏斗 – 销售预测 – 关键成果保龄图（¥万元）															
		YTD	JAN	FEB	MAR	APR	MAY	JUN	JUL	AUG	SEP	OCT	NOV	DEC	Total
计划（¥万元）		310	62	40	56	49	47	56	49	53	63	53	64	68	660
执行情况	订单总金额	203	22	28	25	72	21	35							457
	预计项目中签单数	7	1	1	1	1	2	1							
	签单率	50%	50%	50%	33%	100%	67%	33%							
销售预测	预计签单项目数	14	2	2	3	1	3	3	2	3	2				
	金额		70	60	115	70	60	175	55	120	63				
销售漏斗	总金额	进展阶段	99	81	148	113	77	201	68	238	267	543	305	278	1,699
	基础项目（¥万元）	90%	27	26	28		35		45						45
		70%	10	45	10	38	27	37	15		23	37	28	24	127
		50%	10	10	20		15	10	8	25	40	29	17	21	140
		30%								36	20		22	36	114
		10%										18		17	35
	大项目	50 万元	52		90	75		154		177	184	459	238	180	1,238

表 4-3 中，该销售人员有足够多的销售机会和 50% 的签单率，那为什么还无法达到销售目标？仔细观察其签单的情况，可以看到，一、三、四、六月都有大项目进入销售预测，但是只有四月份的大项目成交了才能完成计划。

进一步分析可以发现，该销售人员的销售漏斗中，大项目与基础项目之比为 2∶1，如果大项目能够如期签单，完成任务绰绰有余。但是，众所周知，大项目涉及的影响因素要比基础项目多，销售人员对项目进程的把控难度也相对要大得多。因此，合理地分配资源，避免因过度依赖大项目而忽略中小客户项目的开发，可以降低业务风险。

在半年总结时，我曾经和这位销售人员谈了一次话，指出他要完成全年任务一定要注意基础项目与大项目的平衡，不要忽略基础项目。当时他辩解称，只要十月份的大单进来，完成任务就没有问题。但是事实是此单推迟了近两年，当年他就是因此没有完成任务。

笔者曾和某地区经理讨论业务时，发现他们一千多万美元的销售额中，几乎都是百万美元以上的大单，再看这些订单的客户情况，又都来自两个大客户；这两个大客户的订单占到该地区销售额的80% ~ 90%。对此我们进行了交流，建议他们调整资源到基础业务方面，与经销商合作开发中小客户项目，保持基础项目与大项目的平衡，以避免大项目波动带来的风险。当时，该经理虽然接受建议，但仍然没有强烈地意识到风险，甚至还沉浸在从这两个大客户获得大订单的喜悦和兴奋之中。第二年这两个大客户项目锐减80%，该地区业务遭受了严重的打击，年底不得不裁员。

那么基础项目与大项目保持什么比例是合理的呢？其实这里并没有一个定论，行业、产品不同，大项目的定义也不同。关键是，大项目会引起销售人员的兴奋点，销售人员往往会对大项目过度投入，而忽略了基础项目。销售管理者应引导销售人员平衡工作重心和资源分配，避免过度关注大项目，而忽略基础项目。（当然负责大项目销售的，不在此讨论范围。）

在这里还要区分大客户与大项目，大客户也会有小采购项目，中小客户也会有大项目。因此，如果某客户的年采购额足够大，设立大客户经理，有利于客户管理和项目管理平衡。

案例三

表 4–4　基础数据综合呈现模型案例三

销售漏斗 – 销售预测 – 关键成果保龄图（￥万元）															
		YTD	JAN	FEB	MAR	APR	MAY	JUN	JUL	AUG	SEP	OCT	NOV	DEC	Total
计划（￥万元）		150	50	50	50	50	50	50	50	50	50	50	50	50	600
执行情况	订单总金额	93	55	20	18										507
	预计项目中签单数	2	2	0	0										
	签单率	18%	50%	0%	0%										
销售预测	预计签单项目数	11	4	3	4	3	2	3							
	金额		80	50	90	80	50	60							
销售漏斗	总金额	进展阶段	97	74	136	113	103	106	136	121	183	193	226	447	1,628
	基础项目（￥万元）	90%	53	22	27	26	28	33							87
		70%	44	35	34	9	25	28	30					67	159
		50%		17	25	28	16	26	47	25	40	32	27	49	290
		30%					19	8	36		31	29	44	87	254
		10%					15	11	23	36	57	46	85	134	407
	大项目	50 万元			50	50				60	55	86	70	110	431

表 4–4 中，该销售人员的销售漏斗中的机会项目并不少，但还是没有完成销售指标；进一步分析，发现其签单率只有 18%，非常低。从中可以看到两个问题：

1. 销售漏斗中机会项目的质量问题；

2. 该销售人员的签单能力问题。

这里“机会项目的质量问题”发生在签单之前；而“签单能力问题”发生在签单过程之中。这些问题的核心是，该销售人员在销售技能和判断力方面存在问题。

在实际管理过程中，时常发现一些销售人员判断力有问题，他们对客户讲的话和承诺的事情缺少全面的判断，不懂得在项目进展的不同阶段，不同级别的客户联络人的影响力是不同的。有不少联络人在他负责的工作范围内是有决定权的，但是在更高一级的工作范围内，他的意见就只有参考价值。

比如，在项目启动联系阶段，通常是一位直接使用者（工程师、项目专工）与厂家联系，此时他们在与哪家厂商联系上是有影响力的。

当进入方案确定阶段，起决定作用的可能已不是使用者，而是一个团队和团队的负责人；这时他们要考虑的是技术方案的可实施性。

在确认方案实施阶段，起决定作用的已是技术或项目负责人，甚至是企业领导；他们除了要考虑技术因素以外，还要考虑的是各个项目之间的优先顺序，资金分配情况等。

……

我们的一些销售人员不懂得在客户购买进程的不同阶段，所面对的有决定权的“阶段决策者”是不同的，因此，他们总是与第一次联系的联络人联络，从他们那里获得项目进展信息；但是，当项目进展到下一阶段以后，此时从他们那里得到的许多信息，已不是第一手信息。一些联络人可能在销售人员面前大包大揽地表示，自己可以掌握进程，以提升自己在卖方销售人员心目中的地位，岂不知他们说话往往是不算数的。这里不是否定热心客户的作用，而是要帮助销售人员懂得，客户购买进程中的每个阶段都会有相应的决策者，销售人员要有针对性地展开工作，而不是盲目地依据似是而非、不确定的信息做出判断。作为有经验的销售主管，要有针对性地帮助表 4–4 中的销售人员，抓住一些具体案例，与该销售人员一起进行案例分析，帮助该销售人员提升判断力，从而提升销售漏斗中机会项目的质量和销售人员的签单能力。

案例四

表 4–5　基础数据综合呈现模型案例四

销售漏斗 – 销售预测 – 关键成果保龄图（¥万元）														
		YTD	JAN	FEB	MAR	APR	MAY	JUN	JUL	AUG	SEP	OCT	NOV	DEC	Total
计划（¥万元）		300	50	50	50	50	50	50	50	50	50	50	50	50	600
执行情况	订单总金额	311	145	0	6	30	110	20							289
	预计项目中签单数	9	4	0	1	1	2	1							
	签单率	64%	100%	0%	50%	50%	100%	50%	0%	0%	0%				
销售预测	预计签单项目数	14	4	2	2	2	2	2	2	2	2				
	金额		150	45	30	45	115	30	45	70	55				
销售漏斗	总金额	进展阶段	197	78	34	60	137	55	70	107	98	95	129	156	655
	基础项目（¥万元）	90%	58	26	21	29		32	25						25
		70%	15	22	13	18	19	23	27	19	47	33			126
		50%		30		13			18	28	34	27	46	15	168
		30%									17	35	28	33	113
		10%												18	18
	大项目	50 万元	124				118			60			55	90	205

表 4–5 中反映的是销售管理中经常遇到的典型情况，这些情况往往发生在有经验的销售人员身上。

2008 年元月底，参加完年会，该销售人员告诉笔者，他一月份业务做得非常好，几乎完成了一季度的任务，当时笔者对他鼓励了一番。随后他告知笔者，在返回其居住城市时，将顺路去某著名古城游览。

在游览期间，正好赶上了冰雪灾害，他被困在古城，春节都没能赶回其居住的城市。二月份他的业绩为零。考虑到实际情况，笔者没有批评他，只是希望他三月份能做得好些。

三月，他做了 6 万元的销售业务。虽然笔者很不满意，但他实现了一季度一百五十万元的销售目标，还超了一万元。比起没有完成任务的销售人员，他还是好的。笔者和他进行了一次比较严肃的谈话，指出请他加入团队，是看中他的经验，希望他能对自己有更高的要求，成为所在团队的带头人。他也表示会努力起到老员工的作用。

二季度他的业绩又是大起大落，最终达到并稍微超过销售目标，而销售漏斗中的销售机会不高不低。

在分析了他的日常表现等情况后，笔者发现了两方面的问题。

一方面，公司的管理机制出了问题。当年，公司取消了超额完成指标那部分业绩的加倍奖励方案。也就是说超过指标部分的业绩销售提成没有增加，而下一年度的任务指标是以实际业绩为基数。这样，销售人员自然不会去做超指标的业绩。对此，笔者向公司提出了建议，下半年恢复了超额奖励的政策。

另一方面，该销售人员对目前的工作已没有激情。他是一个好的销售人员，对项目的判断和把控能力很强；他对公司以季度为周期考核业绩的运作模式很清楚。因此，他始终保持基本完成任务的状态。这种状态表明该销售人员如果没有根本的改变，他会离开公司。后面的发展证明了笔者的判断。

从上述四个真实案例中可以看到，如果没有“基础数据综合呈现模型”，所有的数据就是零散的数字。当分类数据与目标、业绩、执行情况同时呈现时，不同的数据被综合在一起，并有了考察的参考点，这些数据中包含了大量的信息，展现出各类销售人员的状态和存在的问题；经过综合分析，这些信息可以帮助销售人员和管理者，有针对性地对销售人员在能力方面和公司管理中存在的问题进行改进。

在用Excel形式的销售漏斗时，虽然可以做出“基础数据综合呈现模型”，但是有些数据，比如签单情况（包括当月合同金额；在当月预测签单项目中，实际签单的项目数量等）都要销售人员自己填写，因此在使用中有很大的局限性，只适合人数较少的团队或销售人员个人应用。笔者在一段时间内（大约一年），亲自在几个有几十位销售人员的团队中，建立、使用Excel形式的销售漏斗。数据收集和做图形分析没有问题，关键是签单情况需要一个个跟踪整理。在后续的实践过程中，虽然上述“基础数据综合呈现模型”中除去签单情况无法实现自动生成外，其他内容在销售管理的实践中都发挥了作用。后面的一些案例，就是一些用户将自己原有的CRM系统中的数据，加载到笔者设计的Excel销售漏斗模板中，运用有关的“基础数据分析呈现模型”，特别是图示化的呈现模型获得的。这些“基础数据分析呈现模型”和图形展示，直观地对业务进行分析、梳理，从而为预测业务趋势，发现地域、行业或产品等细分市场的根本问题，进行改善行动，提供了数据支撑。

幸运的是，应运而生的销售漏斗软件可以很好地解决自动收集动态信息这一问题。通过编程，系统可以在后台自动钻取有关销售人员的能力数据（签单、竞争赢单、不同阶段机会转化率等），为实现笔者设计的“基础数据分析呈现模型”并将其图示化，给予了有力支撑；有关销售额、成本等数据，可以由运营、财务等部门在后台统一输入；销售人员要做的就是实时更新自己销售漏斗中的动态信息。因此，最新的销售漏斗软件展现了强大的功能和应用前景。

第二节　各项基础数据的应用

一、“预测机会值”与处于不同“项目进展阶段”的动态项目签单率、动态金额转换率的应用

长期以来，如何设定销售漏斗中销售机会指标，一直是困扰销售漏斗使用者的一个重要问题。简单地讲，就是销售漏斗中储备的项目值（或项目数）多大才是合理的？有人提出当月销售漏斗中的项目值应该是销售目标的 1.2 倍，也有人提出应该是 1.5 倍，甚至 2 倍。探究此数据的合理性，谁也说不出所以然。因为管理层为完成任务，希望多多益善、留有余地。而当今竞争如此激烈，销售人员要增加项目数量和项目金额又谈何容易。因此，销售机会指标成为许多公司使用销售漏斗这一工具的死结。

其实，销售机会指标是一个动态的指标，它涉及销售人员和团队的能力和心理状态、市场成熟度、产品的生命周期、销售渠道、客户等各种因素。一个合理的参考指标是销售漏斗软件设计的关键性指标。

前面介绍的“基础数据综合呈现模型”应用案例中，我们已经了解了，当月销售漏斗中的项目数量“签单率”这个参数，在 Excel 构建的销售漏斗中已具有很好的参考价值。在第三章“能力数据”中我们已经将上述当月销售漏斗中的项目数量“签单率”推广到“动态项目签单率”和“动态项目金额

转化率”的概念。

但这还不够，还有一个重要的问题，就是处于不同“项目进展阶段”的项目，可以转换成订单的概率是不同的。一般情况下，我们认为已经到 90% 或 70%“项目进展阶段”的项目才可能在当月签单；但是实践中发现，尽管处于 50%、30%、10%“项目进展阶段”的项目，在当月签单的情况是小概率事件，但发生的可能性还是存在的。一些销售人员判断项目的进展情况时，往往给出的“项目进展阶段”值比较低，以免被管理层追问、催单，但最终这些“项目进展阶段”值较低的项目，还是很快就签单了。这个参数在 Excel 构建的销售漏斗中也是无法统计的。

而软件设计时，可以将处于不同“项目进展阶段”的项目转换为订单的概率统计出来，形成处于不同“项目进展阶段”的动态项目签单率和动态项目金额转换率。这比前面介绍的动态“项目签单率”和“项目金额转化率”又进了一步。运用这项参数，可以有效地衡量销售漏斗中的项目和金额，知道在目前销售人员和团队的能力下是否能实现销售目标。

具体来讲，就是以这些参数为系数，对进入 30 天、60 天、90 天的处于不同“项目进展阶段”的项目数或金额的数值进行修正，从而得出基于 30 天、60 天、90 天的预测机会值。表 4-6 是以金额转换率举例说明，如何运用处于不同“项目进展阶段”的动态（三个月）的项目平均签单率和金额平均转换率获得“（某月）项目预测值”。（相关内容参见第三章，P128~132 内容）

表 4-6（原表 3-12）（某月）项目预测机会值

项目进展阶段	（某月）项目值（万元）	动态项目金额转换率	（某月）项目预测值（万元）
90%	110	85%	93.5
70%	120	60%	72
50%	70	30%	21
30%	40	15%	6
10%	30	5%	1.5
总计（万元）	370		194

将当月处于不同“项目进展阶段”的各阶段的预测机会值相加，就得到每个月销售漏斗中所有项目的预测机会值（表 4–6 中的预测机会值就是 194 万元）。这个预测机会值与销售目标比较，就得到非常有用的参考值，从而避免了前面提到的人为设定销售机会指标带来的尴尬局面。

我们在第二章、第三章中分别介绍了“机会项目金额有效值”和“动态项目金额转换率”的概念。表 4–6 又介绍了“动态项目金额转换率”在做销售预测方面的应用。表现在图示中，就是目标、预测、有效三条参考曲线告诉我们未来的状况。

图 4–1 是“基础数据综合分析”图。这是一个年度业绩成果的图示，柱形图展示了每个月的销售业绩和销售机会项目，而三条数据线分别标出了销售目标（深灰色实线，采用了平均值做参考）、动态项目预测值（黑色虚线）和机会项目有效值（浅灰色实线）。图示可以分成两部分，1–5 月，柱形图是已完成的业绩情况，以目标线作为参考，反映出每个月已完成的业绩是否达标；6–12 月的柱形图，则反映了未来的销售漏斗的状况和参考曲线。

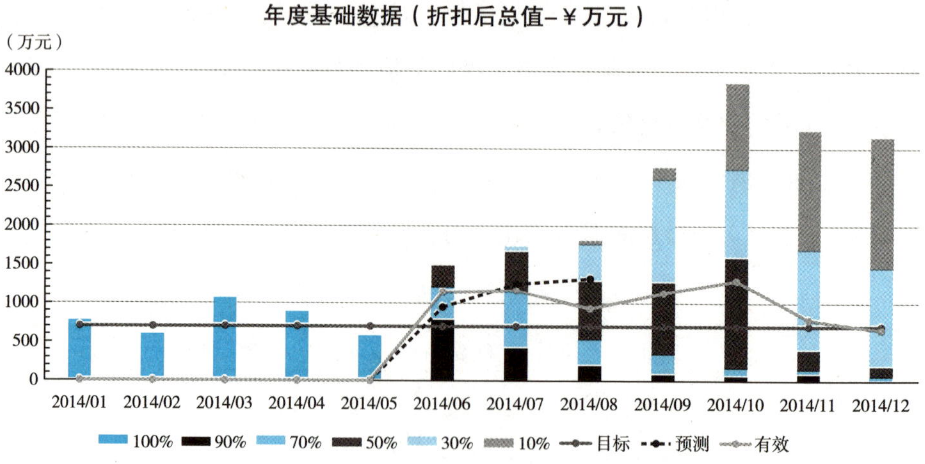

图 4–1 年度基础数据综合分析

动态项目预测值和机会项目有效值之间的关系是什么呢？这两项参数可以从不同的侧面对销售漏斗中的项目给予参考。动态项目预测值是根据动态签单能力、项目金额转换率等能力数据，对未来三个月的机会项目可签单的预测值；这是一项衡量短期状况的参考值。而机会项目有效值，则是根据项目进展阶段、竞争状况计算的参考有效值；它更反映的是相对长期状况的参考值。同时机会项目有效值在短期内与动态项目预测值形成对比，提醒使用者注意竞争状况和项目进展阶段分布等因素。

有动态项目预测值无疑对分析销售状况和趋势是很有帮助的，但这毕竟需要专业的软件设计。没有动态项目预测值的 Excel 表格提供的数据呈现和图形展示，仍然可以对我们的工作有很大的帮助。而这方面的案例，可以很好地说明销售漏斗在实际销售管理中应用的原理。

2015 年第一季度，某公司的销售业务没有达标，在四月初分析后三季度业务发展时，北区和南区的销售漏斗分布分别如图 4–2 和图 4–3；其中部门目标线是将全年目标平均到 12 个月得到的平均值参考线，它可以直观地指示出实现全年目标的风险情况。

从图 4–2 中可以看到，北区二季度和四季度根本就没有足够的项目支撑完成季度目标。三季度似乎表现还可以，但进一步具体分析其项目构成，可以发现基本上都是大型公立医院起步阶段的招标项目，虽然项目不多，但项目金额较大；同时这些项目的签单周期要 8~12 个月，这中间还存在很多不确定性。

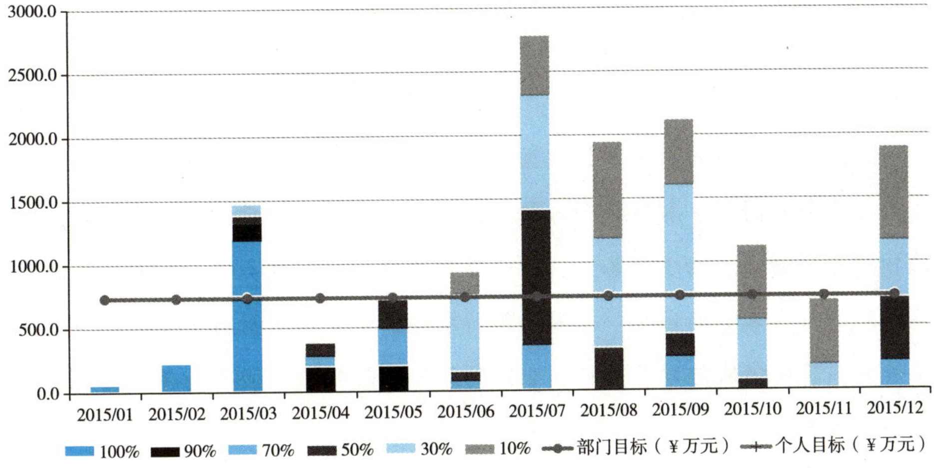

图 4–2　某公司北区 2015 年 3 月的销售机会分析

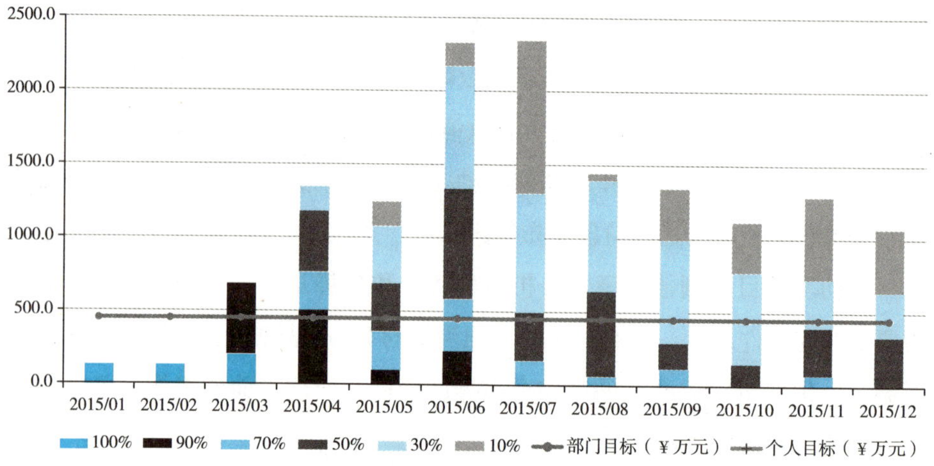

图 4–3 某公司南区 2015 年 3 月的销售机会分析

图 4–3 中南区的销售机会分布比较均匀，其构成的机会项目是以民营小型医院为主，项目多，客户分散；每个项目金额适中，其签单周期在 3~4 个月，相对不确定性较小。因此对项目多而分散的状况，如何覆盖与及时有效支持是面临的挑战。虽然一季度南区销售没有达标，但是从销售漏斗趋势上看，还是有机会完成或超额完成全年目标的。

针对两个不同区域的情况，工作重点应有所不同。北方区在保持与大客户联系的同时，要开拓中小医院，特别是民营医院的市场。而南方区则要与代理商合作，加强客户的覆盖面，保持与众多、分散的客户的联系，及时对客户的要求给予反馈，及时签单。

2015 年 4 月看到上述两份数据后，笔者立即向管理层提出，北方区 2015 年的销售会有问题，需要及早采取措施，减小影响。以后情况的发展与当时的预测完全吻合。由于新客户、新市场的开拓需要时间，因此，北方区的业务遇到了前所未有的困难。正因为有所准备，管理团队提前平衡了各地的业务进程，其他地域的增长弥补了北区的差距，最终整个团队全年销售保持了较高的增长率。

二、动态销售漏斗呈现的应用

前面介绍的应用是以年度为周期的呈现，在实际工作中要关注跨年度的数据，特别是在制订下一年度计划时。一般来讲，制订计划是要用到具体数据，但对于管理者，一份简单的图示，可以引起早期的关注，及时发现问题加以解决。

图 4–4 与图 4–5 分别是 2015 年 10 月初和 2015 年 12 月初的数据。可以看到，两张图中 2015 年 12 月的销售机会总量相差不多，但项目进展阶段的变化很大，也就是说项目推进了。最重要的是在 10 月份做业务分析时，就已发现 2016 年第一季度的业务可能会有问题（见图 4–4）。不可否认，当时销售人员还在更多地关注 2015 年的业绩。但是作为管理者，要对 2016 年全年，特别是第一季度的预测和工作有所考虑了。面对这种局面，一方面要做好 2015 年的工作，另一方面通过市场等活动，筹划 2016 年的布局。从 2015 年 12 月的图中可以看到，两个月的布局和工作起到了作用，除 2016 年上半年机会项目总值提升以外，项目进展阶段中的高阶机会项目增加了，这样 2016 年上半年的业务机会已经可以预测。

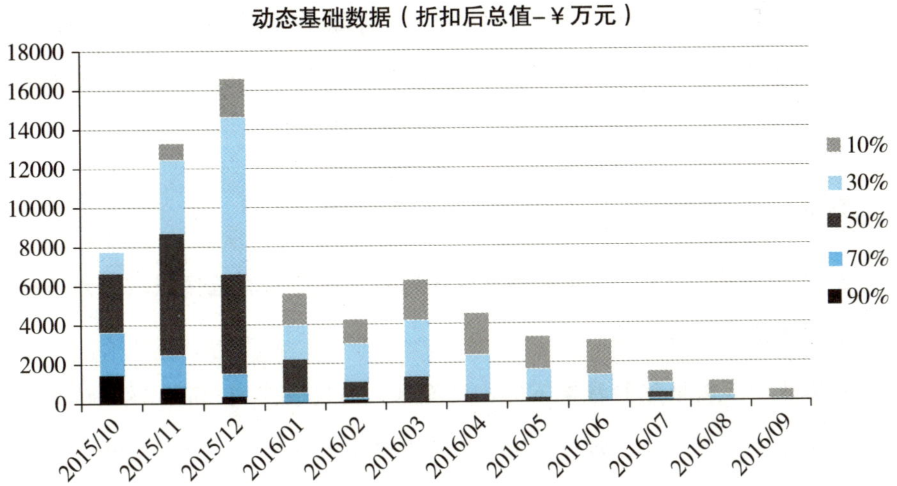

图 4–4　某公司 2015 年 10 月初的动态销售机会

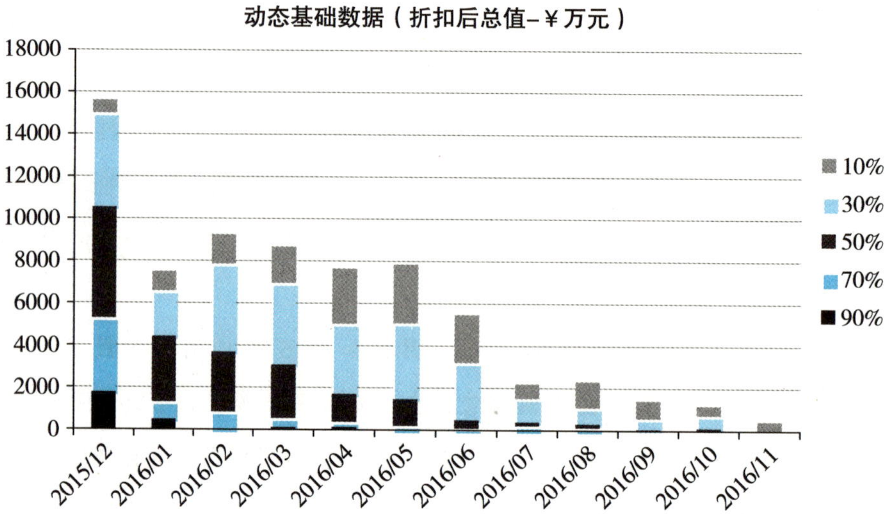

图 4–5　某公司 2015 年 12 月初的动态销售机会

三、行业、产品、地域分布图的应用

行业、产品、地域分布图是销售漏斗最基本的数据分析图示。这些图示可以从不同侧面反映销售业务的现状，直观地将问题展示出来，为解决问题提供基础数据。同时，在采取改进措施后，跟踪观察后续的图示，可以直观地了解改进措施的效果。以下是运用行业和产品分布图改进销售业务的两个案例。

案例一

2013 年年底，在制订 2014 年市场计划时，某厂家与地区代理商对市场覆盖有不同看法。

厂家认为二级医院的覆盖不够，还有很大的发展空间；而代理商认为，厂家对实际情况不了解，他们对二级医院的覆盖是很好的，有很多销售机会。大家一时无法达成共识。

在收集了历年销售数据和二级医院分布数据后，分析已经建立的销售漏斗中的客户分布数据，可以看到如图 4–6 的分布：

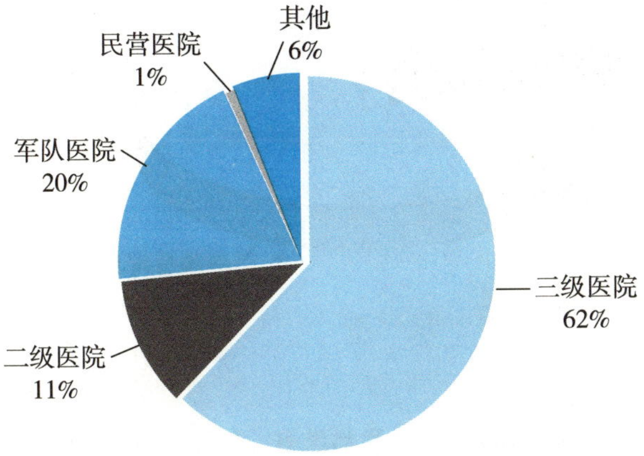

图 4–6　2013 年 11 月某代理商销售漏斗中的客户分布

三级医院的销售机会项目占到 62%，而二级医院仅有 11%。这样将三方面的数据综合后，大家对“二级医院覆盖不够”在看法上达成了一致。在制定新一年规划时，对拓展二级医院市场制订了详尽的行动计划，并取得了可喜的进展。

案例二

（本案例是真实案例，为不涉及具体公司和产品，虚构了公司和产品分类名称，但保留了真实数据和案例情况，特此说明）

某医学设备公司有多种产品，其测试工作台是世界著名的顶尖产品。在讨论对产品的重视程度时，销售人员认为他们对各种产品的重视程度是一致的。但是销售漏斗提供的数据发现，图像分析系统的项目机会远远大于其他产品。

从图 4–7 中可以看到图像分析系统的销售机会占到总量的 81%，难怪有人戏称，该医学设备公司成了图像分析系统公司。针对这个问题，管理团队做了调研，发现了两个问题：

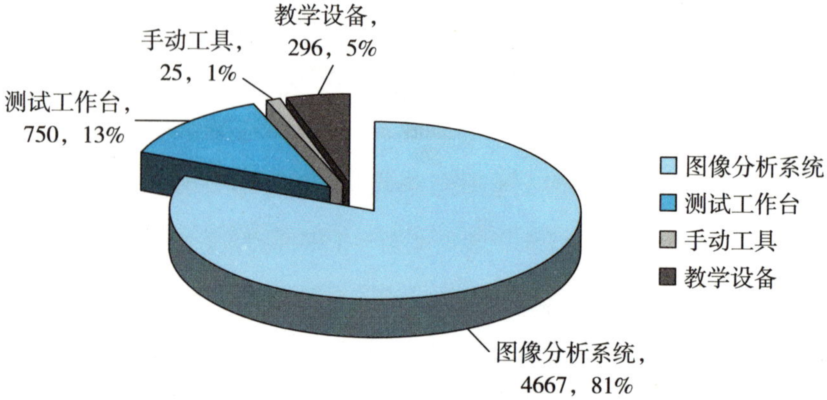

图 4-7 2014 年 7 月 × 区域产品销售分布（单位：万元）

一、测试工作台虽然品牌、质量都很好，但是价格偏高，产品系列不配套，缺少低端产品，在大量中低端需求的客户竞争中处于劣势。

二、销售人员在为客户做配置时，所用时间差异很大。初级销售人员要用 4 ~ 5 个工作日，而资深销售人员只需 2 ~ 3 个小时。为什么有如此大的差距呢？原来测试工作台涉及机械、光学、电子等多个方面，而配置是由用户提出具体要求，然后销售人员根据客户要求以模块或部件形式组合，这就形成了无数种组合，每个项目配置都有所不同，都相当于定制化的设备。其中，测试工作台的台面颜色就有近百种之多，理由是“满足客户需求”。由此造成了发货、安装、验收、质量等一系列后续问题。由于销售人员大多是医学专业出身，要完成这样的工作有一定的难度。而图像分析系统是标准配置、功能明确，销售过程相对简单、周期也短。因此，销售人员在销售图像分析系统时更有信心。

针对上述问题，当年 8 月对测试工作台的销售状况，进行了一次专项改善活动，大家在两个问题上达成共识：

一、产品不成系列，在竞争中没有高、中、低搭配的系列优势；

二、向客户推介产品时没有形成标准化的方案，任由客户选择，形成大量特殊配置，销售人员没有信心去应对这种局面。

这两个问题中“产品不成系列”是公司层面的策略问题，建议公司完善产品系列，实现高、中、低档产品系列化，提升整体竞争力。

而“产品没有标准化”是销售和技术团队可以立即采取行动的——根据资深销售人员的经验和历年的数据，将两款产品分别归纳形成高、中、低三档标准配置，供客户选择，引导客户选择标准配置产品；对有特殊要求的客户可以满足其要求，但会在发货周期和价格上有一些调整。

在制定出标准配置后，获得了生产线的支持；同时技术支持团队，编制了销售手册和宣传资料，对销售人员进行了培训。经过五个月的努力，第二年（2015 年）1 月销售漏斗数据反映了短期策略的效果。

从图 4–8 中可以看到，测试工作台的销售机会从 750 万元增长到了 1427 万元，增长了 90%，占比从 13% 扩大到 18%。而图像分析系统的销售额增长了 20%，但份额下降了 10%。这种结果，一方面反映了市场的增长；另一方面，也显示了测试工作台标准化改善对销售的影响。

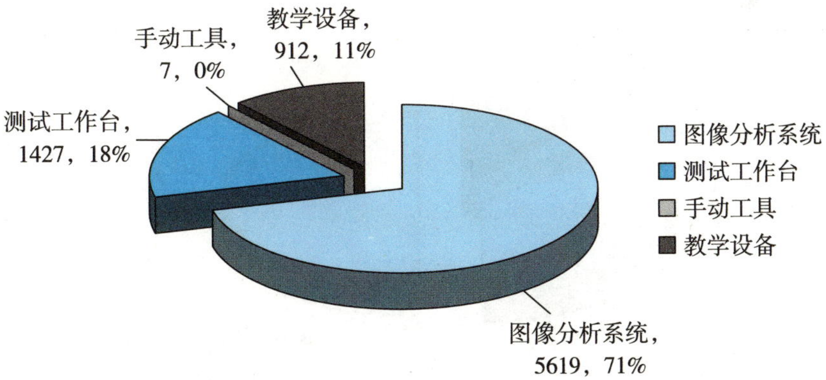

图 4–8　2015 年 1 月 × 区域产品销售分布（单位：万元）

图 4–9、图 4–10 分别反映了随着产品系列配套的进程（国产化产品和低端产品的推出）和产品配置标准化改善，经过销售团队两年的努力，该区域的销售漏斗中机会项目总量从 2014 年 7 月的 5738 万元增长到 2016 年 5 月的 17379 万元，增长了 200%；对比同期销售漏斗中的有效值总量从 2014

年7月的1500万元增长到2016年5月的5500万元，增长了260%（有效值总量数据图中没有显示，是当时销售漏斗中记录的数据，特此说明）。同时产品分布有了质的变化，这一方面有市场增长的因素，同时是改善的结果，因为这个增长远远高于市场的增长。需要指出，该区域的销售业绩也是同步增长的。

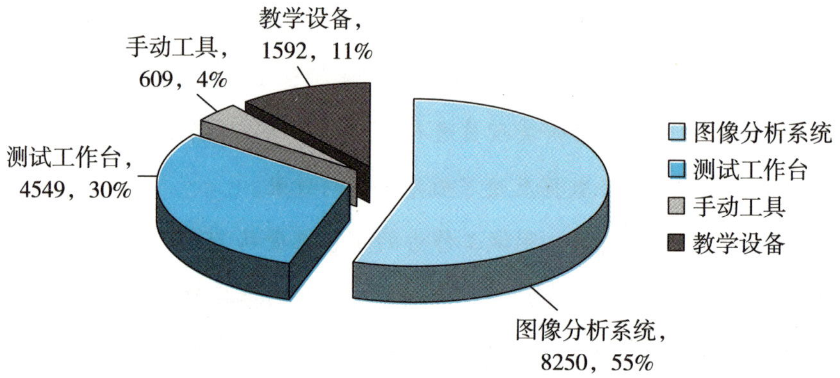

图4–9 2016年1月×区域产品销售分布（单位：万元）

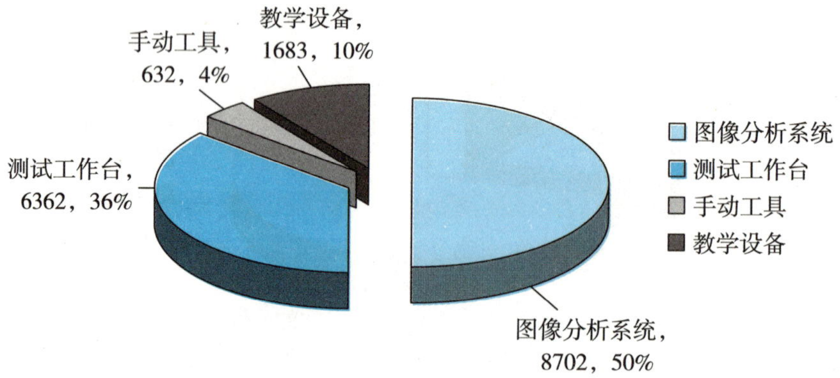

图4–10 2016年5月×区域产品销售分布（单位：万元）

第三节 影响销售漏斗项目值大小的关键因素

销售漏斗大小（Funnel Size）是每个使用者（特别是管理者）非常关注的一项参数。许多公司要求销售漏斗值不断增长，但这有参考标准吗？在竞争如此激烈的当下，无限增加销售机会是不现实的；当设定的目标是销售人员的能力无法达到时，一方面销售人员会感到非常沮丧，另一方面目标也就失去了意义。那么销售漏斗大小的参考标准是什么呢？

首先，销售漏斗大小应与任务目标有关，那么任务目标是以季度、半年，还是一年为目标呢？

某公司北区与南区的销售漏斗的大小，按照公司制定的销售任务比例计算（比如销售漏斗大小是销售任务的1.5倍）都基本达标，但完成业务的情况却不同。南区完成得很好，而北区只完成50%。为什么会出现这种情况？

我们对南、北区的业务情况做了进一步的分析，发现南、北区的客户群差异性很大。南方地区以民营企业为主，他们单一购买量相对较小，资金来源、决策过程相对比较简单，购买程序也比较简单，经销商发挥的作用比较大，也愿意备一些货。南区的销售机会，从发现进入销售漏斗到接到订单平均周期是三个月，年度周期和季节周期影响比较小，决定因素主要是用户的业务需要。

而北方地区的客户，以国有企业为主，他们的采购一般是以项目进行，批量较大，资金来源多样，决策审批过程严谨，以招标形式购买、流程较长，经销商不会批量备货。北区的销售机会，从发现进入销售漏斗到接到订单平均周期是六到八个月，国家计划（比如国家五年计划的资金执行周期）和季节周期（比如年初、年中和年底有区别）影响很大。

上述情况说明，南北两区的销售漏斗的大小应该是不同的，南区监测三到四个月，而北区则要监测六到八个月的时间范围。平均签单周期是决定我们观测销售漏斗大小范围的基点。我们要的销售漏斗大小应该是一个与“平均签单周期”对应的，能满足在其范围内实现任务目标的数值。比如，平均签单周期是 5 个月，每个月的任务是 100 万元，销售漏斗的大小，至少应该是对应的五个月任务目标——500 万元。

其次，销售漏斗的大小还和第三章讨论的一系列能力数据相关，这些数据包括动态项目金额转换率、动态赢单率、不同项目进展阶段的动态签单率、每个项目进展阶段内的动态推进转移率等。要将如此多的因素考虑进去，建立一个分析模型几乎是无法完成的，也没有必要。因为销售漏斗的大小本身就是一个评估值。

在实践中，我们发现销售漏斗中机会项目对销售的贡献与项目进展阶段的分布有关。道理其实很简单，因为每个阶段的项目都不可能百分之百转移到下一阶段，如果低阶的（10%、30%）的项目多，要准备的项目就要多，反之就可以少些。举例来讲，如果我们按照第三章，能力数据一节中，根据“项目进展阶段”的动态推进转移率案例的数据计算（见表 4–7）。

表 4–7（原表 3–10） 每个“项目进展阶段”的动态推进转移率

项目进展阶段	%
10%–>30%	90%
30%–>50%	80%
50%–>70%	65%
70%–>90%	45%
90%–>100%	95%

一个10%阶段的项目（或金额）推进到签单的概率是20%（90%×80%×65%×45%×95%=20%）。

综上所述，平均“签单周期”决定了我们观测销售漏斗大小的范围；而平均“签单周期”内销售漏斗中机会项目的“进展阶段分布”，是我们判断销售漏斗中项目是否满足目标要求的关键因素。

这两个因素影响销售漏斗的大小是很容易理解的。本章第二节图4–3和图4–2介绍的2015年3月某公司南、北两区的销售机会分析中，我们已运用了以上两个因素对业务做分析，并做出预测。我们在分析时考虑了南、北两区不同的签单周期（南区3~4个月，北区8~12个月）和销售漏斗中的项目在不同进展阶段的分布情况（比如，图4–2中北区在三季度销售漏斗中的项目总值很高，但基本上是10%~50%的起步进展阶段项目，这些项目在三季度签单的可能性几乎是没有的）。这种分析虽然是定性的分析，但对业务的指导是显而易见的。

在定性分析的基础上，我们是否可以对销售漏斗大小进一步做出定量的分析呢？

在第三章中，我们介绍了销售机会在不同的“项目进展阶段”的动态签单率（见第121~122页）和销售机会平均签单周期（见第124~125页）的概念。软件设计时这两个数据的获得，涵盖了销售业务类型、行业、产品、销售人员能力等因素对“签单能力”的影响，为我们做销售漏斗大小定量分析提供了依据。这里我们假定，与平均“签单周期”对应期间的销售漏斗中，所有机会项目都可以签单，只是签单率不同，从而得到了“项目预测金额”。（有关内容可参阅表3–12，第130页）

第三章第五节“日常工作考核评估数据”中，“年度项目签单金额预测值平均达标率（%）”（见第128~132页）就是建立在上述两个数据的基础上，对销售漏斗大小是否满足未来平均签单周期内业务要求的定量分析。如果将表3–13的数据以“（月）项目预测值”和“（月）销售目标值”做成月度分析图表（这里假定当月为3月份），可以很直观地了解销售漏斗大小与销售目标

间的关系。(见图 4–11)

表 4–8(原表 3–13) 某月(平均签单周期内)的项目可签单预测值

月份	项目可签单预测值(万元)
当月(3 月)	194
下月(4 月)	155
隔月(5 月)	128
第四月(6 月)	110
第五月(7 月)	98
第六月(8 月)	93
总计(万元)	778

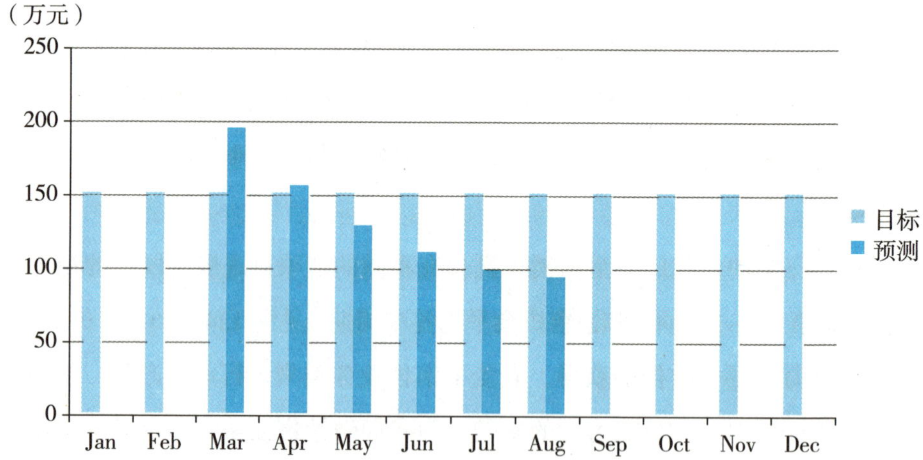

图 4–11 销售漏斗大小达标示意图

图 4–11 中,基于平均“签单周期”的考察范围是六个月;与每个月的平均目标一一对应的是基于“不同项目进展阶段动态签单率”的“项目预测金额”。

这里,能力数据在销售漏斗大小合理性判断中得到了充分应用。建立在能力数据上的销售漏斗大小分析,为销售人员和销售团队管理业务提供了与其实际能力相对应的数据,既符合销售的实际,也使销售漏斗大小的考核有依据。

第四节　销售漏斗≠销售预测

看到这个标题，许多人立即会问："为什么？"

销售漏斗与销售预测间的关系，是销售漏斗使用过程中经常遇到的问题，大多数使用者是将销售漏斗当作销售预测使用。

首先要说明，销售漏斗与销售预测从表面看，都是销售业务数据，它们之间有很强的关联性，但是如果我们分析它们之间关注的侧重点，就可以看到不同。

表 4–9　销售漏斗与销售预测的侧重点

侧重点	销售漏斗	销售预测
周期	中长期业务状况	近期（一个月）业务状况
数据	整体状况、趋势	具体项目、翔实
范围	行业、地域、产品、客户群的市场状况	近期（一个月）要签订单的具体项目和金额达标情况
作用	工具——帮助销售人员自我管理和管理层了解中长期的业务趋势	数据——平衡达标情况，管理层及时根据数据决定采取哪些措施，实现近期（一个月）的销售业绩
主要服务对象	销售人员和营销业务管理者	各级管理层

从表 4–9 中可以看到，销售预测关注的是下一个管理周期（一般一个月）

可获得的订单，重点是每一个项目的金额、产品、数量、交货期、商务条款以及团队所有项目的总金额与目标间的差距；形成的销售预测数据，可供各级管理层及时采取应对措施，以实现阶段目标。

销售漏斗首先帮助销售人员管理好每个项目，关注项目的进程和各种影响因素，采取相应措施，推动项目向有利于签单的方向发展。

其次，销售漏斗软件可以钻取相关的动态数据，依据数据模型分析业务规律和销售人员的能力，从而帮助销售人员和团队改进工作，提升能力和业绩。

再次，关注中长期的业务状况，为业务发展提供市场、产品等方面的数据分析。

另一方面，销售漏斗与销售预测又具有关联性，如果销售漏斗应用得好，更新及时，那么销售漏斗中即将到来月份的数据应该是与销售预测趋同的，对销售预测具有参考价值。销售漏斗应用的最佳状态是，在当月销售签单完成后，及时更新销售漏斗，此时销售漏斗中下月（或已进入新的管理周期）的数据，就基本是下月（或下一管理周期）的销售预测了。销售人员通过一个工作平台，完成了通常的两项工作。换言之，如果以动态三个月为周期进行观察，第一个月的销售漏斗数据就应该与该月销售签单预测一致；下月的数据两者间会有差距，因为还会有调整的因素和调整的时间；而隔月的数据，两者间的差距会更大些。一般来讲，时间越远，以销售漏斗中的数据作为预测值的置信度就越低，或者只能称之为业务发展趋势，而不可称之为预测。

第五节　理想销售漏斗一定是漏斗状吗?

顾名思义，提到销售漏斗，人们印象中应呈漏斗状，这有一定的道理，如果以时间为纵轴，在“签单周期”内，理想的销售机会分布应该是一个漏斗状的结构，即远端时间的项目和金额数值应该较大，此时项目的不确定性因素多，变化大；随着时间的推移和工作的深入，经过竞争与淘汰，项目的确定性会越来越高，到接近完成时就成了预测值。销售漏斗应用得好的团队和个人，此时的项目和金额值，就应该基本是即将到来月份的预测值，比如九月底完成三季度的任务后，销售漏斗中十月份的项目和金额数值，就应该是十月份的销售签单预测值；此值应该可以真实地反映该销售人员或团队短期的实际状况。而动态三个月或“平均签单周期”期间的销售漏斗状况，对于我们做中长期趋势预测和及时发现与目标间的差距，具有警示作用。

图 4-12 是某设备公司 2015 年 9 月后十二个月销售漏斗柱状图。

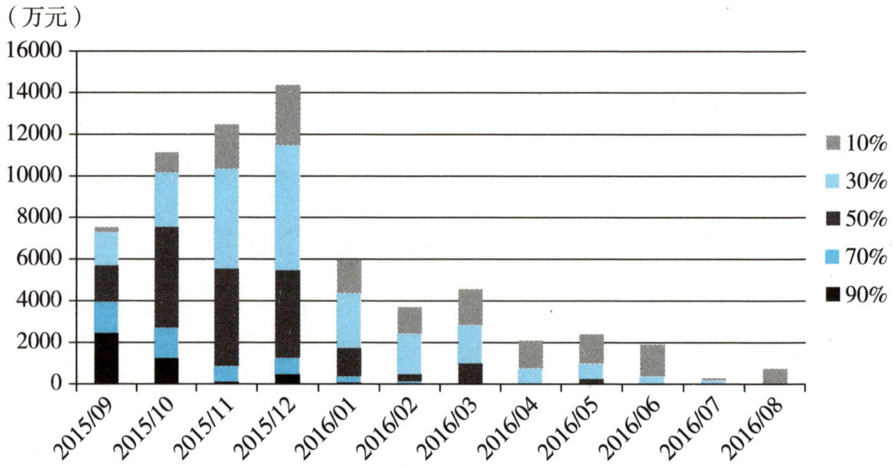

图 4–12 某设备公司 2015 年 9 月后十二个月销售漏斗柱状图

该公司当时的设备业务状况非常好，其项目“平均签单周期”是四个月，如果将 2015 年 9—12 月的机会项目柱状图转化为以时间为纵轴的销售漏斗形状图（图 4–13），是业界普遍希望的典型的漏斗状。

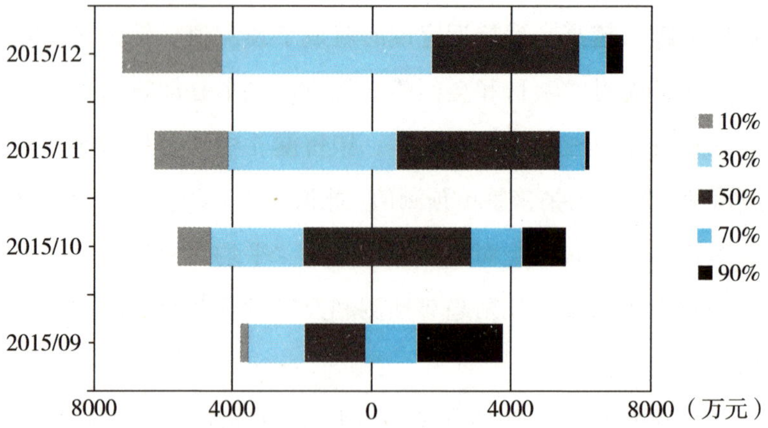

图 4–13 将图 4–12 签单周期内的前四个月柱状图转化为以时间为纵轴的销售漏斗形状图

但是在实践中发现，如果以“项目进展阶段”为纵轴，构成各项目进展阶段的所有项目或金额的合理形状未必是漏斗状。它会和不同行业、业务类型、销售模式、不同“项目进展阶段”中销售机会的动态停留时间和“项目进展阶段”内的动态推进转移率有关，值得我们探讨。

（以下案例均以第二章中定义项目进展阶段案例的五阶段来分析。）

一、项目型销售的销售漏斗，以“项目进展阶段”为纵轴，一般是呈现“倒水滴形”

图 4–12 展示的某设备公司的产品就是项目型的销售，项目型销售的过程有如下特点：

1. 客户在咨询、收集信息阶段，联系的厂家（或商家）广泛（所有可能的供应商），推进到下一阶段工作的时间会很快（以天或周计算），而邀请的厂家（或商家）的数量会较多；与之对应的销售机会项目，在此阶段（第一阶段）的停留时间会很短，推进到下一阶段的转移率会很高，淘汰率低。

2. 客户进入项目方案评估阶段，联络的厂家（或商家）相对减少（已有目标范围），而评估时间会较长（以周计算，并会反复）；与之对应的销售机会项目，在此阶段（第二阶段）的停留时间会较长，推进到下一阶段的转移率会相较前一阶段降低很多，淘汰率中等。

3. 客户进入项目方案确定阶段，联络的厂家（或商家）相对更少（已有目标），而确认时间会很长（有时要等待评估流程，以周或月计算，甚至会反复多次）；与之对应的销售机会项目，在此阶段（第三阶段）的停留时间会很长，推进到下一阶段的转移率会较低，淘汰率相对较高。

4. 客户进入项目采购流程阶段，联络的厂家（或商家）相对确定（已有明确目标），而时间也相对确定（如招标过程一至三个月）；与之对应的销售机会项目，在此阶段（第四阶段）的停留时间会确定，推进到下一阶段的转移率会保持在一定范围，有时甚至可预测（此种状态一般只有一个胜者，转移率几乎与竞争赢/失单率一致)。

5. 客户进入项目采购签约阶段，联络的厂家（或商家）已确定（一般唯一），而时间是基本可控的（以周计算）；与之对应的销售机会项目，在此阶段（第五阶段）的停留时间会确定，推进到下一阶段的转移率会很高（一般在 90% 以上），淘汰率极低（只有出现极端情况才会发生）。

表 4-10 归纳了上述项目型销售过程中，客户在每个采购进展阶段“联络厂商的规模”“工作周期”和“对厂商的淘汰率”。

表 4-10 项目型销售过程客户采购进展对应的厂家被淘汰率分析

采购进展阶段	联络厂家或商家范围	周 期	对厂商的淘汰率
收集信息	广泛（所有可能的供应商）	以天或周计算	低
方案评估	相对减少（已有目标范围）	时间会较长（以周计算，并会反复）	中等
方案确定	相对更少（已有目标）	要等待评估流程，以周或月计算，甚至会反复多次	相对较高
采购流程	相对确定（已有明确目标）	时间相对确定（如招标过程一至三个月）	可预测
采购签约	已确定（一般唯一）	时间基本可控（以周计算）	极低

这种对厂商的淘汰过程，直接影响厂商的销售流程，厂商需要开发和准备足够的机会项目，以应对自己的任务目标，并依据客户的工作节奏管理这些项目；这些项目集合在销售漏斗中，就给我们提供了图 4-12（柱状图）和图 4-13（以时间为纵轴的漏斗图）直观分析业务趋势的方法。如果建立以项目进展阶段为纵轴的漏斗图，可以为我们提供另一个视角，即以项目进展阶段来衡量正在管理的机会项目的分布；以观察不同进展阶段项目分布是否合理，项目储备是否满足中长期业务发展的需求。

图 4-14 就是将图 4-12 前四个月签单周期内的柱状图转换为以项目进展阶段为纵轴的销售漏斗形状图。

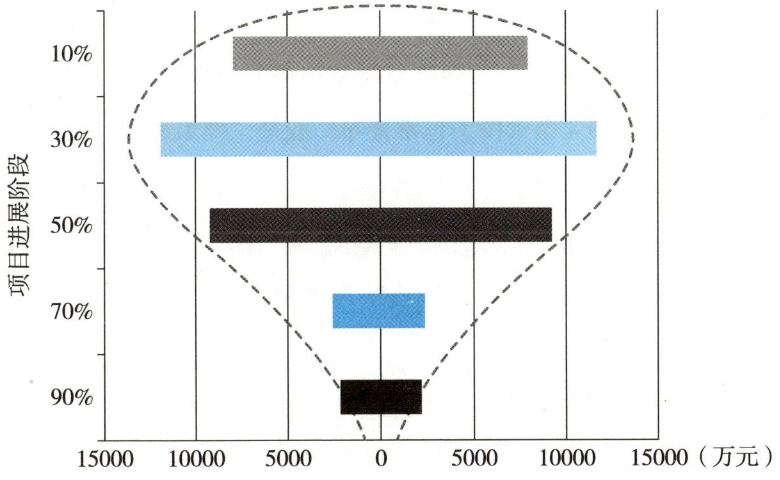

图 4-14　将图 4-12 前四个月签单周期内的柱状图转换为以项目进展阶段为纵轴的漏斗形状图

我们已知图 4-12 和图 4-13 是一个当时业务状况良好的销售团队的销售漏斗数据的分布情况，因此图 4-14 显示的销售漏斗形状，可以认为是项目型销售，以“项目进展阶段”为纵轴的漏斗形状图（条形图）应有的形状——“倒水滴形”。这和我们前面所做的项目型采购，客户采购流程与“联络厂商的规模”、“工作周期”和“对厂商的淘汰率”的分析是一致的：

虽然第一阶段项目淘汰率低，但停留时间很短，销售漏斗中不会形成大量处于此阶段的项目；

第二阶段项目停留时间比较长，销售漏斗中会形成相对比较多的正在提供、讨论方案的项目；

如果可以进入第三阶段，项目停留时间不确定，销售漏斗中会形成相对多的正在等待审查的项目；

而项目从第三阶段进入第四阶段的淘汰率是很高的；如果可以进入第四阶段，项目停留时间一般是确定的，销售漏斗中处在客户采购流程阶段的项目会比较少；

如果可以进入第五阶段，项目停留时间比较短，销售漏斗中正在进行采购签约的项目非常确定。

纵观上述过程可以看到，大多数项目型销售的销售漏斗，以“项目进展阶段”为纵轴的漏斗图（条形图）正常分布一般是“倒水滴形”。

二、OEM 和耗材类型销售的销售漏斗，以“项目进展阶段”为纵轴，一般呈现“垂直符号⊥形（倒置字母 T）”

这类业务有两种典型的情况，OEM 厂家和耗材供应商。我们先分别介绍这两种业务，再把它们放在一个类型中观察合理性。

与项目型销售的业务不同，OEM 厂家的销售项目，在为客户提供的产品通过客户的测试后，只要客户的产品持续生产下去，也就是在客户产品的生命周期内，所需的配套产品，就会向 OEM 厂家采购。举例来讲，某厂家（客户）生产某种型号的音响产品，需要配套采购扬声器、电池等产品，生产扬声器、电池的 OEM 厂家会提供样品供客户测试。一旦通过认证和测试，客户就会在该型号音响产品的生命周期内，根据该产品生产计划，采购 OEM 厂家提供的扬声器、电池等。在第三章介绍的关于 OEM 项目进展阶段的案例就是这种情况。

与 OEM 厂家类似的是耗材类型的供应厂商的销售项目，这里客户购买的主机或某个项目正式运行后，只要主机工作或项目运行，就要采购相应的耗材。举例来讲，水质检测是重要的环保监测项目，检测是通过检测设备进行的，一般来讲这些检测设备工作过程中需要用到试剂，这里的试剂就是耗材。只要检测项目存在，检测设备运行就需要耗材，而耗材的需求量与检测量相关。在本书附录关于项目进展阶段的案例中介绍的附录 A–9 和附录 A–10 案例就是这种情况。

总结上述两种销售情况，前四个项目进展阶段的工作内容是不同的，可以分成三种情况：

1. OEM 厂家的销售前四个阶段的工作包括：初步接触客户—提供方案—

提供样品—跟踪测试结果……

2. 耗材供应商推动用户增开测试项目的情况，前四阶段的工作：需求分析—方案论证—临床验证—上会审批……

3. 客户设备采购、安装、验收、运行后，耗材供应商的工作就进入耗材供应的模式。实际上这种情况可以看成是两个销售过程：一是设备采购过程，是以项目销售类型来管理；而后续耗材供应是管理和提升耗材供应量的销售过程……

虽然我们分析上述销售业务的前期工作内容完全不同，但到达商务流程阶段的工作几乎是相同的——客户提供一个周期内（比如一年），对配套原材料或耗材的预期采购意向订单；然后客户会根据自己的生产订单或测试运行情况，按照生产或运行周期的需要，向配套工厂或耗材供应商下正式订单。

因此，从这样的业务规律中可以看到，一般正常状态下，对配套工厂或耗材供应商来讲，有大量待签订的订单要在一个较长的时间段（一般以年度为单位）内，不断配合客户的需求，逐月（甚至每周）、逐个项目实现签单。这种情况与项目型销售的业务不同，处于销售的第五阶段的项目会很多，需要有销售人员持续地跟踪推动项目签单，这种业务的模式就决定了销售的组织和管理与项目型销售不同。因此，根据这种共性，我们将 OEM 厂家和耗材供应商的销售漏斗形状放在一起来观察、分析。

下面以 OEM 厂家的案例来分析销售漏斗的情况。

对配套工厂的 OEM 销售项目来讲，处在销售第一、二阶段——客户提出意向和讨论方案的项目是双方信息收集、建立联系与初步方案的过程。项目在这两个阶段一般会快速通过。（有关上述流程可参见表 2–5 和图 2–9）

而处在销售第三、四阶段——为客户制样或提供样品和等待客户测试结果的项目是储备过程。项目在这两个阶段一般会反复多次，会停留较长时间，但可提供的预期订单还不太明确。

图 4–15 是某 OEM 类型的配套公司在研究 2017 年销售任务时，2016 年 10 月至 2017 年 9 月的销售漏斗 12 个月的柱状图。从图中可以看到有大量处

于 90% 阶段的待签订单项目存在于销售漏斗中，这些是存量项目，支撑未来一段时间的业务稳定增长。而正在制样和检测（50%~70%）的项目，是未来的增量项目。存量和增量的平衡是此类企业保证业务持续增长的基础。

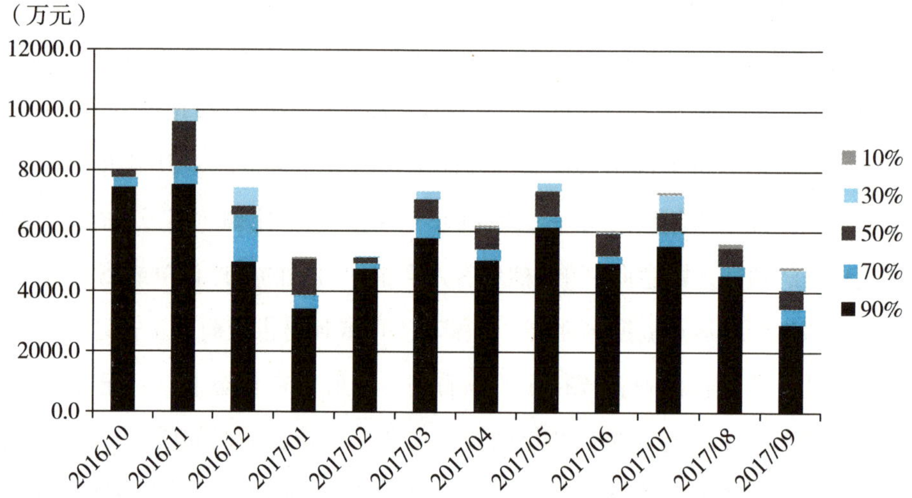

图 4–15　某 OEM 类型的配套公司销售漏斗柱状图

将上述柱状图转换成以“项目进展阶段”为纵轴的销售漏斗形状图（条形图），可以得到图 4–16。

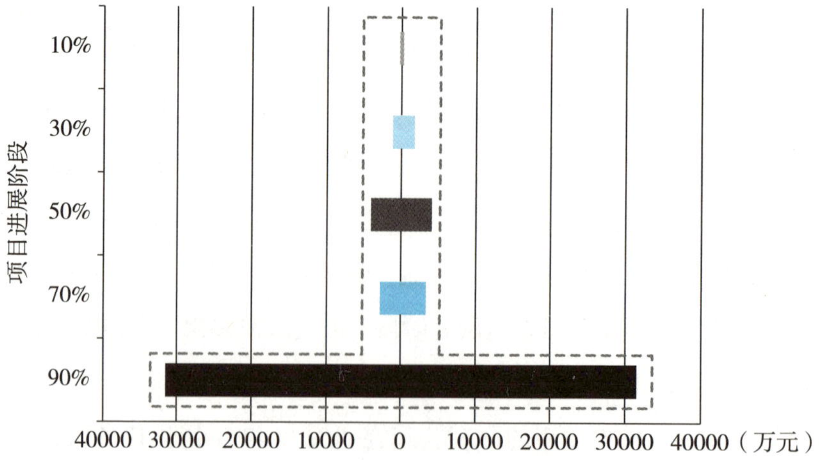

图 4–16　图 4–15 转换的以项目进展阶段为纵轴的销售漏斗形状图

观察图 4–16 以“项目进展阶段”为纵轴的销售漏斗形状图（条形图），在正常业务情况下，OEM 或耗材类型的配套工厂或供应商销售项目的销售漏斗中，“待签订单”项目量应该很大，与其他项目进展阶段的项目构成“⊥（垂直符号）形（或倒置字母 T 形）”。这一点很重要，如果没有足够的通过客户测试的“待签订单”项目，这类工厂或供应商的中长期业务就会出现危机。

研究这些形状图在实际工作中有什么意义呢？下面继续前面某 OEM 类型的配套公司研究 2017 年销售任务的案例。在分析各部门上报计划时，某销售人员的销售漏斗柱状图如图 4–17。

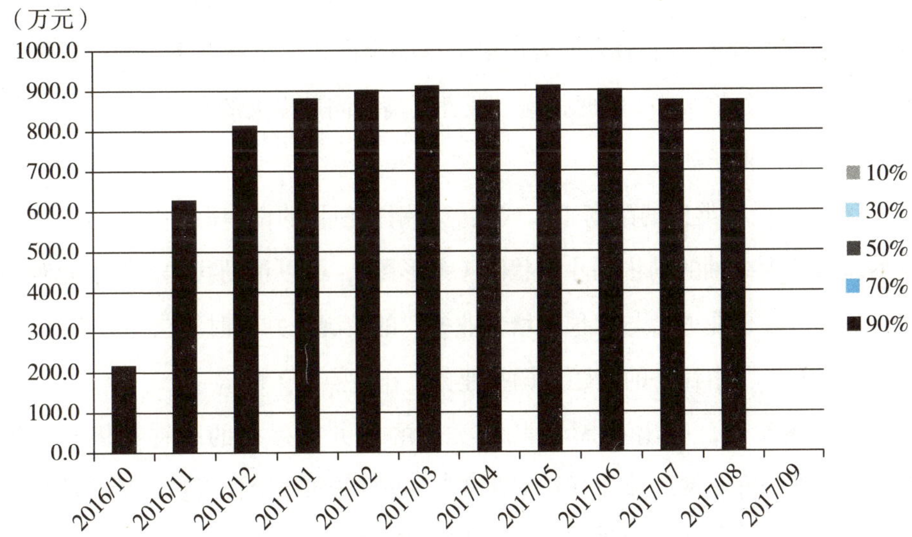

图 4–17　某销售人员动态十二个月销售漏斗柱状图

从图 4–17 中可以看到，该销售人员完成 2017 年 8000 万元销售任务是有把握的（因为 11—12 月的订单要到 2017 年发货）。但是，问题是没有正在进行“制样”（第三阶段）与“测试”（第四阶段）的新项目储备（可能该销售人员没有录入，但我们以销售漏斗数据为准），这在 OEM 或耗材类型的业务中是值得警惕的问题。因为，“等待客户下订单”（第五阶段）的项目多、业务量大，近期可以满足实现业务目标的需求，从而忽略了新项目的开发；一旦客户的某些产品的生命周期结束，订单就会终止，此时如果没有后续项目储备，就会出现断崖式的业务下降。

一般来讲，OEM 或耗材类型的业务，根据客户的业务状况，是可以预测一个时间段（比如一个季度、一年）的业务量的；这些业务就是推动客户逐步释放出订单（第五阶段）的项目，可称为“存量业务”。

而正在进行“制样”或提供样品（第三阶段）与“测试”或试用（第四阶段）的新项目，则是预测 OEM 或耗材类型业务发展的重要的指标性参数。对新项目量值做分析，考虑到成功率、客户新项目的投产率或耗材使用率等因素，可以获得的是未来可预期的新业务增量，可称之为“预期增量业务”。考虑到存量业务可能因产品生命周期等因素的影响会停止，增量业务会有一部分补充到存量业务的损失中；因此，增量业务要高于同期损失的存量业务，才能保证企业业务的增长。

OEM 或耗材类型的配套工厂或供应商销售项目的销售漏斗中，以“项目进展阶段”为纵轴的销售漏斗形状图（条形图），可以帮助我们及时、直观地分别看清“存量业务”与“预期增量业务”的情况，并及时解决“客户维护”与“项目开发”中存在的问题，调整业务工作重点和策略。

由上述案例，引出 OEM 或耗材类型的业务中存在的两种销售业务类型——“维护型业务”和“开拓型业务”。我们总期望销售人员成为全能型人才，既能做客户维护，又能做项目开拓。但实践下来发现这种期望在项目型销售中是可行的，因为他们的客户维护是一种长期的联络、沟通与客户关爱过程，开拓新项目还是他们的重点工作。而在 OEM 或耗材类型的业务中就不同了，“维护型业务”相当于跟单工作，要求销售人员有良好的客户沟通能力和内部协调能力；持续地跟单会占用他们主要的时间和精力，无力去开拓新的项目。而“开拓型业务”需要销售人员有很强的市场洞察力、技术能力和与不同类型客户交往的能力。在实际工作中这两类工作需要有所区分，由不同的销售人员或团队去完成。因此合理布局营销团队，会涉及团队架构、人员配置、薪酬方案、考核机制等一系列问题。这些正是这类企业发展面临的挑战。

销售漏斗的形状，随行业、客户群和管理模式的不同，是有所不同的。某著名公司的销售总经理告诉我，他研究了他们的业务状况和销售漏斗的情况。他们的产品在市场上具有竞争优势，但客户的项目计划性很强，每个项目都是金额比较大的，其技术含量也很高，从意向到签单的项目周期相对较长（平均一年左右）；他的团队分成不同的项目小组，每个小组管理几个项目。管理这种大型项目业务，主要不是考虑竞争淘汰率，而是发现和创造销售机会项目，并推动项目实现成交，只有处于每个项目进展阶段的项目都有足够的数量储备，才能保证持续实现销售目标；所以，如果以项目进展阶段来观察他们的销售漏斗，其形状基本上是柱形。

因此，销售漏斗的使用者要通过实践，确定符合自己团队和业务健康发展的销售漏斗形状；而且这种形状会随着人员变化、业务变化、市场变化有适当的变化。不可违背业务规律，一味地追求呈现漏斗形状。

第六节 关于耗材销售管理的探讨

关于耗材销售的管理，一直是销售中被广泛探讨的问题。这个问题的关键在于——如何确定耗材销售的目标。

一提到耗材销售目标设定，除了设定一个全年的总体目标以外，对于设定具体客户、具体地区、具体代理商……的目标，大家都觉得无能为力。理由是：耗材的使用量是被动的，许多情况厂家、商家甚至客户都无法掌握。

因为客户设备开机时间不好确定，所以无法设定目标；

因为客户的生产不正常，所以无法设定目标；

因为无法统计客户的业务量，所以无法设定目标；

因为客户的使用习惯不同，所以无法设定目标；

因为无法预期未来情况，所以无法设定目标；

因为客户的设备进入淘汰期，所以不能设定目标；

……

我们在第三章第一节中曾经提到，数据呈现四要素中，第一个要素就是要有明确的目标。而涉及耗材用量的影响因素很多，又缺少统计的模型或方法，要设定具体耗材销售目标是一件非常困难的事情，这也是困扰耗材销售业务管理和应用销售漏斗管理耗材销售的问题所在。这里的具体耗材销售目标，是希望能够获得每台设备一年的耗材使用量，由此可以计算出每个地区、每家代理商、每个客户的耗材使用量，从而可以设定上述每一个具体单位的耗材销售（或使用）目标。看来耗材销售目标的设定，由于涉及如此多的不确定因素，是一个无法完成的任务。

带着这个问题，笔者走访了许多有经验的销售管理者。在和一位交往十八年的公司总经理讨论这个问题时，他介绍了在管理耗材销售方面的一些做法。他们公司生产一种生化检测设备，该设备在2002—2003年抗击SARS和2020年抗击新冠肺炎的工作中都发挥了重要作用。这种设备在工作时需要使用耗材，市场上该设备主机的保有量决定着耗材的使用量，但是该设备主机的增长会随着主机保有量的增加而放缓，因此，在做好主机销售的同时，只有保持耗材的持续增长，才能实现公司要求的业务增长速度。在确定耗材销售目标时，他们同样也遇到了前面介绍的各种不确定因素的困扰，很难确定一个大家认为有逻辑性、合理的销售目标。经过多年的探索和总结，他们建立了一套行之有效的耗材销售的管理方法——计算每台设备年度耗材平均使用量，从而提供衡量每台设备耗材年度使用量的参考值；有了这个参考值，就可以建立一整套耗材用量的分类管理的参考标准和方法。下面具体来看这种方法：

首先，计算一个阶段（比如一年）每台保有设备的耗材平均使用量——当年总耗材销售额除以当年设备保有量，得到（年度）保有设备的平均耗材消耗量。

$$\frac{\text{当年耗材销售总金额（万元/年）}}{\text{当年设备保有量（台）}}=\text{耗材平均消耗量［万元/（台·年）］}$$

虽然只是一个看似简单的年度“耗材平均消耗量”，但它绕开了前面的种种具体的耗材使用量的影响因素，使得对耗材消耗量的销售管理成为可能。

1. 制订下一年度耗材销售计划

用当年全国的年度“耗材平均消耗量”乘以下一年度拟议的每台设备的

耗材使用量增长率，得到下一年度全国的年度“耗材平均消耗量”；

用下一年度全国年度“耗材平均消耗量”再乘以下一年度预计设备保有量，就得到下一年度耗材销售计划。

举例来讲：

2020 年全国设备保有量是 500 台，耗材销售总金额是 5000 万元 / 年；

2020 年全国年度“耗材平均消耗量”是：10 万元 /（台 · 年）。

$$\text{耗材平均消耗量}\left[\text{万元}/(\text{台}\cdot\text{年})\right]=\frac{5000\,(\text{万元}/\text{年})}{500\,(\text{台})}=10\left[\text{万元}/(\text{台}\cdot\text{年})\right]$$

2021 年度拟议每台设备的耗材使用量增长 15%，2021 年全国“耗材平均消耗量”是 11.5 万元 /（台 · 年）：

$$10\left[\text{万元}/(\text{台}\cdot\text{年})\right]\times 115\%=11.5\left[\text{万元}/(\text{台}\cdot\text{年})\right]$$

2021 年预计设备保有量是 550 台；

2021 年耗材销售计划：6,325 万元：

$$11.5\left[\text{万元}/(\text{台}\cdot\text{年})\right]\times 550\,(\text{台})=6325\,(\text{万元}/\text{年})$$

同理，下一年度全国“耗材平均消耗量”，再乘以下一年度某地区的预计设备保有量，就得到下一年度某地区的耗材销售计划。

这种年度“耗材平均消耗量”的计算方法和用于制定总体目标的过程，在大多数销售团队都有应用，关键在于如何将这个数据运用到耗材销售的日常管理和销售漏斗中，这位总经理有他的心得。这里我们结合他的心得进一步探讨。

2. 各地耗材使用量差异化调整

由于各地业务量不同，耗材使用量是不同的。有了上述方法，可以得到不同地区的年度“×× 地区耗材平均消耗量”的数值，用类似的方法，可以得到下一年度 ×× 地区的耗材销售计划。

另外，设备保有量是动态的，每年有淘汰，也有新增，需要对设备保有量做出适当调整；而新增设备对当年的贡献率是不同的，在具体操作时做适当修正即可。

3. 客户耗材使用量的日常管理

上述方法最重要的作用不是在制订计划上，而是在日常管理中。这种方法让销售人员从纠结于具体客户的个体情况，转变为从整体上找到问题所在，针对具体客户的情况，制定具体的管理策略和方法。因为有了每台设备的“耗材年平均使用量”这样一个参考标准，就可以对具体地区、具体客户甚至每台设备进行管理。

首先，有了这样一个参考标准可以对具体地区、具体客户甚至每台设备的业务情况，做出在参考标准**之上**、**持平**和**之下**的定性分析。

有了定性分析就可以深入到具体地区、具体客户，甚至设备进行分类目标管理。比如，以保有的每台设备来分析：

对年度耗材使用量在参考标准**之上**的保有设备，如何保持这种状态，并适度增长；对已处于饱和状态的设备，要观察客户的业务状况，是否要增加新设备，展开新设备的销售过程；

对年度耗材使用量与参考标准**持平**的保有设备，要考虑如何合理提升耗材使用量，与客户探讨是否有扩大设备应用的空间，并协助客户实现扩大设备应用空间，从而增加耗材的使用量，最终推动新年度耗材用量达到参考标准之上的目标；

对年度耗材使用量在参考标准**之下**的保有设备，要和客户分析原因，如果是设备还没有真正发挥作用，要给客户更多的支持与帮助，因为一台设备不能发挥作用，对客户也是损失；在这种情况下，短期目标就是达到参考标准——平均水平。当然也有些客户真的是要退出的，这是正常情况，不可避免；销售人员的职责，是发现这类客户，及时将时间、精力、资源调整到有潜力的客户和新的销售机会项目上。

4. 通过销售漏斗对耗材销售业务进行管理

首先，由于有了每台设备“耗材年平均使用量”这一参考标准，就可以对每个地区，每个具体客户，甚至对每台设备，设定销售目标值。

其次，在销售漏斗中录入根据客户在未来每个月耗材的预计用量，换算出的将签订的耗材采购订单值，就形成了“存量业务”，也就是处于第五阶段（参见本章第五节介绍的管理 OEM 或耗材业务关于 90% 阶段的内容）的机会项目的数据。这组数据，可以帮助我们直观地了解具体到每台设备的耗材消耗量的情况，并采取管理措施。

综合上述，销售漏斗中的机会项目数据与目标数据进行对比，可以衡量具体地区、具体客户甚至每台保有设备未来耗材使用状况和与之对应的销售状况，也可以预测未来的耗材销售业务发展趋势；还可以实现对客户耗材使用量的日常管理，及时发现问题，帮助销售团队改进工作，实现销售目标。

某公司的测试设备在市场上有八百多台的保有量，这些设备的耗材是通过十几家地区代理商供应的。在管理耗材业务的问题上，厂家与商家之间总是谈不拢。厂家希望耗材可以有一个稳定的增长，同时可以了解具体客户，甚至具体到每台保有设备的耗材消耗量，从而对耗材销售进行主动管理；而商家则提出本节开头介绍的种种问题，认为耗材的销售对厂家和商家来讲都是被动的，无法设定目标，更无法对耗材销售进行主动管理。

在讨论运用销售漏斗对耗材销售进行管理时，我们运用了“耗材年平均消耗量”的概念，根据每家耗材供应商实际管理的保有设备数，计算出他们应实现的年度耗材销售目标。销售漏斗系统为每个代理商开通账户，他们在销售漏斗中录入自己管理的保有设备预计每个月的耗材供应总量。这样厂家和商家可以依据销售漏斗中的数据，在一个平台上讨论耗材销售管理。对于预计的耗材供应量，同样有在参考标准之上、持平和之下的状况，大家可以据此分析解决耗材销售中的问题。

在上述基础上，可以进一步将管理推向每台保有设备，把每台设备当作一个客户。耗材供应商的销售人员，将他所管理的每台设备每个月要采购的耗材量当作一个机会项目的预测值录入销售漏斗中，得到一个时间段内（比如一年）的预计耗材采购量。根据我们前一节介绍的“对客户耗材使用量的日常管理”，在销售漏斗中就形成了对每台保有设备在一个时间段内耗材用量的数据。这就要求每个耗材供应商的销售人员，改变坐等订单的被动销售模式，深入客户，对每台设备运行的具体情况有所了解，根据在参考标准之上、持平和之下的分析，一台设备一个策略地进行主动管理。

上述方法实现厂家和商家在一个平台上讨论耗材销售管理，还可以深入到每台保有设备，对耗材采购量进行管理。对这个方法，厂家管理者、一些经销商一线的人员和软件设计团队用半年时间，共同进行了方案论证，实施可行性讨论，软件试运行，取得了一定的效果。虽然由于非技术原因，没能延续下去，但并不妨碍这是一次有益的探索。

本节我们用比较大的篇幅，介绍了“耗材年平均消耗量”的概念和一些耗材销售管理的方法，以及谈不上成功的在耗材销售中引入销售漏斗管理的实践，仅仅希望读者通过这样的探讨，总结出更多耗材销售管理的经验，同时探索运用销售漏斗对耗材业务进行管理，使之在耗材销售管理中得到有效应用。

第七节 销售目标、发货目标、订单目标与销售漏斗预计签单项目金额

本书以大量篇幅介绍了销售漏斗与接获订单之间的方方面面，但销售过程毕竟是以将产品（商品）发售给客户，实现销售额为目标的过程。那么销售目标、发货目标与订单目标之间的关系是什么？是否要分别制定发货目标与订单目标？这是实践过程中各方面最关心的问题。

我们首先来看发货（Shipment）与订单（Booking）之间的关系。

发货是实现销售的直接体现，因此，发货目标就是销售目标（注意不是考虑产能、货期、账期等因素的发货预测）。

首先，要实现发货目标，一般要有待发货订单（Backlog）——已正式签订的、等待发货的订单——准备发货。一个良性的业务，应该根据产能、货期、生产周期等因素，建立一定数量的待发货订单储备。比如，生产周期是两个月，一般应储备满足两个月以上销售目标的、已正式签订的待发货订单。快销产品一般是签单后即刻发货的业务，不是依靠销售漏斗做项目管理，而是依靠一套做市场预测的方法——PSI（进—销—存，Purchase，Sales & Inventory 的缩写），做产品储备。这种情况，不在本书讨论的范围，感兴趣的读者可以阅读有关介绍 PSI 的专著。

同时，原来储备的待发货订单实现发货后，就需要有相应数量的新订单补充进来，以保持有足够的待发货订单支撑业务的持续发展。由此可见，订单的目标就是发货的目标，也就是销售目标；而要实现订单目标，就需要在销售漏斗中有满足实现销售目标的、可以转化为订单的销售机会项目。

从前面的描述中可以看到，销售工作过程是：

销售机会项目（in Funnel）→订单（Booking）→待发货订单（Backlog）→发货（Shipment）

因此，日常管理都是从销售目标出发，在没有达标追踪问题所在时，首先看到的是发货不达标，但真正的问题会发生在各个不同的环节，涉及不同的部门，解决之道也各异。

待发货订单是每个公司都有的一个数据，一般是应用 ERP 系统来管理，但很多公司没有真正用好这个数据。一方面有待发货订单，另一方面又要求销售人员每月提供发货预测，这些预测既有已签订单，又有待签订单，还有估计，等等。这样一个数据会造成备料、生产、物流等各个环节的不确定性。最终引发质量不达标、备货不足或产品积压等一系列问题。

待发货订单看似是一个普通的过程数据，但它是一个重要的工作节点，将销售最后过程细分为签单与发货两个不同阶段，为我们提供了一个审核与判断销售过程中问题的关键点。当销售不达标时，可以从待发货订单入手分析问题（见表 4-11）。

首先，待发货订单将签单与发货两项工作有效区分，又有机地关联，改变了讨论问题时目标不明确的弊端（如前所述，从订单到发货都以一个目标来衡量），使研究问题的方向更明确、清晰，避免一下谈发货，一下又跳到订单，发货好时说发货，订单好时说订单，将发货、订单作为一个整体来研究，可以及时发现问题。

表 4-11 从待发货订单入手分析问题

问题	现象	原 因	涉及部门
待发货订单够吗？	够	待发货订单质量有问题吗？	销售
		生产周期、物流、产能等有问题吗？	生产
		……	
	不够	销售漏斗中可签单项目够吗？	销售 / 市场
		销售人员签单能力是否有问题？	销售人员和管理者
		产品竞争能力（包括质量、性能、价格等因素）如何？	市场 / 研发 / 生产
		……	

其次，待发货订单在发货与订单间建立了一个缓冲空间。如果建立了有效的、满足生产备货周期的待发货订单，在签单端出现问题，而且问题尚未解决前，充足的待发货订单在短期内（一到两个月），可以为保证完成销售目标留有缓冲余地。

再次，待发货订单为及时分清发货端与签单端的问题提供了观察点。当没有储备足够的待发货订单时，一般要研究销售方面的问题，包括客户、市场、竞争对手、销售人员能力等。而有足够的待发货订单时，关注点在订单质量、产能、物流等方面。当然，可能两方面均有问题，但是方向会比较清晰。

综上所述，关注待发货订单的重要性，使得许多公司从关注发货的管理模式，转变为以待发货订单为节点，分别管理发货与签单两个方向的管理模式。过去当发货出现问题时，被动追踪销售问题；现在是从待发货订单出发，提早发现销售问题。这种转变是将工作从“应急模式”转到“预见模式”。某公司将此转变称为“管理前移”。实际上许多销售问题虽然表现为订单不够，但实质上是销售漏斗中的机会项目（或金额）不够，销售人员推进项目和签单能力不够，等等问题。

下面我们从一个案例看“管理前移”：

某公司有 ERP 和销售漏斗两个管理系统，如果要做未来三个月以上的销售（发货）预测，如何让两个分别由不同部门主要应用的管理系统有机结合，发挥作用呢？

ERP 系统是运营团队主要使用的系统，ERP 中的数据是销售团队签下的待发货订单，这些订单是根据客户要求的到货时间，工厂采购、生产等环节的安排，按照发货期（每个月）综合统计的结果；

销售漏斗则是销售团队使用的销售管理工具，它的管理节点是到合同签单，他们的机会项目平均签单周期是四个月。经过一段时间（半年）的动态跟踪，得到两组重要的数据：

1. 销售漏斗中当月的数据，可以在当月签单的平均转换率是 90%，即如果销售漏斗中当月有 100 万元的待签单金额，实际转换为订单的大约为 90 万元。

2. 同样是动态跟踪，当月签订的订单平均发货率分布是：

当月签单当月发货有 8%；

当月签单下月发货有 63%；

当月签单隔月发货有 24%；

当月签单在三个月以后发货大约 5%……

（请读者记住上述这组数据，在下面的表格中会用到）

表 4–12 是该公司 2019 年 5 月通过 ERP 和销售漏斗的数据对未来八个月的销售预测。

表 4–12 可以提供如下信息（表中显示数据为四舍五入后的结果，下面的具体计算是按照实际值进行，结果会与表显示的数据有细微差别）：

1. 1–4 月差 125 万元，没有达到销售目标；

2. 5–8 月销售预测为 3,299 万元，超过销售目标 135 万元；如果实现销售预测，可以补回 1–4 月落后的部分。但是数据显示，ERP 中 5–8 月的待发货

表 4–12　利用 ERP 与销售漏斗的数据做销售预测

销售业绩与销售预测保龄图（万元）																
部门		项目名称	目前完成	1 月	2 月	3 月	4 月	5 月	6 月	7 月	8 月	9 月	10 月	11 月	12 月	年度目标
业绩		2019 销售目标	2,782	664	664	664	791	791	791	791	791	791	791	791	773	9,091
		实际发货额	2,657	633	590	702	732									
预测		销售预测	4,906					775	902	852	771	556	366	330	354	
		ERP 数据	1,719					715	385	269	237	113				
		销售漏斗可发货预测	3,187					60	517	583	534	443	366	330	354	
销售漏斗数据	1 月		0	0	0	0	0									
	2 月		0		0	0	0	0								
	3 月		0			0	0	0	0							
	4 月		0				0	0	0	0						
	5 月	830	747					60	471	179	37					
	6 月	639	575						46	362	138	29				
	7 月	573	516							41	325	124	26			
	8 月	465	419								33	264	100	21		
	9 月	378	340									27	214	82	17	
	10 月	355	320										26	201	77	
	11 月	367	330											26	208	
	12 月	732	659												53	
	销售漏斗数据可签单预测		3,905													

备注

当月发货率	8%
下月发货率	63%
隔月发货率	24%
后续月发货率	5%
漏斗数据转化率	90%

订单只有 1,606 万元，是销售目标的 50%，这是很大的风险。从这个数据中也可以看到，待发货订单不足是目前该公司实现销售目标的风险所在。

3. 从短期看，5–8 月的销售预测，是建立在 5–8 月销售漏斗中金额数据可以达到平均转换率为 90%，以及签单后及时发货的基础之上的；因此，保证签单率和及时发货率是短期内实现销售目标的关键，销售管理的重点应放在分析关键机会项目，推动提升签单率上。

4. 从中期看，9–12 月的状况不容乐观，除了前面提到的 ERP 中的待发货订单保有量问题，关键是销售漏斗中的机会项目金额太低。虽然机会项目的平均签单周期是四个月，现在是 5 月份，到 9–12 月还有一些时间，数据提醒我们要与前面工作有机衔接，尽早采取措施提升销售漏斗中的机会项目。

5. 12 月的签单数对当年的销售业绩贡献不大；同理 9–11 月签的订单应尽量提高当年的发货率，才能有助于实现当年的业绩。

6. 从长远看，应通过总体业务布局，开拓新的市场，提供技术支持等帮助销售人员提升发掘新机会项目的能力，从而增加在销售漏斗中有效销售机会项目的数量或金额，逐步改变这种“等米下锅”的被动状态。

从以上分析我们看到，由于结合了 ERP 与动态应用销售漏斗数据，使我们的销售预测既有逻辑性，又有可操作性。我们可以尽早地发现业务中的问题，并采取措施进行策略调整或采取有效措施改变被动局面。这就是“管理前移”的意义所在。

表 4–13 是某公司建立的“销售目标—发货—待发货订单（ERP 系统数据）—订单—销售漏斗”相关数据管理报表。他们将分散在财务、运营（ERP）、销售预测、销售漏斗等不同数据系统的数据整合到一张数据分析表格中，将在分散系统中无法看清的问题，有机地、具有逻辑性地关联在一起，对后续销售工作做出了预测；为管理层制订 2016 年第四季度计划，指导销售、采购、生产等部门的工作，提供了数据支撑。

表 4-13 某公司“销售目标—发货—待发货订单（ERP 系统数据）—订单—销售漏斗”数据表

×××公司	1-9月已完成	2016-01	2016-02	2016-03	2016-04	2016-05	2016-06	2016-07	2016-08	2016-09	2016-10	2016-11	2016-12	10-12月需完成	备注
总目标（万元）	① 96,036	7,471	4,782	⑬ 9,411	10,358	11,148	10,993	⑯ 12,899	13,990	14,983	14,408	13,654	14,172	42,234	⑤ 总目标：13.827 亿元
实际完成	② 88,622	9,530	3,492	⑭ 8,198	8,901	8,446	9,273	⑰ 12,240	14,020	14,523	0	0	0		
实际完成与目标差异	-7,414	2,058	-1,290	-1,214	-1,457	-2,702	-1,720	-660	30	-459				⑥ 49,649	待完成全年目标总计
2015年结转订单	10,523	7,300	1,668	731	238	146	233	141	16	16	16	16	0		
2016-01订单	8,209	1,061	2,460	4,024	548	117	0	0	0	0	0	0	0		
2016-02订单	4,247		266	2,416	1,409	122	10	14	10	0	0	0	0		
2016-03订单	7,897			1,182	4,852	1,732	97	3	31	0	0	0	0		
2016-04订单	12,201				1,266	6,317	3,727	479	390	22	0	0	0		
2016-05订单	9,512					1,291	4,641	2,834	447	143	99	57	0		
2016-06订单	15,390						1,415	9,683	3,399	446	339	62	45		
2016-07订单	16,656							2,202	7,261	6,185	820	115	72		
2016-08订单	15,474								2,315	6,506	5,146	1,384	123		
2016-09订单	14,999									2,479	6,522	4,828	1,170		
2016-10订单	0											0	0		
2016-11订单	0											0	0		
2016-12订单	0												0		
订单总量	③ 115,108														
待发货订单	④ 94,293	8,361	4,394	⑮ 8,352	8,314	9,724	10,123	⑱ 15,358	13,870	15,797	12,943	6,463	1,410	⑦ 26,486	待发货订单总计
		累计前期预计待发货订单中未发货订单									5,671				
完成全年任务，需新增可发货订单														⑧ 23,163	完成全年目标还需可发货订单
销售漏斗中10-12月预计可接订单对当年业绩贡献		销售漏斗中10-12月预计可接到的订单									9,811	12,605	9,489	⑨ 31,905	根据1-9月统计订单在三个月内平均发货比例，预测销售漏斗中，10-12月将接到的订单，到十二月底可发货量
		预计10-12月接到的订单到十二月底可发货概率（%）									93.08	⑩ 61.13	12.40	⑪ 18,014	
		预计10-12月接到的订单到十二月底可发货量（万元）									9,132	7,705	1,177		
十月初预测，（在已接订单都可以发货的情况下）完成全年任务的最小差额（万元）														⑫ -5,149	供各方面参考，并采取措施保证完成目标！

表 4-13 提供了 2016 年 1-9 月的如下信息：

1. 发货没有达到目标，见表中①②。1-9 月目标为 9.6036 亿元，实际完成 8.8622 亿元，差额为 7414 万元；

2. 2016 年 1-9 月签订的订单和 2015 年结转的订单，共计有订单 11.5108 亿元（见表中③）；而由于合同规定发货期、采购、生产等因素，进入到 2016 年 1-9 月待发货订单有 9.4293 亿元（见表中④），达到销售目标 9.6036 亿元的 98%。

比较表中③④数据说明，一方面实际操作过程中，签订的订单与发货之间会有一个时间差（每年都会有订单滚动到下一年度），但总体是动态平衡的；另一方面订单获得后，成为待发货订单，而要实现发货，在时间上会根据合同规定发货期、采购、生产等因素再次安排。

3. 到 2016 年 9 月底，要实现全年 13.827 亿元的目标，还有 4.9649 亿元的差距，见表中⑤⑥。要实现全年目标，弥补 1-9 月形成的与目标 7414 万元的差距，关键是三方面：

一是已有的 2.6486 亿元待发货订单（见表中⑦）是否可如期发货；

二是销售漏斗中是否有足够的项目在未来三个月签单，补足 2.3163 亿元的可发货订单差距（见表中⑧）；

三是新接订单有多少能在 10-12 月发货。

根据前面的数据，对上述二、三项问题做了进一步的分析。

4. 根据 6-9 月的订单统计，平均每月的订单量为 1.56 亿元，是销售漏斗中每个月项目总值的 1.3 倍，虽然目前 10-12 月份的销售漏斗中的机会约为 3.2 亿元左右（见表中⑨），根据 6-9 月签单率为销售漏斗数据 1.3 倍的平均值，预计应可以实现超过 4 亿元的订单。

5. 根据前期订单发货统计的百分比（订单在三个月内可发货 93%，订单在两个月内可发货 61%，当月订单在当月可以发货的为 12.4%，见表中⑩），现在以销售漏斗中 10-12 月预计签单项目全部能够签单的情况下（这里没有考虑签单率为销售漏斗数据 1.3 倍的平均值的不确定因素），可实现发货 1.8014 亿元，与完成全年任务会有 5149 万元差距（见表中 ⑪⑫）。

根据上述 4、5 项的数据分析，营销办公室在 2016 年 10 月初预测实现全年目标的差距在 5000 万元左右，并通报给有关生产、销售、财务等部门，同时提出了具有针对性的措施，力保实现全年销售目标。这些措施包括：

1. 各生产单位提供 10–12 月具备的产能信息给销售团队，销售团队后三个月签订的订单要尽量与产能相匹配，提高今年内可发货订单的比例；

2. 营销办公室提供库存产品清单，公布销售库存并可当年发货的政策，鼓励销售人员和客户协商十月份多签一些具有库存的产品，以提高第四季度的发货量；

3. 全公司共同努力保证实现不低于 13.1 亿元销售，不再扩大（1–9 月）订单量与发货量之间的差距；在此基础上争取实现 13.827 亿元的销售额。

实践结果，10 月份的订单达到 1.392 亿元，而且基本上是在年内可发货的订单。这样，营销办公室 11 月初预测实现全年销售目标的差距缩小到 2000 万元以内。这也是最终实现全年销售目标的实际差距。

……

除做第四季度销售预测之外，表 4–13 还给我们提供了一组重要的信息。

进一步分析会发现，虽然 2016 年 1–9 月待发货订单与发货目标基本持平，但实际情况可以分为 1–6 月和 7–9 月两个阶段。1–6 月待发货订单是少于销售目标的（见表中 ⑬⑭⑮）。1–6 月的销售目标为 5.4164 亿元，待发货订单 4.9268 亿元，只达到销售目标的 91%；实际实现销售 4.7839 亿元，差额为 6325 万元，占 1–9 月销售差额的 85%。

而 7–9 月的销售目标为 4.1872 亿元，待发货订单 4.5025 亿元，超过 4.1872 亿元销售目标 7.5%；实际实现销售 4.0783 亿元，差额为 1089 万元，占 1–9 月销售差额的 15%（见表中 ⑯⑰⑱）。

从上述数据分析可以看到，这正是 2016 年制造业形势变化的缩影。1–5

月市场低迷，从6月起经济企稳，生产回升。我们分析上述数据的目的不是停留在过去，而是为了协调好第四季度的销售、生产，抓住经济大形势好转的机会，争取第四季度能有一个稳定和健康的发展，一方面缩小上半年形成的业绩差距；另一方面，为2017年的发展在市场、销售和生产等方面做好储备。

上述案例可以看到，许多公司都说自己公司有数据，但这些数据是孤立的，是分散在各个部门的，大家讨论问题时没有统一口径；只有将这些数据运用到一个具有逻辑性的数据分析中，才可以帮助我们找到问题的真正原因，在处理问题时找到解决问题的关键。表4-13将“目标—销售—待发货订单（ERP系统数据）—订单—销售漏斗”构成一个销售业务管理的有机整体，虽然只是一个数据表，但它提供了丰富的信息。我们不是要管理数据，而是要用数据来帮我们管理业务，对未来业务发展趋势给予预测，从而采取有针对性的措施，以提升销售业绩。这个公司的案例告诉我们，销售漏斗数据如何与其他销售数据配合，在做好销售预测和销售管理上是很有启示的。

第八节 基于数据的考核体系

在第三章第五节，我们介绍了管理数据的建立。管理数据由两部分——“日常工作考核评估数据”和“业绩考核数据”构成。

“日常工作考核评估数据”可以根据需要设置若干项，这里延续第三章第五节介绍的评估项目：

1. 年度平均签单率（%）

2. 年度项目签单金额预测值平均达标率（%）

3. 年度累计客户拜访量达标率（%）

4. 年度累计新增机会项目数量或金额达标率（%）

以全部达标为100%，给上述四项指标赋予权重（该权重可以根据业务具体情况调整，比如在市场开拓期，第3、4项权重可以大些，而业务进入平稳期可以将权重平均）。由此，可以获得“日常工作考核百分比评估值”。举例来讲，某销售人员甲的日常工作考核情况如表4-14：

表 4-14　员工甲的日常工作考核百分比评估值

	达标率	权重	总达标占比
年度平均签单率	67%	25%	16.8%
年度项目签单金额预测值平均达标率	78%	25%	19.5%
年度累计客户拜访量达标率	100%	25%	25.0%
年度累计新增机会项目数量或金额达标率	86%	25%	21.5%
日常工作考核百分比评估值			82.8%

表 4-14 就是在平均权重条件下，四项达标率指标分别为 67%、78%、100%、86% 时，员工甲日常工作考核百分比评估值为 82.8%。图 4-18 以图形形式展示员工甲各分项考核的百分比评估值。

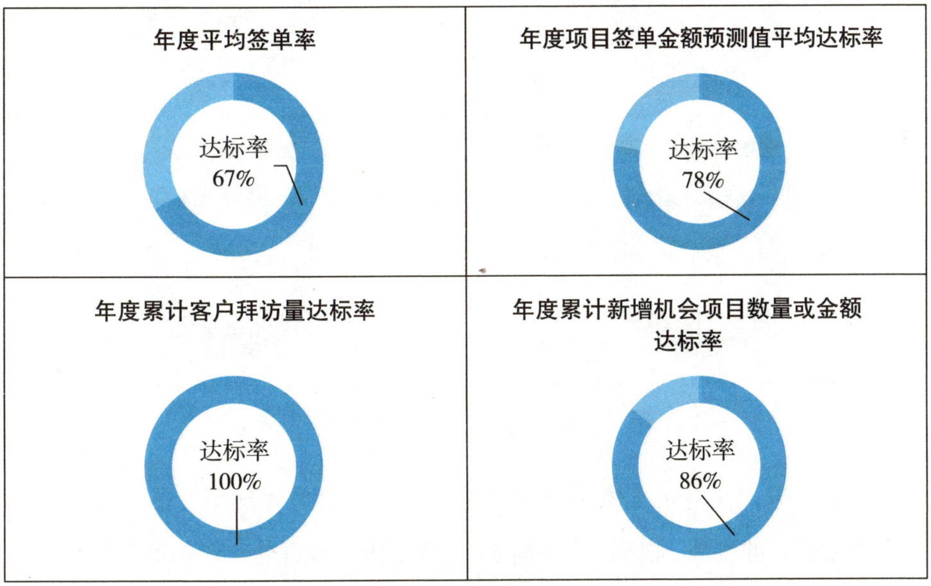

图 4-18　员工甲的日常工作分项考核评估示意图

业绩考核达标率是以运营、财务等部门统计的结果为依据的客观业绩数据，一般这些数据为合同金额达标率、发货金额达标率、利润率达标率、销售费用控制率、应收账款达标率，等等，同样可以得到员工甲的业绩分项考核百分比评估值和与之对应的业绩分项考核图。

表 4-15　员工甲的业绩考核百分比评估值

	达标率	权重	总达标占比
合同金额达标率	90%	25%	22.50%
发货金额达标率	75%	25%	18.75%
销售费用达标率	95%	25%	23.75%
回款达标率	96%	25%	24.00%
业绩考核百分比评估值			89.00%

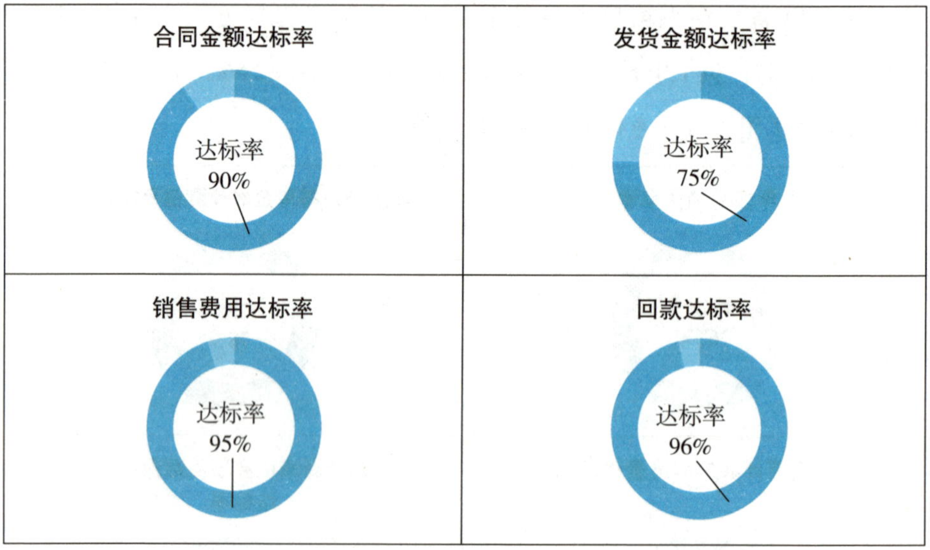

图 4-19　员工甲的业绩分项考核示意图

长期以来，在对员工做出全面评估方面，一直是管理层、员工、人事部门等各方面临的挑战。根据表4-14的“日常工作考核百分比评估值”和表4-15的“业绩考核百分比评估值”，可以得到员工甲在日常工作与业绩考核散点图上的定位（图 4-20）。“日常工作 / 业绩考核”散点图，提供了一种量化的评估方法。

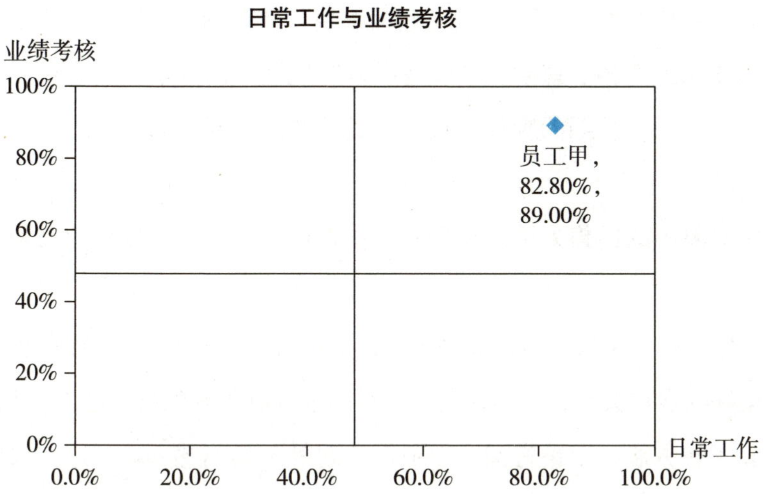

图 4–20　员工甲在日常工作与业绩考核散点图上的定位示意图

如果我们将每位员工的定位放到一张员工“日常工作 / 业绩考核”散点图上，就获得了以数据为依据的对每个员工的定位。

图 4–21 定位了每位员工在公司统一的考核体系中的位置，同时直观地显示了员工在哪些方面存在不足。这就为员工自身改善和管理者帮助其改善提供了明确的方向。保留不同时期的数据，我们可以对比改善的结果，观察员工的变化。

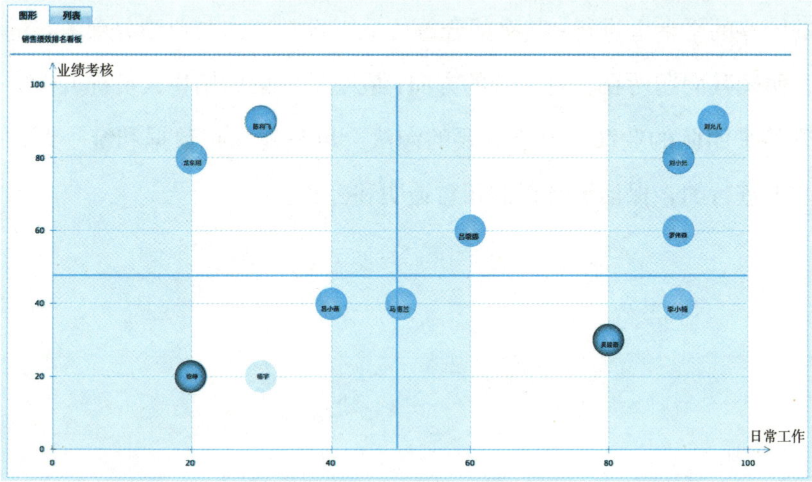

图 4–21　员工“日常工作 / 业绩考核”散点示意图

在员工管理方面，“日常工作 / 业绩考核”散点图是将所有员工放在同一数据考核体系上考核、评判，既改变了以往凭感觉的考核，也避免了考核标准不统一的问题。长期的管理实践中，我们看到不同象限的员工大致有如下的特点。

第一象限中的销售人员，在日常工作管理与业绩都比较好，这是我们期望中的员工。

第二象限中的销售人员，业绩不错，但对日常管理有种种微词；他们有经验，有很好的客户关系，对销售机会项目的进程有很好的把控能力；他们有自己的一套工作方法，对销售漏斗、工作计划等工具不感兴趣。这些人以老员工为多。

第三象限中的销售人员，日常管理与业绩均在 50% 以下，如果长期不改进，就是末位淘汰的对象。

第四象限中的销售人员，日常工作很努力，但他们往往是在客户访问量和新机会项目方面表现不错，但在销售预测达标率和签单率方面得分较低，因此业绩较差。这种情况多出现在新销售人员身上。

我们建立这种评估的方法，首先是要将销售人员的评估建立在以数据为基础的统一的平台上进行；其次配合每位员工日常工作与业绩分项考核的评估数据，明确其问题所在，有改善的方向；最终是要帮助销售人员提升能力，从而提升整个团队的业绩。至于必要的淘汰，也是建立在数据和统一评估平台基础之上进行的，保证了过程的相对透明和公正。

第九节　销售漏斗使用有效性的重要观察窗口

一般来讲，每个月销售订单的构成是检验销售漏斗使用、运行和有效性的一个重要的观察窗口。每个月接到的销售订单大致由三方面构成：

来自销售漏斗中预计当月要签单的项目；

来自销售漏斗但不在当月预计要签单的项目；

销售漏斗以外的项目。

三种情况都是销售过程中的正常现象，长期跟踪统计可以得到销售订单的动态分布率，它们会形成一个相对稳定的比例关系。

在正常情况下，我们做销售预测时，这个数据为我们提供了参考值。我们可以估计销售漏斗中预计当月要签单项目的金额；同时可以根据销售订单的动态分布率，估计来自销售漏斗但不在当月预计要签单项目的订单金额，以及销售漏斗以外的订单金额。上述三项金额之和就是预计的签单金额，它是一个参考值，帮我们从另一维度验证销售预测。这种模式在有配件或耗材的销售业务中是非常有价值的，因为许多配件或耗材项目没有进入销售漏斗，但每个月的销售中会有一个稳定的销售额。

销售订单的动态分布率，还有一项重要的功能——反映销售漏斗的使用状况和有效性问题。我们知道销售订单是由三部分项目构成，这三者之间应该保持一个合理的比例关系。在能够达成一个周期（如一个季度）订单任务的情况下，如果来自销售漏斗中预计当月要签单项目的成单比例过低，说明销售漏斗在实际应用中存在问题。

一种情况是，销售漏斗中预计当月要签单项目过少（甚至整个销售漏斗中机会项目少），明显不足以支撑销售目标，但是目标又能达成。这种情况说明在销售工作中，存在销售业务是销售业务，销售漏斗是销售漏斗，销售漏斗这一工具没有被真正使用。这是销售漏斗使用中普遍存在的现象。

另一种情况是，销售漏斗中预计当月要签单机会项目足够多，但对当月订单的贡献率很低。这种情况说明销售人员在机会项目把控、判断和签单能力方面需要提升。

某公司在推广使用销售漏斗初期，每个月都可以完成订单目标，但是依据第三章介绍的签单率分析签单能力时，发现当月预测签单项目很多，但实际签单率很低，不到 15%。这使得大家对销售漏斗的有效性产生了怀疑。

在进行销售漏斗应用检查回顾时，做了订单动态分布率统计。统计结果发现：

过去三个月，销售漏斗中预计当月要签单项目对当月订单的贡献是 30% 左右；

销售漏斗中非预计当月要签单项目对当月订单的贡献是 50% 左右；

销售漏斗以外的签单额对当月订单的贡献为 20% 左右。

从中可以看到后两项占了当月订单的 70% 左右，这给备货和后续的发货带来了很大的困扰，而依据销售漏斗的数据做销售预测也就失去了意义。

针对上述情况，做了近一个时期（半年）的订单构成分析，证明每个月销售漏斗以外的订单额都保持在当月订单额的 20%~25% 的水平，这些订单都是配件和耗材类产品，一般没有录入销售漏斗，这是一个合理的水平。

问题在于，销售漏斗中预计当月签单项目金额是当月销售目标的两倍以上，足以支撑实现当月的订单目标，但是实际对当月订单额的贡献却只有

30% 左右，也就是说签单率只有 15%；而与之对应的是销售漏斗中非预计当月要签单项目，对当月订单的贡献却高达 50%。这种当月预计签单项目高而贡献率低的现象，意味着销售漏斗失去了应有的有效性。

通过问卷调查和重点案例分析，发现主要结症在于：

1. 员工存在敷衍应付的问题。某些销售人员对使用销售漏斗颇有微词，因为领导要求，当月销售漏斗中的项目值是当月销售目标的 1.5 倍以上。因此一些销售人员就先将“数”凑够。他们有一种想法，与其月初就因为“数”不够让领导批评，不如月初先把“数”凑够了，月底如果完不成任务，也只批评我一次。这种情况下，销售漏斗根本就没有真正使用——使用问题。

2. 销售人员对项目的进程把握不住，不敢确定签单时间——能力问题。

3. 销售人员怕领导催单，不愿将近期要签单项目展现出来，因此将预计签单时间尽量推迟。他们认为，预测低、签单高，总比预测高、签单低好——意愿问题。

……

这些问题是销售漏斗使用过程中普遍存在的问题。

该公司针对上述情况制定了一年内销售漏斗中预计当月签单项目金额对当月订单的贡献率要达到 60% 的改善目标。实现这个目标就是用好销售漏斗这一工具的过程，是提升销售漏斗有效性的过程。

从销售订单的构成看，销售漏斗中预计当月签单项目的贡献率，是销售漏斗有效性的一个重要的观察窗口。通过不定期的抽查，可以从对销售业绩贡献率的角度，也就是从销售漏斗在实际销售工作中有效性的方面，及时发现使用中的问题，并加以解决。

第十节　运用销售漏斗的核心理念调整工作重心

在销售漏斗的核心理念中，“根据客户的工作进程，确定项目的进展阶段，从而安排销售工作”的理念是最重要的理念，这个理念的关键就是一切从客户的工作进程出发，规划我们对应的销售工作。这个理念讲起来很容易，但实践过程中往往又回到以销售人员自己的视角去想问题，因此任何一个想用好销售漏斗的团队，无论在讨论项目进程、安排工作计划还是在预测订单签订等方面，都要在这一点上下功夫，形成思考问题的模式。

某建筑装修工程公司（简称F公司）当时有七个国家级建筑工程施工资质（其中三个一级、三个二级、一个三级），这些资质集中在土建施工后的内装修工程和设备安装施工，以及现有建筑的内装修工程和设备改造施工等。他们也想使用销售漏斗来管理项目和销售人员的工作。在这方面，我和我的团队毫无经验可谈，在我们想象中这是不可能的。

2017年，经过对F公司日常工作观察，我们发现，因为需要建筑工程施工资质，销售人员每天都会接到与F公司合作参与投标、承接项目的邀约，销售人员每天都在做标书、投标。那么中标率如何呢？只有10%左右。也就是说全年两百多个工作日，几乎每天都在投标，到头来只有20几个项目中标。这些邀约，有的是向他们提供项目信息，有的是要与他们共同参与投标，所有信息到他们这里时，要么是不确切的，要么是已失去了竞争时机或优势的。

针对F公司的业务是土建施工后的内装修工程和设备安装施工，以及现有建筑的内装修工程和设备改造施工的情况，我们以业主（甲方）的角色，对内装修工程和设备安装项目，以及现有建筑的内装修工程与设备改造项目的工作进程做了推演。推演发现，业主（甲方）推进这些项目过程，与我们熟悉的其他项目的推进过程有着极为相似的项目阶段划分，而每个项目阶段也是有迹可循的，乙方工作同样要以应对甲方客户的工作阶段展开。表4–16就是我们当时做出的推演。

从表中可以看到，内装修工程和设备安装项目，以及现有建筑的内装修工程与设备改造项目的工作进程也有项目启动、初步方案设计、方案审批、项目招标、合同谈判、项目签约的过程。在这些过程中，项目启动会因为各个项目的不同，启动时间、持续时间等不同，但都要经历这一过程，都有迹可循。

以前F公司的投标中标率低，和项目介入时间和阶段有关。一般情况下，合作伙伴找到F公司，或F公司通过招标公告了解到项目时，已是项目进入招标阶段。此时，缺少对项目的了解，仅凭一纸标书，只能被动地应对，或比拼价格，谈不上依据对项目详细信息的了解、合作伙伴的配合……做出整体把控决策。

针对这种情况，F公司总经理做出了一个决策：销售人员要跑工地，了解各个项目的真实信息，从项目启动阶段就介入，展开工作。此决定对习惯于在办公室等项目的销售人员来讲，是巨大的挑战。开始他们根本不知道如何与甲方建立联系，更不要说开展工作了。几个月下来，他们的信心受到极大的挫折。

此时，F公司总经理没有动摇，他一方面组织团建活动，锻炼团队与人交往的能力；设置各种场景，锻炼团队人员的生存能力。另一方面，具体指导帮助销售人员拓展业务，包括和他们一起拜访客户、总结分析各种信息、制定不同客户的销售策略。逐渐地这些工作的效果开始显现，他们对每个项目进展状况的把控有了质的变化，在项目进展的每个阶段，都针对性地做了对应的工作。在招投标时变得更主动了；当有伙伴邀约投标时，他们也能做到心中

表 4–16　F 建筑装修公司承揽工程项目进展阶段分析

甲方内装修工程 / 设备安装项目选择施工单位流程（由销售团队描述定义）	启动内装修工程 / 设备安装项目	内装修工程 / 设备安装方案初步设计	确定内装修工程 / 设备安装方案	招标选择施工单位和设备供应商	承包合同签订过程	签订合同
客户在每个管理过程的工作内容	根据整体项目进程，适时启动内装修工程 / 设备安装项目： 1. 确定项目负责人 2. 确定项目的实施范围 3. 确定项目的实施预算 4. 确定项目的实施周期 5. 确定项目的验收标准	根据项目启动确定的实施范围、预算、周期、质量标准： 1. 确定子项目负责人 2. 接触设备供应商和施工单位 3. 分配各子项目预算 4. 调研工程方案和编制进度表	在前期调研、设计的基础上，决策层审查各上报方案： 1. 确定各子项目设计和技术方案 2. 确定各子项目实施预算 3. 确定各子项目实施时间	根据确定的方案，组织工程招标和设备采购招标： 1. 确定招标代理 2. 确定招标文件 3. 发出投标邀请 4. 确定评标人 5. 质询、评标 6. 确定结果、公示	根据招标结果，与中标单位进行商务谈判： 1. 合同条款商谈 2. 合同准备 3. 合规审查	1. 正式签订合同 2. 项目进入合同执行施工阶段
哪些信息可以印证客户所处的管理过程	1. 土地拍卖信息 2. 新大楼施工 3. 拆迁改造项目 4. 相关行业网站发布的信息 5. 各地市公共资源交易中心 6. 其他人介绍的项目信息	1. 土建招标信息，提供工程进展信息 2. 建筑施工进行顺畅 3. 土建工程进入封顶阶段 4. 甲方主动联系我们 5. 设计方主动联系我们 6. 设备厂商主动联系我们	1. 技术方案确定 2. 提出预算要求，工期要求 3. 要求考察成功案例 4. 有设计方要求我们配合做详细方案 5. 合作伙伴提供的进展信息 6. 甲方发布的信息	1. 网上招标公告信息 2. 从第三方获得的信息（招标代理公司、公共资源交易中心、设备厂商等） 3. 合作伙伴提出合作投标邀请 4. 甲方发布信息	1. 中标公示 2. 发出中标通知书，邀请中标单位进行合同签订工作 3. 就关键条款（工期、付款方式、验收等）与中标单位做进一步确认	通知乙方或代理签合同

续表

哪些信息可以印证客户所处的管理过程	7. 设备厂家（如安防生产厂家）提供的信息 8. 设计院网站上的信息 9. 客户主动了解信息 10. 政府发布的信息 11. 楼盘发布的广告	7. 合作伙伴提供信息 8. 土建方联系我们	7. 从竞争对手处获得的信息 8. 从第三方获得的信息 9. 销售人员去现场了解到的项目进度			
针对客户每个管理过程的工作内容，我方对应的销售工作内容 （包括与代理商共同采取的活动）	1. 关键人信息收集 2. 项目信息收集（范围、预算、时间） 3. 了解设计方 4. 关注总包方、关注代理公司 5. 销售人员去现场了解项目进度	1. 与子项目负责人建立深入联系 2. 初步接触决策者、了解项目团队信息 3. 技术分析、提供初步方案及预算 4. 向业主单位（甲方）介绍公司过往业绩 5. 收集竞争对手信息，及时调整方案和预算 6. 寻找合作伙伴 7. 销售人员去现场了解项目进度	1. 与子项目决策人建立深入联系、与项目团队建立深入联系 2. 分析竞争对手的情况，准备有竞争力的方案 3. 提供符合客户需求的实施方案（技术、预算、时间） 4. 调整我方的方案（技术、商务、工期），以符合甲方要求，并得到认可	1. 单独或与合作伙伴参加投标、准备投标文件、标书答疑 2. 与招标代理、公共资源中心、监督部门、评标小组成员保持适度接触 3. 关注招标进程，对评标结果准备答辩或质询	确认中标后： 1. 商谈合同条款（内容、价格、交工期、付款、违约、诉讼等） 2. 准备合同、审查合同（法律、财务、工程） 3. 跟踪合同审批进程 4. 配合合作伙伴签订合同 确认未中标，决定是否要提出质询，总结失败原因	1. 签订合同，合同签订阶段工作结束 2. 合同转施工部门，进入执行阶段工作
项目进展阶段	10%	30%	50%	70%	90%	100%

有数，从而大大提高了中标率。

表 4–17 F 公司 2016—2019 年投标中标率变化

年度	投标数量	合同数量	中标率	项目总金额
2016 年度	216	22	10%	5,150 万元
2017 年度	182	27	15%	11,343 万元
2018 年度	140	54	39%	14,770 万元
2019 年度	176	71	40%	10,887 万元

从表 4–17 可以看到：（项目总金额与招投标项目的大小有关，无法做比较，这里列出做参考。）

以 2016 年为参考点，投标 216 项，中标 22 项，中标率 10%；

2017 年改变的当年，投标 182 项，中标 27 项，中标率为 15%，中标率提高了 5%；

2018 年改变的第二年，投标 140 项，中标 54 项，中标率为 39%，中标率比 2017 年提高了 24%；

2019 年改变的第三年，投标 176 项，中标 71 项，中标率保持在 40%……

从上述数字可以看到明显的变化。

在和销售人员交流中，他们反映，以前是应邀约去参与投标，往往只对总项目中的某一子项目投标；现在由于在项目前期做了大量工作，他们对项目的整体情况，业主（甲方）要求，各方面关系的协调，合作伙伴的选择，等等都做到心中有数，在参与投标时变得主动了；在不少项目中发挥自己具有多种建筑施工资质的优势，对一个大项目的不同子项目做组合投标，从而获得了更多的子项目中标的机会。随着公司的发展，现在 F 公司获得的国家建筑工程施工资质也从原来的七个增加到十四个（其中六个一级、三个二级、五个三级），销售人员工作起来更有信心了。

本章收集了从使用 Excel 销售漏斗到使用网络版本销售漏斗过程中的案例，同时梳理了使用过程中的一些概念。销售漏斗首先是帮助销售人员自我管理的有效工具，也是销售团队管理业务的有效工具。随着更多销售人员和团队正确地使用这一工具，并在使用过程中受益，会总结出更多的应用案例。本章只是对案例总结起了个头，相信随着销售漏斗的发展和应用越来越广泛，各种案例会不断涌现，会越来越丰富，反过来会推动销售漏斗的使用。

第五章

决定销售漏斗成败的基础、关键与有效性因素

在多年使用与研究销售漏斗的过程中，总结成功的经验和失败的教训，发现每个公司使用销售漏斗的成败与三个层面参与者的定位和行为密切相关：

销售人员真正愿意使用，是销售漏斗建立的基础。

营销主管当好伙伴教练，是销售漏斗实施的关键。

领导层决心和使用方法，决定销售漏斗的有效性。

从建立和使用顺序来讲，销售漏斗是沿着“销售人员—营销主管—领导层”这样一个顺序进行的。但在实际使用过程中，影响销售漏斗成败的则正好是反过来，是沿着“领导层—营销主管—销售人员”层层向下传递的。

2014 年 3 月在某集团公司年会上，讨论销售漏斗应用的讲台边，某分公司的领导提出一个问题：“老师，为什么我们公司的销售漏斗中，原来今年要签单的项目，从原来分布在各个月份一下子都推迟到今年十二月去了？”

我说：“不光推迟到今年十二月吧？还有不少推迟到明年十二月去了吧？”

他吃惊地看着我：“您怎么知道？”

“你是凭销售漏斗中的数据分配今年的任务了吧？”

“您怎么知道的？”

“如果我是销售，我也这么做！你根据销售漏斗的数据分配任务，谁还愿意填写？”

“……”

像这样的案例是最普遍的，许多使用者都经历过。因此，搞清楚销售漏斗数据采集与其他数据采集的不同，从销售漏斗的定位——“首先是销售人员自我管理的工具”和“帮助销售人员提升自我管理能力的工具”出发，建立正确的理念和使用方法是本书一再强调的。

第一节　成功使用销售漏斗的三个条件：工具、理念和组织体系

笔者接触过大量销售人员和销售管理者，他们都根据自己的经历，对销售漏斗的使用有着强烈的质疑或微词。

销售人员认为这个工具是给自己增加了工作负担，费力不讨好。他们经常以 Excel 表输入不方便（在用 Excel 表格销售漏斗时代）、网速慢、更新一条信息要很长时间等理由推脱。（我们只是反映实践中遇到的问题，并不否认实际存在的问题，也不否认软件设计的问题。）

而基层管理者则认为数据的可靠性不高，他们一方面要销售人员继续填写，另一方面心里又有一本账，以此来管理业务。

高层管理者则是有时间去看一看，需要数据时找一找，需要业绩时，据此落实订单项目，甚至对使用中暴露的一些问题，制定出对员工的惩罚性措施（因为公司花了很大的人力物力，才建立起了系统。）。

毋庸置疑，一家公司使用什么管理工具来管理业务，特别是销售业务，管理层最关注的是两点：

这个工具是否可以对提升业绩有帮助；

是否有助于了解每个员工的工作状况。

许多软件在介绍时，都展示了对这两个关注点的强大功能和成功案例。但应用下来，又往往不尽如人意，甚至半途而废。究其原因，既有软件设计者本身没搞清销售漏斗与其他工具的差异性，不懂销售和销售规律，只是根据管理者的要求设计软件的问题；又有使用者方面，对使用者主体，以及针对使用者主体和各个层级管理者的角色定位的问题。综合两个方面，关键是建立和使用销售漏斗的定位不清楚。

本书在第一章和第二章分别介绍了销售漏斗的数据采集（录入）者，就是业务当事者；而销售漏斗是对动态销售过程的管理，与其他软件不同，它涉及了多方面因素以及销售人员对事物的主观判断。上述两方面因素，就决定了销售漏斗不同使用者间的定位问题，以及所有数据带有的主观性、不确定性的特点。不能充分理解这些特点，清晰定位销售漏斗这个工具和各方面使用者的角色，往往造成业务人员与管理人员间的矛盾（销售人员一方面作为数据提供者，另一方面又往往成为被挑战者和被批评者，因此心理上有抵触情绪，行动上被动应付。），使得这一工具往往是半途而废，或处于“名存实亡”的状态。

因此，销售漏斗是否能够发挥各方面期望的强大功能，取决于三个条件：

专业的销售漏斗工具、正确的使用理念和使用销售漏斗的组织体系。下面就这三个条件做进一步讨论。

一、专业的销售漏斗工具

简单、实用、有助于使用者管理自己的业务，是工具的生命力所在，销售漏斗这个工具也不例外。然而现在有一种现象，一提到销售漏斗，许多管理者立刻想到的是要有功能如何强大的软件，要能够与公司所使用的软件兼容；他们评价一款软件的标准是自己想要的数据是否能够立即提供，而忽略了销售工作的内在规律，以及对销售业务管理而存在的、销售漏斗软件内在的属性和应用范畴；忽略了销售漏斗与其他软件工具应用领域的差异性，使得软件设计越来越复杂，关联的内容越来越多，甚至还要建立一个应用软件开发设计团队，不断地开发新的应用程序，而这些程序可能仅仅就是为一次数据钻取，使用一两次而已。

所谓专业的销售漏斗工具，要专注于对（销售机会项目的）销售过程的管理，从销售机会项目的管理入手，帮助企业管理营销业务。

所谓专业的销售漏斗工具，要符合销售实践的规律，可以对销售人员和团队的能力进行动态分析，指明其改进方向，帮助销售人员和团队提升能力。

所谓专业的销售漏斗工具，要为管理者掌握一段时间内（比如一个季度、半年、一年）的业务趋势，提供销售业务、市场、产品分布等数据和简洁标准的数据呈现模型，成为管理和决策的依据。

……

其实，正如杰克·韦尔奇先生讲的，“世上没有什么绝对真理和管理秘籍，最直接、最简单的管理办法，往往才是最有效的管理方法”。销售漏斗是一个工具，简单、易用，符合这个工具的属性和应用领域才是其生命力所在。

有个朋友告诉我，某某系统很好，某个公司有5000人在用，希望我了解、评价一下该系统，并给出他们是否可以采用的建议。我当场拒绝了，并建议他们先了解几个与销售漏斗理念相关的问题，再结合自己的业务实际做判断：

是有5000名销售人员每天在用吗？

是在做（销售机会项目的）销售过程管理吗？

有对销售业务做分析的数据呈现模型吗？

……

如果是5000名销售人员在用，按照每人、每天使用10分钟计算，将是5万分钟，也就是830多小时（是近35天，103个工作日）……

任何一个工具的使用都是有使用成本的，这是许多管理者深知的道理。当业务规模不大的时候，他们认为没有必要使用专业软件工具，只要用Excel

表格形式的工具管理即可；随着自己的业务规模扩展，他们会选择使用与业务规模相匹配的软件工具进行管理。但是某些管理者一提到管理，就希望有一个工具，涉及的范围越广越好，全公司方方面面都可以在上面找到所要的数据，甚至认为有了工具就能做好销售业务。这种大而全的模式，违反了销售工作的规律，往往带来的是适得其反的效果。

这里无意讨论营销管理工具的优劣问题，只是提醒读者，适合自己企业规模和发展阶段的，就是最好的！因为任何工具的使用都是有管理成本的，包括投资、人员、时间成本！

二、正确的使用理念

“销售漏斗首先是销售人员自我管理和帮助销售人员提升自我管理能力的工具”的理念，从销售人员和管理者两方面对销售漏斗的作用给予了明确的定位。这不是忽视销售漏斗这一工具对提升公司业绩的功能和作用，恰恰是抓住了公司销售业绩的提升是依靠每个销售人员和团队能力提升实现的这一关键。

在实践中可以看到，管理者总希望了解销售人员在做什么，这是可以理解的。但问题在于：了解销售人员在做什么的目的是什么？其实，管理者无非是希望销售人员把工作时间充分地用在与客户交流，实现销售业绩目标上。从时间管理和使用有效性这一点出发，我们可以看到管理者与销售人员（或团队）在关注销售人员时间管理上是一致的。

因为，销售人员做市场分析、拜访客户、做报价、做技术交流、处理客户投诉，等等，可以统称为销售人员的“销售活动”；做这些“销售活动”的效果，应该体现在销售机会项目被有节奏地推进和实现签单之中。从销售人员是否可以做到按照公司业绩目标，有节奏地推进销售机会项目和平滑地实现签单，可以判断销售人员所进行的“销售活动”是否有效，是否存在能力问题。由此可以理解，关注销售人员如何进行时间管理，不是看他们是否安排得“满”与“不满”，而是关注销售人员是否有效地安排和使用工作时间，围绕着公司业绩目标，落实到销售机会项目实现签单、实现销售业绩之上。

在辅导某公司销售漏斗使用过程中，想了解一下销售人员是如何安排“销售活动”的。在“明天、下周（未来）”的“销售活动”安排中，没有任何信息；但是选择“昨天、上周（过去）”的“销售活动”安排，里面信息满满，当时感到非常困惑。进入具体的、过去的“销售活动”中发现了问题，系统记录的每条活动的录入时间都是在当天晚上 20:00–22:00。问题一下就清楚了，原来这个销售团队都是事后（每晚）填写活动，以说明“我的时间安排得很满”，应付管理层的查看，也是通过这种方式告诉管理者“我很努力”。

我们不反对事后记录工作情况，但我们更强调要根据每个项目的进程，主动地思考、安排相应的“销售活动”，这才是我们关注“销售人员在做什么？”的本意；我们更希望看到的是销售人员努力的结果！在这些活动记录中，我们恰恰看不到每个活动与销售机会项目之间相关联的逻辑关系，以及进行这些工作（或活动）后销售机会项目的新进展；更看不到对未来的时间安排和工作内容的安排。这样销售漏斗就起不到在时间管理与项目管理方面成为销售人员得力工具的作用。

和单纯要求销售人员每天填写时间报表相比，以销售机会项目的推进为中心，关注销售人员的、与销售机会项目相关联的“销售活动”安排，考核销售人员时间安排和行动的有效性，才是营销管理的关键。因此，销售人员的时间管理与项目管理之间的关系，是销售漏斗使用中要特别关注的一项关键内容；正如我们在第一章中所讨论的，销售人员的自我管理能力体现在“对自己的时间管理和对自己业务范围内工作的管理”之上，将时间管理与项目管理有机结合，也就在企业管理者与销售漏斗使用者（销售人员）之间建立起统一的管理理念基础，有利于销售漏斗的使用。

三、使用销售漏斗的组织体系

在以往的实践中，销售漏斗使用不成功的案例比比皆是，观察这些案例，发现一个具有普遍性的问题——大多数企业是让 IT 的人，按照管理信息系统的模式来管理销售漏斗；即便是销售助理，也不懂得销售漏斗的原理，仅仅是收集数据提供给管理层使用。这种情况就会造成，没有区分销售漏斗与营销管理中被广泛使用的 ERP、CRM 等工具的差别，没有理解销售漏斗是销售过程管理的工具，没有把它作为优化营销管理和提升销售人员的自我管理能力的工具来使用。这些企业往往是将使用销售漏斗的工作布置下去，让销售人员自己使用起来，有问题就让 IT 的人员从技术层面帮忙处理，到头来工具的使用不了了之。

因此，没有一个懂得销售漏斗这个工具的属性、数据分析模型的意义，特别是懂得销售业务的管理人员——既真正理解这个工具，又有一定职能权力的人——去指导、推动和保证这个工具的使用，成为销售漏斗使用不成功的症结所在。

我们说："营销主管当好伙伴教练，是销售漏斗实施的关键"，更多的是要求营销主管们表明一种态度。营销主管们工作很多，实际工作中具体研究销售漏斗工具的时间和精力少之又少；在营销主管之下，设置销售漏斗使用督导经理（兼职），在基层销售团队培养销售漏斗的超级使用者（Super User），这样在营销团队中建立起销售漏斗使用的组织保证体系，是弥补这一缺陷的有效措施，如图 5-1 所示。

我们强调销售漏斗使用的组织保证体系的重要性，是因为，如果一个营销组织：

没有真正理解销售漏斗的属性，掌握使用方法；

没有能够区分营销团队各种常用工具（CRM、Funnel、ERP 等）的适用范围，分别组织有效使用的体系；

没有将上述工具中的数据有机结合使用，构成营销管理的组合数据系统

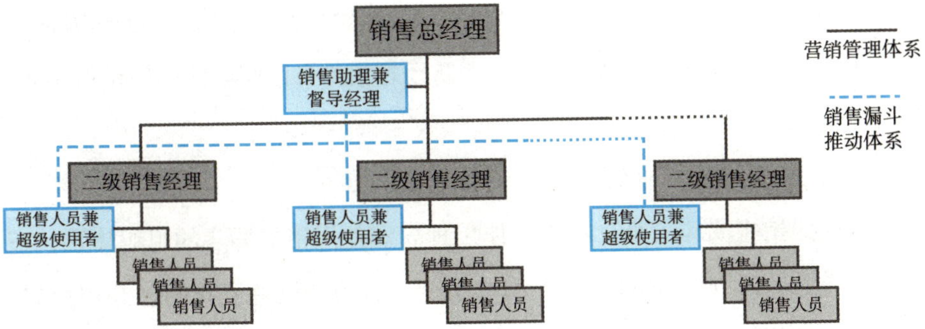

图 5-1 营销体系与销售漏斗推动体系示意图

的能力；

……

总之，没有强有力的执行力，只是简单地布置一下使用销售漏斗，则无一不以失败告终。

销售漏斗使用督导经理（兼职）的职责，既是营销主管们的参谋，他们要运用销售漏斗中的数据信息，给营销主管们（甚至公司高层）提供营销管理建议，又是将销售漏斗正确使用方法传导到每位基层销售经理和销售人员，监督团队有效使用销售漏斗工具的指导者和监督者。他们应被赋予职责，对认真使用销售漏斗工具的团队和个人给予表扬；对不认真者，并在多次指导、帮助下仍不改进的个人和团队给予批评，甚至汇报给营销主管，计入年终考核的不达标项。

选择什么样的人做销售漏斗使用督导经理？他们是既经过销售漏斗工具使用专门培训（或对这一工具的属性、使用方法等做过深入学习和实践），了解销售业务，又具有指导培训销售人员能力的管理人员。他们要以自己在销售漏斗方面的知识和对营销工作的管理能力，促进员工与管理层之间的关系，最终推动员工的日常工作行为与公司战略方向一致，实现营销业绩的提升。

销售漏斗超级使用者来自基层销售人员，他们首先是销售漏斗工具的优秀使用者，同时是销售漏斗使用督导经理在基层团队的联络员。他们要及时将营销主管和督导经理的要求，以及系统应用的信息传达给团队，是一线销售团队的销售漏斗使用辅导员；又是将大家使用销售漏斗中遇到的问题及时反馈上去的联络员。他们协助一线销售团队经理指导自己团队使用好销售漏斗，提升业绩水平。

专业的销售漏斗工具、正确的使用理念和使用销售漏斗的组织体系，三者缺一不可！关于销售漏斗的架构、功能、应用等议题，我们已经用第二、三两章的篇幅做了详细的介绍，第四章又以应用案例介绍了销售漏斗帮助销售人员提升能力，最终实现业绩提升的理念。下面将着重讨论销售管理者在销售实践中的角色。

第二节 销售管理的风格与销售漏斗

谈“管理”，题目太大，并且离我们所谈的销售漏斗也很远。因此，我们围绕着销售实践谈谈销售管理。

销售管理者包括销售团队中不同销售层级的管理者，直至企业的领导，因为销售团队是他（她）领导的一部分。针对销售队伍的管理，笔者和许多不同层级的管理者有过交流，归纳起来有几种风格（这里称之为风格，是侧重于关注实践行为，以区别大师们的理论）。

一位业界很有威望的职业经理人谈到他的困惑时，感叹现在一切看数据，人文关怀少了。史蒂芬·柯维先生在他的《高效能人士的第八个习惯》中指出，“七个习惯回答了时代的中心挑战，而第八个习惯是找到你自己的心声并激励他人去寻找他们的心声。”① 史蒂芬·柯维认为：“管理和领导同等重要，只强调其中的一个而忽略另外一个都不能取得想要的效率。”② 因此一个管理者也应该是一个领导者，要激励他人去寻找他们的心声。这位很有威望的经理有时间就会和员工做简短的交流，了解他们的近况。许多员工甚至代理商都愿意

---

① 史蒂芬·柯维. 高效能人士的第八个习惯［M］. 北京：中国青年出版社，2010.
② 史蒂芬·柯维. 高效能人士的第八个习惯［M］. 北京：中国青年出版社，2010.

和他谈谈工作、生活中遇到的问题，青年员工都把他当作可敬的长者。他在员工和代理商中有很高的威望。

这种威望来自正直、向上、尊重，充满力量，又充满温情；在工作中这样的领导会与员工共同面对挑战，有困难和问题一起面对、一起去解决，有责任一起承担。这种团队领导有一种共同的特质——人格魅力。

当今，在如此激烈的竞争环境和各方面压力下（包括工作、生活、社会竞争等各方面的压力），企业的管理者不可能解决员工面对的所有问题；但是，如何发掘员工的“动力因素”[①]，帮助他（她）在工作中取得好的业绩，从而使企业健康成长，无疑是管理者的责任，也是一种领导艺术。

风格一，人文关怀、激发员工激情的管理——艺术

笔者最初在一家世界著名的电子仪器公司从事销售工作，1998 年这家公司被并购了。面对全新的管理风格——一切从数据出发，以数据结果为导向的工作模式，让人感到非常不适应。这里不接受我们习惯的“没有功劳有苦劳”的想法，完成与完不成任务都要面对数据被问几个“为什么”，直到找到“根本原因”。数字是没有情感因素的，有时真的被问得要崩溃了。但是，当你坚持下来，慢慢地发现，这种以数据为依据思考问题的模式和相应的方法，在面对纷繁的事物和激烈的竞争时，少了一些主观和“大概”“可能”“差不多”的模糊思维，多了一些客观、逻辑和真相；据此制订行动的计划和解决方案，更符合实际，更能针对“根本原因”解决问题，从而减少了盲目性。

当思维模式改变了，对数字的感觉也变了。看似无声的数据，其中隐含着许许多多的信息，如何将这些看似纷繁、相对独立的信息组织起来，找出

---

① 弗雷德里克·赫茨伯格，伯纳德·莫斯纳．赫茨伯格的双因素理论（修订版）[M]．张湛，译．北京：中国人民大学出版社，2016.

中间的相互关系，从而揭示问题的根本原因，确定解决的办法，的确是一件很有趣的事。现在也理解了，为什么我后来服务了 17 年的这家公司（从被并购算起）能够成为世界上增长最快的公司之一。

风格二，以事实为依据、数据做基础的管理——科学

在和一位资深职业经理人讨论管理时，笔者谈了“艺术 + 科学 = 管理”的认知。他曾经在军队中服过役，他问我：“军队战斗力和管理的关系是什么？”

“……”

“军队的战斗力来自步调一致，这种步调一致，来自行为习惯的培养和严格的流程管理。”

他的提醒引起我的思考，德鲁克、柯维等许多管理学大师都有关于习惯养成的论述；而经典的“精益管理”是实践证明成功的理念和方法，它的核心就是在实践过程中通过不断地“改善”，剔除过程中的浪费，并以标准流程的形式固定下来，让每个员工的行为形成习惯。

谈到销售管理，人们首先想到的是销售过程的复杂性、影响因素的多样性……造成最终结果的不确定性；但是，人们往往忽略了销售人员在这一过程中的主动因素。由于是销售人员要面对销售过程，掌控这一过程中存在的种种不确定因素，因此销售人员的主观能动性就至关重要了。如何帮助销售人员和销售团队，在时间管理方面养成良好的习惯；在销售机会项目管理、销售状况分析方面，根据自身业务的特点（或规律）建立有效的分析模型和流程，比如，第二章介绍的“项目进展阶段”的建立，第三章介绍的建立数据呈现模型和第四章介绍的基础数据综合呈现模型的应用，将看似带有个性的、销售人员的具体行为和每个具体销售项目的特殊过程，变成一种行为习惯、工作流程和分析方法，这是销售管理者在管理中要实践的重要内容——建立流

程，帮助销售人员养成自我管理的良好习惯。

风格三，建立标准流程、规范行为习惯的管理——习惯养成

至此，这样理解销售管理的风格才比较完整：

销售管理 = 艺术 + 科学 + 习惯养成

在与许多营销业务管理者的交往过程或共同工作中，笔者有意识地对他们的日常管理的行为方式进行了跟踪观察，对照他们的管理风格和所领导团队的业绩，发现比较成功的营销业务管理者，大多具有“艺术 + 科学 + 习惯养成”的管理风格，尽管许多人所具有的这种风格并不一定是有意识地培养出来的。

销售漏斗是销售管理的重要工具，在长期使用和研究销售漏斗的实践中，发现这个工具具有“艺术、科学和习惯养成”的要素，也可以作为营销业务管理者培养集“艺术、科学、习惯养成”为一体的销售管理风格的工具之一。

销售漏斗的定位——“首先是销售人员自我管理和帮助销售人员提升自我管理能力的工具”，这既是销售漏斗性质所决定的，也体现了销售漏斗使用过程中应遵循的出发点和落脚点。在销售漏斗的使用过程中，通过工具提供的能力数据和管理数据的对比，一方面可以引导销售人员关注自身能力的提升；另一方面营销主管们和高层管理者们，要发现销售人员和团队在自我管理能力方面存在的问题，及时给予指导和帮助，提升团队的自我管理能力，最终实现业绩的提升。

销售漏斗提供的“项目进展阶段”的判断方法、营销数据的分析模型和图示化的呈现，将充满不确定性的销售过程，用一整套具有逻辑性、可量化的方式管理起来。它为所有参与销售漏斗的使用者，无论是作为数据提供者

的销售人员，还是不同层面的管理者和使用者（比如市场、生产等部门的人员），在营销业绩预判、市场趋势发展、人员能力评估等方面，提供了数据支撑。

将“销售活动”与“销售机会项目”的推进与实现签单相关联，对销售过程进行管理，让一切日常工作都要落实到业绩成果之上。销售漏斗的使用过程，正是帮助销售人员养成良好的“时间管理”与“工作项目管理”习惯，追求日常工作“时效性”的有效工具之一。

第三节 营销主管是销售人员的伙伴教练

管理是一个涉及各个层级管理者的问题，但是各个层级的管理者大多有从第一线管理者做起的经历，而这段经历是每个管理者从事管理工作必不可少又非常重要的经历。

管理者特别是员工的直接领导，其主要工作职责是什么？著名的哈佛商学院教授克莱顿·克里斯坦森在《哈佛最后一课：怎样衡量你的人生？》中有这样一段精彩的论述：

“弗雷德里克·赫茨伯格（Frederick Herzberg）的幸福论认为，人生中最有力的激励因素不是金钱，而是那些学习的机会、在责任中成长的机会、为他人做贡献的机会以及成就被认可的机会。

……

“我的结论是：如果做得好，管理就是最崇高的职业。其他任何职业都不可能提供这么多的方式，来帮助别人学习和成长，来承担责任，并因为成就而被认可，以及为团队的成功做出贡献。”①

杰克·韦尔奇先生在《赢》中也有同样的论述：“在你成为领导以前，成

① 资料来源：百度百科。

功只同自己的成长有关。在你成为领导以后，成功都同别人的成长有关。”[①]

大多数管理者，都有怀揣梦想投入最初工作的经历。在成长的道路上，有时代的机遇，有自身的努力，也有当时的管理者的帮助与扶持。今天当自己成为一名管理者的时候，应如何去做呢？

这个问题展开来讲可以写一本专著，既然我们是研究销售漏斗与销售管理，我们的讨论还是限于这个主题。因此我们讨论销售管理问题同样以第一线的营销主管为重点。

第一线的营销主管们在销售管理体系中起到承上启下的作用。他们大多从优秀的销售人员中产生，在日常工作中又直接与销售人员工作在一起。他们的风格和能力决定着一个团队的风格和能力，因此这个岗位上的人，是一个团队是否有战斗力、成功与否的关键。

过去二十多年，网络技术特别是移动网络技术的发展与应用，大数据时代的到来深深地影响并改变着人们的生活方式、交流方式、行为方式、思维方式和聚集方式。这些变化同样已经深入和影响到商业模式与营销管理模式。

当今第一线的销售人员很多是网络时代成长起来的年轻人，是一个有鲜明特点的群体。在观察思考方面，他们视野更加开阔，信息搜集能力更强，他们喜欢独立地观察、认识和思考问题。在判断能力方面，他们独立判断事物的能力越来越强，评判事物的标准更加多元，尊重利益的多样化，反对任何不加思考就接受来自外界的强加的说教，渴望与长辈和其他人具有平等的话语权、表达权。面对竞争激烈的工作环境和生活压力，他们勤于思考、愿意接受新事物，但是更关注个人价值实现。同时，他们崇尚自我，有务实的个人发展意识和职业生涯规划设计，也存在责任意识较弱、缺乏自我反省等问题。当前，几乎所有管理者都遇到的最头疼、最典型的问题是——在信息爆炸的时代，人们面对的挑战，失败的原因，已经不再是信息缺乏，而是丧

---

① 杰克·韦尔奇，苏茜·韦尔奇．赢［M］．余江，玉书，译．北京：中信出版社，2005.

失了专注的能力，因为他们的时间和精力往往被碎片化了……

销售漏斗是与网络技术、大数据同步发展起来的销售工具。这个工具的应用成功与否，关键在于我们——特别是管理者应用这一工具的理念和方法，是否能伴随商业环境、从业人员、管理理念的变化而变化。

“为了创造高效能团队，我们必须使用创新的方法，例如教练与沟通，来取代监督、检查与控制这类传统的管理方式。”①

贝尔大西洋公司（Bell Atlantic）执行总裁雷·史密斯（Ray Smith）先生的上述论述，表达了两个层面的意思，一是管理理念的转变，一是管理方式的转变。

销售漏斗是随着网络技术的发展而发展起来的销售管理工具，这个工具发展的本身既包含了销售管理的新方法，更包含了与之对应的新的管理理念。因此管理者在使用销售漏斗这一工具的过程中，除了要遵循使用方法的要求，也包括要告别监督、检查与控制的传统管理方式。使用销售漏斗这个工具的目的是“帮助销售人员提升自我管理能力”，这种能力的提升最终会促进业绩提升，也是构建优秀团队的根本。

在和销售人员的交流中，他们对销售漏斗的看法各式各样，典型的消极看法是“自己给自己挖的坑”，而积极看法是“工作伙伴，天天见”。这些第一线销售人员心中不同的感受就说明，同样的数据在不同的管理理念下，会起到不同的作用，销售人员会采取不同的应对行动，最终也就决定了使用销售漏斗这个工具的成功与否。本章开始我们谈到的，关于推移销售机会项目签单时间的案例（第 214 页），就说明了这个问题。

因此，在使用销售漏斗这个工具时，首先要有正确的管理理念定位。作为伙伴关系的管理者与团队成员，可以通过大数据看清问题和制订“改善”

---

① 托马斯·克莱恩. 伙伴教练：转化团队高效能的关键力量［M］. 郭敏珣，潘婉茹，译. 北京：北京时代华文书局，2016.

的方案，改变了传统的以“感觉”“印象”解决问题的模式。由于有数据做依据，我们也可以看到“改善”的结果，并及时做出调整。这种“结果导向”的管理模式和方法，帮助每个团队成员提升自我管理的能力，最终将有效地提升团队的业绩。这方面的案例，在第四章中已有介绍，相信随着对销售漏斗研究和应用的实践，这方面的案例会越来越多。

有了理念还要有与之配合的管理方式。

许多公司每年都做员工满意度调查，而“培训”是员工呼声最高的议题之一。但是，让人事或培训部门困惑的是，统计下来一年的培训项目、人次、投入费用都不少，可为什么满意度还是不高呢？

图 5-1 中的左图，指出了我们目前存在的一种现象——重培训，轻教练（辅导）。现在的培训很多（暂且不谈是否符合实际需要），培训时大家赞扬声不断，随后安排了一些行动计划，有一些改进，但经过一段时间大家又恢复到原有的行为习惯做事，从长期看，其结果没有达到预期的效果。于是大家又要求更多的培训，如此循环往复。

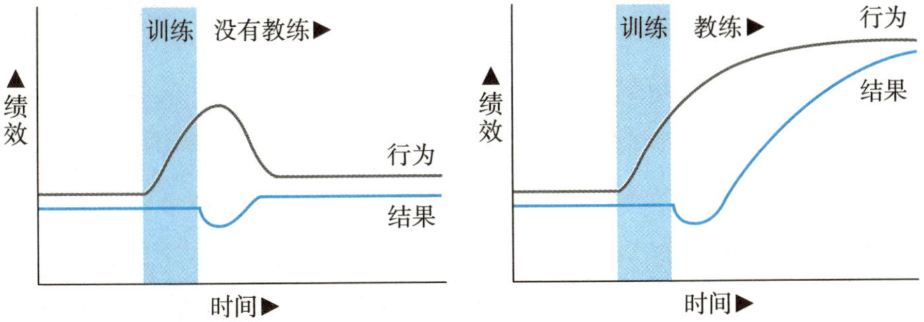

图 5-1　有新技能后，没有教练协助和有教练协助员工行为的变化和结果[①]

世界著名质量管理专家威廉·爱德华兹·戴明（W.Edwards.Deming）讲过——“个人若没有改变，什么都不会发生。”

---

① 托马斯·克莱恩. 伙伴教练：转化团队高效能的关键力量［M］. 郭敏珣，潘婉茹，译. 北京：北京时代华文书局，2016.

因为人的行为习惯没有改变，因此虽然培训不少，但预期的结果不会发生。图 5-1 中的右图说明，在培训的基础上，再有教练（辅导），人们的行为习惯改变了，结果也就不同了。谁是教练呢？所有管理者都应该担当起这个责任，而第一线的营销主管们则是最直接的伙伴教练。

对伙伴教练的理念和方法有兴趣的读者，可以阅读这方面的书籍。在此不再赘述！

在销售管理中营销主管们担当教练的责任，就是要以帮助销售人员成长为出发点，以建立高效行为习惯为过程，以取得绩效提升为结果。以数据为基础应该贯穿在整个管理和教练（辅导）的过程之中，而销售漏斗就是营销团队的营销工作中有效的数据工具之一。

第四节　有效的销售漏斗检查与回顾

销售漏斗是一种有效的销售管理工具，是不是交给销售人员去用，只要他们输入数据、及时更新，软件本身提供的数据分析，就能帮助销售人员进行自我管理了呢？

如果一个销售人员有这方面的意愿，并且会使用销售漏斗软件提供的基本功能，肯定是有帮助的。但是这还不够，有效的销售漏斗检查与回顾（Funnel Review）是使用好销售漏斗不可缺少的重要环节。如图 5-3 所示，销售漏斗的检视与回顾过程，是对营销工作分别进行分析诊断和辅导改善的过程，这两个过程的核心工作是：识别人员能力问题和项目管理问题，通过能力辅导和项目管理，实现人员能力提升和推进项目进程，最终提升销售漏斗的有效性和实现销售业绩。通过长期的坚持，整个过程将成为一个良性循环的过程。

因为同一个工具不同的部门和不同的使用者，会从不同的角度去理解和使用工具所提供的数据，因此一个团队从上到下需要规范销售漏斗使用的要求和确定团队要统一检视的相关数据内容。在此基础上，各不同职能的部门和个人，可以扩展对销售漏斗数据的使用。

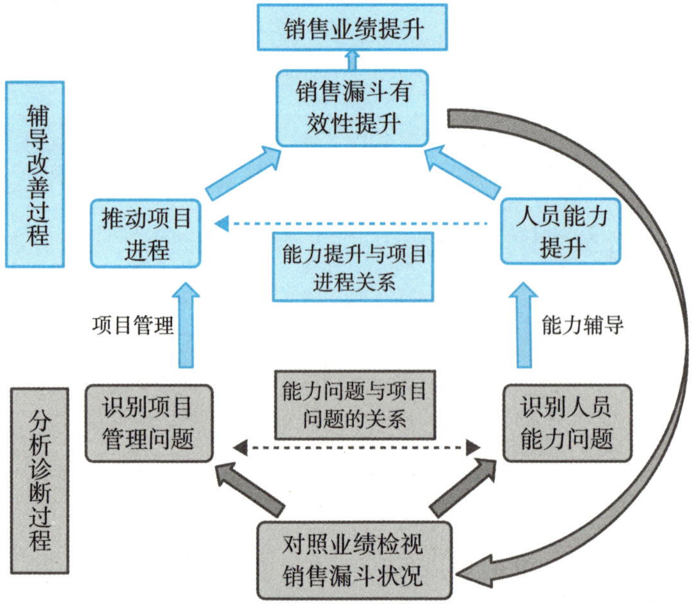

图 5–3 销售漏斗检视过程与内容示意图

一、检查与回顾的三个层级

本章第一节中介绍了使用销售漏斗的组织体系（图 5–1），检查与回顾和体系有关，分为三个层面，如图 5–4 所示。

从图 5–4 中可以看到，销售漏斗的检查与回顾分为三个层级：

第一层级是销售人员的自我检视，每当完成销售活动时及时更新，每周安排自我检视，检视内容主要包括：

- 检视自己销售漏斗中的在线项目是否可以支撑实现销售业绩；
- 关注预计成交总值、签单日期分布、产品 / 行业分布、大单跟进的行动计划；
- 根据销售漏斗提供的能力数据，检视自我管理情况；
- ……

第二层级是区域销售团队检视，每月安排一次区域全体检视，日常工作

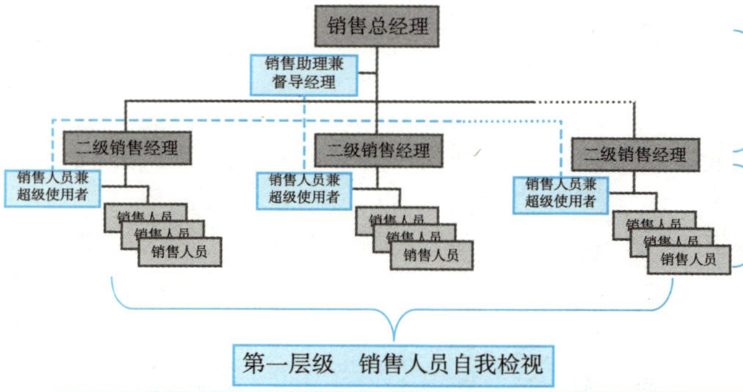

全国营销团队检视 第三层级

频率	内容
每月安排一次管理层的检视，不定期与销售人员交流	· 检视全国销售漏斗中的在线项目是否可以支撑实现全国整体销售业绩 · 关注预计成交总值、签单日期分布、产品/行业分布，特别关注重要大单和跟进的行动计划 · 检视市场趋势和Leads的情况，关注长期业绩成长动力 · 根据销售漏斗提供的能力数据，检视团队自我管理情况

区域销售团队检视 第二层级

频率	内容
每月安排一次全体检视，每周与销售人员交流	· 检视团队销售漏斗中的在线项目是否可以支撑实现团队整体销售业绩 · 关注预计成交总值、签单日期分布、产品/行业分布、重要大单跟进行动计划的合理性 · 根据销售漏斗提供的能力数据，检视团队自我管理情况

第一层级 销售人员自我检视

频率	内容
每当完成销售活动时及时更新，每周安排自我检视	· 检视自己销售漏斗中的在线项目是否可以支撑实现销售业绩 · 关注预计成交总值、签单日期分布、产品/行业分布、大单跟进的行动计划 · 根据销售漏斗提供的能力数据，检视自我管理情况

图 5-4　销售漏斗检查与回顾的三个层级示意图

中与销售人员进行交流或工作指导，团队检视内容主要包括：

- 检视团队销售漏斗中的在线项目是否可以支撑实现团队整体销售业绩；
- 关注预计成交总值、签单日期分布、产品 / 行业分布、重要大单跟进行动计划的合理性；
- 根据销售漏斗提供的能力数据，检视团队自我管理情况；
- ……

第三层级是全国营销团队检视，每月安排一次管理层的检视，不定期与销售人员交流，管理层的检视内容主要包括：

- 检视全国销售漏斗中的在线项目是否可以支撑实现全国整体销售业绩；
- 关注预计成交总值、签单日期分布、产品 / 行业分布，特别关注重要大单和跟进的行动计划；
- 检视市场趋势和 Leads（潜在客户）的情况，关注长期业绩成长动力；
- 根据销售漏斗提供的能力数据，检视团队自我管理情况；
- ……

销售漏斗的检查与回顾可以在不同层级进行。一般来讲，基层管理者与销售人员之间的讨论是根据业务状况或每个项目的具体情况随时安排的。比如，某项目进展情况、项目需采取的下一步行动、拜访该项目客户前的准备和拜访后的回顾……这就是日常工作，在工作中以销售漏斗的数据为基础讨论工作。只要销售人员及时更新销售漏斗中每个销售机会项目的动态信息，大家的讨论就变得简单、直接了。

二、固定销售漏斗检查与回顾的时间

这里讲的固定时间，是指整个销售团队的销售漏斗检查与回顾，也就是第三层级的检查与回顾。整个销售团队的销售漏斗检查与回顾，建议由销售漏斗督导经理主持，营销主管一定要参加（当然没有销售漏斗督导经理的团队，一定是营销主管主持），各位一线销售团队的管理者参加，每次可根据主要议题邀请相关销售、市场、技术等方面的人员参加。根据多年的经验，销售漏斗检查与回顾时间安排在月中进行，因为月初要做销售预测，月底要抓紧签单和发货，工作会比较忙；销售人员有在月底或月初集中更新（或整理）销售漏斗中机会项目动态信息的习惯。（尽管本书中一再强调，要在每天工作后及时更新当天涉及的机会项目的动态信息，但是现实中销售人员仍然会有相对集中整理的必要性。）因此，月中做销售漏斗检查与回顾，既可以与销售预测有时间间隔，又可以对业务情况有整体分析与预判，及时发现和解决一些关键性的问题，不要等到做销售预测时发现问题，来不及解决。

举例来讲，销售漏斗检查与回顾的一项重要内容就是，对未来三个月的销售业务情况做出总体分析和预测。以销售目标为参考，可以看到如果要实现目标，差距是什么，应如何调整计划，应采取什么措施……这样工作就主动了。

当然，销售漏斗的检查与回顾，可以有不同形式，比如，电话会议、分时分团队进行等。但是，至少每季度应进行一次全体会议（大团队可以是团队主管参加的管理层全体会议；各团队可以分别开自己的全体会议。），通过这种会议形式，各个不同团队在一起进行交流，解决带有普遍性的问题，部署下一步重点工作。这种检查与回顾可以是季度销售会议的一项内容。

三、建立统一的销售漏斗检查与回顾模板

销售漏斗中有很多数据，不同个人和团队对各种数据的关注度是不同的，因此往往出现参与使用人员——销售人员、基层管理者、领导层和团队——销售、技术、市场、计划、生产、采购……各自有各自的关注点和需要检查回顾、提取数据的内容。这样就出现了大家讨论问题不在同一层面和焦点上的问题。

建立统一的检查与回顾的模板，统一大家的视点是检查与回顾的第一步。在统一模板的基础上，不同个人和部门可以设置自己的关注内容。在第四章“销售漏斗≠销售预测”一节中我们已经指出，销售漏斗更侧重于关注业务的总体状况和发展趋势。因此，建议将销售漏斗总体分布图表（包括当年的业绩图表和动态十二个月图表）、产品分布图、行业分布图、地域分布图和重点的项目表（可以是最大 N 个项目或最重要的 N 个客户项目）等设置为基本的销售漏斗检查与回顾模板。这样保证大家思考的问题、关注的焦点都在同一范围内。第四章中介绍了应用上述基本模板的案例，这些案例可以作为读者建立销售漏斗检查与回顾基本模板的参考。在此基础上，各部门再建立各自关注的数据模板。

四、销售漏斗检查回顾与关键项目研判的关系

在实际工作中，许多团队销售漏斗的检查与回顾过程，将重点放在了关键项目（或大项目）的研判上，甚至用关键项目的研判替代了销售漏斗使用的检查与回顾，其实这是两个不同范畴的工作；如果一定要区分，这是点和面的关系，关键项目是点，销售漏斗是面。

进行销售漏斗的检查与回顾，是结合 ERP、营销目标和业绩情况，重点关注未来业务发展的趋势，产品、地域、行业的分布情况，尽早发现问题，采取相应对策。同时关注的重点是销售人员自我管理方面存在的问题，及时帮助销售人员进行改进，提升整个销售团队的能力。参加销售漏斗检查回顾的人员，虽然在不同层面有不同的人员，但总体上是每位销售人员都要参与。

而关键项目的研判中，关注的重点是具体项目的进展、客户因素与竞争状况的分析、资源配置和制定具体项目的营销策略。而参与的人员包括：主管具体关键项目的销售人员、他的主管、营销主管、市场人员、技术支持人员、售后服务人员、财务人员、生产运营人员……，每次参会的人员会依据不同

项目，邀请不同的人员参加。

建议在销售漏斗的检查回顾过程中，不要将过多的时间用于具体关键项目的研判上。对于一些关键项目情况的了解，也是基于对营销目标、业绩情况、业务发展趋势的讨论上；当发现对全局有重大影响的关键项目时，可以安排专门的时间和会议进行研究，比如，许多公司采用的作战室（War Room）的模式。

为什么建议在销售漏斗检查回顾时，不要将更多的时间用于关键项目的研判上呢？因为销售漏斗总体管理与关键项目的管理，具有不同的管理内容和维度，不同的参与人员，不要在销售漏斗检查回顾时，把关注点都集中在关键项目上，而忽略了销售漏斗是关注销售人员的自我管理情况和业务趋势上。实践中这种情况经常发生，甚至把销售漏斗的检查回顾就定义成了关键项目的研判，这样就偏离的销售漏斗检查回顾的目的。

五、关于销售漏斗检查回顾时的 4S 考量

在观察销售漏斗中数据健康与否的时候，有一种 4S 考量方法，就是关注 Size（大小）、Speed（速度）、Shape（形状）和 Success（成功率）。4S 本身是属于不同的数据范畴，我们在第三章中分别讨论了营销数据和能力数据，在第四章中介绍了销售漏斗形状。Size（大小）属于营销数据，而 Speed（速度）和 Success（成功率）属于能力数据。Shape（形状）本身是与业务类型、考量维度（阶段维度、时间维度或两种维度兼有）相关的。因此，在应用 4S 考量时一定要注意，这四个 S，每一个都不是孤立的，每一个 S 都与多种因素相关，甚至它们之间也是相互关联的。

一般来讲，销售漏斗的大小 (Size)，首先要考虑的是客户的订货周期，也就是我们的工作周期。若某行业从发现客户信息到签单，平均是三个月，那么在销售漏斗中关注半年左右的动态数据就够了。

销售漏斗的大小 (Size)，还与项目推进的速度 (Speed)、项目成功率 (Success)

等能力相关。同样的销售业务，能力强的销售人员其项目成功率高、项目推进速度快，销售漏斗 Size 就可以小一些；反之能力低的销售人员就需要有更多的销售项目，更大的销售漏斗 Size。

建议读者在进行销售漏斗检查与回顾时，综合运用好销售漏斗系统提供的营销数据和能力数据，而不要单纯追求 4S 的完美，因为 4S 没有一个确定的衡量标准，它会随着业务类型、人员能力、市场成熟度、产品的生命周期的变化而变化，是多种要素综合作用的结果。

在销售漏斗工具的使用比较稳定以后，经过一段时间的数据收集与分析，逐步归纳出本单位（营销团队整体、地区团队或销售人员个体）的 4S 指标作为参考指标，在销售漏斗检查与回顾时使用，可以及时发现突发的变化，从而提高发现问题的灵敏度。因此，在这个意义上使用 4S 观察销售业务状况是可行的。

六、领导层人员参与销售漏斗的检查与回顾

现在许多企业的领导层人员只满足于到网上浏览销售漏斗情况，或查找自己所需的数据，而忽略了与团队进行有效的交流。

我们说："领导层决心和使用方法，决定销售漏斗的有效性。"这是指领导层要向销售团队传达两方面明确的信息——首先，一定要在销售团队用好销售漏斗这个工具去管理销售业务，不接受任何借口的推诿与抵制；其次，领导层将和销售团队一起用好销售漏斗这个工具去管理销售业务。而领导层人员参与到"检查与回顾"正是传达上述信息的最好场合。

领导层人员参与销售漏斗的检查与回顾，是了解一线销售人员使用销售漏斗工具真实情况，了解业务总体状况与趋势的绝好机会。在这种场合，领导层人员应该是销售团队的一员，倾听第一线声音，与销售人员和第一线管理者沟通。在这种场合，领导层人员应该是导师的角色，具体指导一线的营

销管理者和销售人员；既要表达出不容置疑的用好销售漏斗的态度，又要避免在现场对使用不到位的人员当即做出一些处罚决定（比如，扣奖金、调离工作岗位甚至开除，这在一些公司都发生过）；如果发现问题，建议下来与向你直接汇报者讨论解决。因为，你发现的问题不一定是个别人的问题，可能团队成员中多多少少都有这样那样的想法，激烈的处理方式不一定能解决问题，反而将问题掩盖了，使你再也看不到销售漏斗中数据的真实情况。

因此，领导层人员除了应该在各种场合传达出对使用销售漏斗的决心，还应该通过参加“检查与回顾”展现正确的使用方法，这会直接引导和推动第一线销售人员和管理层用好销售漏斗这一工具。

后 记

有一位销售漏斗的使用者告诉我这样一件事。一次，他和所代理产品的某著名公司的负责人谈起自己向该公司学习，正在使用销售漏斗管理营销业务时，让他没有想到的是，非但没有得到预期的肯定，反而得到——“你们离死不远了”——这样一句话很不受听的话。形成巨大反差的是，这位厂家的负责人正在推动自己的团队和代理商使用销售漏斗这个工具。这里姑且不论厂家与该代理商之间的矛盾，仅就事论事地讨论使用销售漏斗的条件，这位厂家负责人，提出了一个销售管理方法和在销售漏斗中建立数据模型重要性的问题。当时该厂家正在研究建立耗材销售管理的方法，探索如何将这种方法落实到销售漏斗的数据管理模型之中；也就是说，当销售某种产品的管理方法和销售漏斗中数据模型没有建立好，急于使用工具去管理，可能会得到适得其反的效果。这里他在提醒商家，不要简单地采用一般项目管理的模式去管理耗材的销售，要研究耗材销售的内在规律，要先建立有效管理方法和销售漏斗数据模型。

我的一位朋友向很多人推荐了我的书，但和我讨论使用销售漏斗工具时，他很直率地告诉我，“使用销售漏斗是有成本的”——这个成本就是管理成本。他直言，他的业务规模不必使用销售漏斗就可以管理了，当强制使用这个工具时，员工每天用在这个工具上的时间、精力对他来讲都是成本，而由此带来的性价比不高，得不偿失！

经历了上述两个对话，也促使我反思！这种看似矛盾的现象，反映了销售漏斗在使用过程中的现实问题——工具的适用性和有效性，以及使用成本问题。销售漏斗仅仅是一个工具，它并不像某些宣传讲的那样，使用了销售漏斗就可以使生意大幅成长（这种情况可能是短期内的效果），这种宣传在一定程度上误导了使用者。其实，销售过程是一项多因素、多场景的活动，营销业绩是否成功是营销团队，甚至是整个企业综合能力的体现。就营销团队来讲，涉及了销售产品的属性与销售模式（直销、分销、项目销售、OEM 和耗材销售等），更与销售人员和营销管理团队在信息收集、信息判断、知识水平、人际关系处理、谈判技巧、对压力的承受力、决断力、责任承担，等等多种能力有关。

销售漏斗工具本身要根据不同产品的属性和与之相应的销售管理内在规律，形成对应的数据模型和呈现模式。正如我们在项目进展阶段设定时所分析的那样，在销售漏斗中，同样是销售机会项目，一次性项目型和 OEM（包括耗材）型销售的管理过程是不同的。一次性项目型销售是对一个具体项目的销售过程进行管理；而 OEM 或耗材销售是对一个客户的业务或一台设备的耗材使用量进行管理，最终形成销售。因此，销售漏斗的理念和工具要不断研究对不同业务模式的适用性，不断丰富适用于新的业务类型的数据分析模型和使用方法；对使用者来讲，一定要对具体业务类型的规律有了解，懂得销售漏斗使用与销售业务管理间的内在关系，这也是设立销售漏斗督导经理的重要性所在。这两点正是销售漏斗在销售管理中要追求的——对具体销售业务的适用性和使用过程中的有效性。

销售漏斗仅仅是一种销售管理工具，无论工具设计得如何完美，使用者还是人。因此决定工具使用效果的，是销售漏斗这一工具的设计者和使用者。我们需要的工具应从架构和使用便利性等方面，真正符合销售的实际，这也是工具设计者们努力的方向。

工具是人们设计又反过来供人们使用，帮助人们提升工作效率的。对工具有正确的理念定位和各个不同层级参与者的角色定位，建立工具使用的组织管理体系，是使用好工具，使其发挥效用的关键。销售漏斗的数据来自销售人员，管理的是动态的销售过程，这些属性和定位，就决定了“销售漏斗首先是销售人员自我管理和帮助销售人员提升自我管理能力的工具”。销售漏斗的使用是营销团队的组织管理行为，因此，营销团队建立销售漏斗使用督导组织管理体系，并在其主导下，所有参与这一工具的使用者，建立正确的理念、角色定位和使用态度就决定了这一工具的有效性！

需要强调的是，销售漏斗是众多管理工具中的一种。一个企业的销售业绩，是企业综合实力、企业文化和管理水平等众多因素的综合体现。将销售漏斗的作用过分夸大是不利于销售漏斗推广应用的。相信随着对销售漏斗的广泛应用和研究，会有更多、更丰富的案例呈现在销售人员和管理者面前，让这个工具真正对使用者的工作有所助益！

附录 A-a 基于客户采购工作流程的销售“项目进展阶段”定义和工作要素表（项目型）

采购项目周期四阶段	启动阶段	计划阶段		实施阶段		收尾阶段
客户采购项目管理过程	1. 项目使用者收集有关信息过程（识别确定项目需求）	2. 项目团队论证方案过程（提出项目解决方案）	3. 项目方案审查过程（确定项目解决方案）	4. 项目采购过程（执行项目方案采购）	5. 商务谈判过程（落实项目方案采购）	6. 合同签署过程（结束项目方案采购）

客户采购项目具体管理过程（由销售团队描述定义）	确认需求	论证方案	审批方案	采购流程	谈判商务	签订合同
客户在每个管理过程的工作内容						
哪些信息可以印证客户所处的管理过程						
针对客户每个管理过程的工作内容，我方对应的销售工作内容（包括与代理商或厂家共同采取的活动）						
针对客户每个管理过程的工作内容，代理商或厂家对应的销售工作内容（如果需要，要列出）						
项目进展阶段	10%	30%	50%	70%	90%	100%

附录 A–b 基于客户采购工作流程的销售“项目进展阶段”定义和工作要素表（OEM& 耗材）

采购项目周期四阶段	启动阶段	计划阶段	实施阶段			收尾阶段
客户采购项目管理过程	1. 项目使用者收集有关信息过程（识别确定项目需求）	2. 项目团队论证方案过程（提出项目解决方案）	3. 项目方案审查过程（确定项目解决方案）		4. 项目采购 / 商务谈判过程（落实项目方案采购）	5. 合同签署过程（结束项目方案采购）
客户采购项目具体管理过程（由销售团队描述定义）	获取供应商线索	方案论证 确定候选供应商	对候选供应商进行资质和产品审查	对候选供应商提供的样品进行测试	商务谈判	签合同 / 持续采购
客户在每个管理过程的工作内容						
哪些信息可以印证客户所处的管理过程						
针对客户每个管理过程的工作内容，我方对应的销售工作内容（包括与代理商或厂家共同采取的活动）						
供应商的销售流程	1. 初步接触客户	2. 提供方案	3. 提供样品	4. 跟踪测试结果	5. 商务谈判	6. 签合同 / 持续获得订单
项目进展阶段	10%	30%	50%	70%	90%	100%

附录 A-1　某医疗设备厂商基于客户新购设备采购项目定义销售“项目进展阶段”案例

客户采购项目具体管理过程（由销售团队描述定义）	确认需求	论证方案	审批方案	采购流程	谈判商务	签订合同
客户在每个管理过程的工作内容	科室对现状有分析	临床讨论会 科室上报采购计划 院务会，确定资金来源	资金到位 技术论证 商务论证 方案论证 产品考察	制定招标文件 确定招标公司 确定招标方式 确定院内参标人员 发布招标信息 评标 中标公示	通知代理商签订合同 进行商务谈判 保修、维修条款 培训、安装事宜	对合同及附件给予确认 客户法务部门审核合同及附件 签订合同
哪些信息可以印证客户所处的管理过程	医院有新大楼 重点专科建设 科室以旧换新 工作量增加 人员增加 有专项资金拨款 展会上咨询 访问网络 政策导向 新技术引进	经销商提供科室报告信息 科室收集厂家信息 技术参考、效益分析 要求介绍产品	询价会 谈判会 要求提供技术、配置、价格资料 经销商主动联系厂家 场地确定	医院咨询招标文件细节 网上看到公示文件 医院通知招标	中标通知 商务谈判通知 提供或讨论合同文本 提出合同附件	确认合同及附件 确定合同签署时间和方式

续表

针对客户每个管理过程的工作内容，我方对应的销售工作内容（包括与代理商共同采取的活动）	主动接触客户 了解信息细节 掌握客户需求的整体背景 了解科室主任的背景和采购倾向 竞品信息 了解客户组织架构 代理商报单	主动介绍产品 根据客户预算帮助客户制定方案 竞品分析 了解医院采购渠道 提交可行性报告 代理商跟进	找到关键的方案决策人 确定渠道 配合考察 确定和主要竞品的竞争策略 提交参数、配置、价格 联合代理商跟进招标进程	代理商资质审查，出具授权书 买标书 确定投标方案 价格审批 标书制作 准备应对答疑 准备质疑	确认配置 确认库存 代理商准备合同 制作订单 法务审核	对合同及附件给予确认 公司法务部门审核 合同及附件 签订合同
项目进展阶段	10%	30%	50%	70%	90%	100%

附录 A-2 某 OEM（耗材、备件、原材料供应）厂商基于客户采购项目定义销售"项目进展阶段"案例

客户采购项目具体管理过程（由销售团队描述定义）	获取供应商线索	方案论证 确定候选供应商	对候选供应商进行资质和产品审查	对候选供应商提供的样品进行测试	商务谈判	签合同 / 持续采购
客户在每个管理过程的工作内容	寻找符合要求的产品和供应商	1. 评估技术方案，收集价格、货期等信息 2. 综合评估供应商能力，确定候选供应商	1. 要求候选供应商提供测试样品 2. 对候选供应商进行资质审查	1. 对候选供应商提供的样品进行测试 2. 做出评估报告	在样品测试合格，候选供应商资质审核通过后： 1. 就合同细节与候选供应商谈判 2. 草拟总体合同文本和年度采购框架协议 3. 合规审查	1. 签订总体合同 2. 根据已确定的商务条款和年度框架协议，依据生产进度安排持续向确定供应商下正式采购订单
哪些信息可以印证客户所处的管理过程	1. 要求供应商提供产品介绍、行业介绍、参考方案；要求参观供应商工厂，等等 2. 通过网络联系供应商 3. 通过参加展会联系供应商 4. 老品牌商客户有新项目通过审批或新的投资到位 5. 通过朋友推荐联系到供应商 6. 服务、市场等部门提供的品牌商新项目信息 7. 代理商报备或其他渠道得到的信息 8. 主动联系供应商，了解行业新动向，竞争情况 9. 产品升级，寻找替代产品和供应商 10. 终端用户给代工厂商推荐供应商	1. 提出技术规格要求 2. 提出意向询价 3. 提出产品需要满足的交期要求 4. 通过各种渠道了解供应商的背景和业绩 5. 要求对供应商进行实地考察 6. 要求供应商提供资质资料 7. 要求供应商提供样品图纸	1. 要求候选供应商提供样品 2. 要求候选供应商提供内部认证项目、类型 3. 要求对候选供应商工厂进行审核 4. 要求候选供应商提供第三方认证 5. 要求候选供应商提供现场技术支持 6. 要求候选供应商提供过往业绩报告	1. 就测试方案与候选供应商技术人员进行沟通 2. 对候选供应商提供样品进行测试 3. 对测试结果与候选供应商技术人员沟通 4. 提出样品工艺改进意见，要求候选供应商再次提供样品，进行测试 5. 对测试样品出具测试报告，做出正式评价	1. 与候选供应商磋商成交价格 2. 与候选供应商确定产品交期 3. 与候选供应商确定付款方式 4. 确定品质、售后、违约责任等商务条款 5. 确定是否通过招投标方式确定上述商务信息 6. 品牌商要求候选供应商签订年度框架协议	1. 提供和更新年度采购计划 2. 就产品质量、交期等问题与供应商保持联系 3. 平衡各确定供应商之间的供货份额，保持采购方的话语权

续表

针对客户每个管理过程的工作内容，我方对应的销售工作内容（包括与代理商共同采取的活动）	1. 了解该品牌商的行业地位、资信水平、财务状况等背景信息 2. 了解该品牌商对产品的规格、数量和使用场景 3. 获取该品牌商采购系统关键人信息 4. 对该品牌商接触中的其他供应商做竞争分析，制定针对性策略 5. 分析该品牌商现有使用产品性能、状况等；针对该品牌商做实施替代竞争对手产品的预研 6. 评估该品牌商询价等行动的真实意图	1. 公司内部对该品牌商和项目进行评估 2. 公司对该品牌商的技术要求进行论证，确定产品方案 3. 确定这对该品牌商的备选产品方案 4. 运用 FAB/POD 对该品牌商的具体情况，做方案分析 5. 响应该品牌商询价，做初步报价 6. 配合、接待该品牌商工厂审核需求 7. 邀请、接待该品牌商现场考察	1. 向公司内部提出样品制作申请 2. 协调样品按时交付 3. 样品制作完成，送样到该品牌商 / 该品牌商指定的测试机构 4. 根据技术变更，再次制作样品提供给该品牌商 5. 配合提供品牌商要求的各种资质文件	1. 跟踪样品测试过程，获取测试结果信息，及该品牌商鉴定报告 2. 根据该品牌商对产品的认证要求，对产品进行认证 3. 配合、接待该品牌商工厂审核的要求 4. 根据实验结果做产品技术变更 5. 根据该品牌商的要求安排现场技术支持	1. 针对该项目，制定多种成交价方案，与该品牌商进行价格磋商 2. 与该品牌商就年度供货达成框架协议 3. 与该品牌商就付款方式进行确定 4. 与该品牌商对品质、售后、违约责任等商务条款进行确定 5. 法务部门审核合同及附件 6. 该品牌商如需招标，进入投标程序 7. 根据商务谈判或招标结果，签订总体合同	1. 签订总体合同 2. 就产品质量、交期、付款等问题与采购方（品牌商）保持联系，防止竞争对手扩大供货份额 3. 根据已确定的商务条款和年度框架协议，依据品牌商的生产进度安排，获得正式采购订单，并安排后续供货事宜
供应商的销售流程	1. 初步接触客户	2. 提供方案	3. 提供样品	4. 跟踪测试结果	5. 商务谈判	6. 签合同 / 持续获得订单
项目进展阶段	10%	30%	50%	70%	90%	100%

附录 A-3　某机床加工厂基于客户设备采购项目定义销售“项目进展阶段”案例

客户采购项目具体管理过程（由销售团队描述定义）	确认需求	论证方案	审批方案	采购流程	谈判商务	签订合同
客户在每个管理过程的工作内容	1. 向设计院征求方案 2. 老客户复购联系卖方 3. 咨询同行业	1. 立项 2. 比较各种方案 3. 准备上报方案	最终方案审批流程	起草标书、招标、评标，完成招标流程	1. 准备正式商务文件、合同文本 2. 通过合规审查	1. 正式签订采购合同 2. 转入合同执行阶段工作
哪些信息可以印证客户所处的管理过程	1. 钢铁网上信息 2. 请冶金设计院做设计方案 3. 客户内部计划 4. 老客户复购、搬迁 5. 行业展销会 6. 友商介绍	1. 要求供应商提供设备方案 2. 参观考察应用场景 3. 多方咨询同行 4. 试活（试加工） 5. 询价	1. 请供应商完善项目论证报告、提供技术参数 2. 组织项目论证组 3. 上会准备 4. 内部评审会 5. 方案通过审评，进入采购流程；未通过则重新做“确认需求”或“论证方案”，再安排上会审批	1. 发布招标公告 2. 对目标供应商发出投标邀请函 3. 制定排他条款 4. 组织评标委员会 5. 评标 6. 中标公示	1. 邀请中标单位进入商务谈判 2. 应对投标单位质询	1. 通知厂商签订设备采购合同 2. 安排后续设备安装、试产、验收事宜

续表

针对客户每个管理过程的工作内容，我方对应的销售工作内容（包括与代理商共同采取的活动）	1. 找到本阶段关键影响人、项目负责人 2. 了解客户有没有联系其他竞争对手 3. 了解项目状况（资金、工期、数量、型号） 4. 客户遇到什么难点、我司可解决什么问题	1. 制定方案解决客户痛点 2. 找到技术关键人沟通（技术部门、车间主任、厂长） 3. 通过设计院做好前期论证 4. 小企业直接找到老板 5. 展示我们产品的优点、业绩 6. 从关键使用者或管理者找出代言人 7. 提供初步报价	1. 提供技术方案 2. 提供成本核算表、成本比较 3. 了解竞争情况，做有针对性的性价对比 4. 向项目审批组成员，展示公司以往业绩成果，提升信任度	1. 制作标书 / 投标 2. 准备答辩 3. 了解竞争对手厂家，提出有竞争力的投标条件 4. 对可能的投标结果做出分析，准备应对可能出现的情况	确认中标后： 1. 中标准备商务谈判、技术文件和合同文本 2. 中标后防止对手翻盘 3. 通过合规审查 未中标考虑是否提出质询	1. 正式签订供货合同 2. 合同转给相关部门，进入后续执行工作
项目进展阶段	10%	30%	50%	70%	90%	100%

附录 A-4 某建筑装修公司基于甲方装修项目定义销售“项目进展阶段”案例

甲方内装修工程 / 设备安装项目选择施工单位流程（由销售团队描述定义）	启动内装修工程 / 设备安装项目	内装修工程 / 设备安装方案初步设计	确定内装修工程 / 设备安装方案	招标选择施工单位和设备供应商	承包合同签订过程	签订合同
客户在每个管理过程的工作内容	根据整体项目进程，适时启动内装修工程 / 设备安装项目： 1. 确定项目负责人 2. 确定项目的实施范围 3. 确定项目的实施预算 4. 确定项目的实施周期 5. 确定项目的验收标准	根据项目启动确定的实施范围、预算、周期、质量标准： 1. 确定子项目负责人 2. 接触设备供应商和施工单位 3. 分配各子项目预算 4. 调研工程方案和编制进度表	在前期调研、设计的基础上，决策层审查各上报方案： 1. 确定各子项目设计和技术方案 2. 确定各子项目实施预算 3. 确定各子项目实施时间	根据确定的方案，组织工程招标和设备采购招标： 1. 确定招标代理 2. 确定招标文件 3. 发出投标邀请 4. 确定评标人 5. 质询、评标 6. 确定结果、公示	根据招标结果，与中标单位进行商务谈判： 1. 合同条款商谈 2. 合同准备 3. 合规审查	1. 正式签订合同 2. 项目进入合同执行施工阶段
哪些信息可以印证客户所处的管理过程	1. 土地拍卖信息 2. 新大楼施工 3. 拆迁改造项目 4. 相关行业网站发布的信息 5. 各地市公共资源交易中心 6. 其他人介绍的项目信息 7. 设备厂家（如安防生产厂家）提供的信息 8. 设计院网站上的信息 9. 客户主动了解信息 10. 政府发布的信息 11. 楼盘发布的广告	1. 土建招标信息，提供工程进展信息 2. 建筑施工进行顺畅 3. 土建工程进入封顶阶段 4. 甲方主动联系我们 5. 设计方主动联系我们 6. 设备厂商主动联系我们 7. 合作伙伴提供信息 8. 土建方联系我们	1. 技术方案确定 2. 提出预算要求，工期要求 3. 要求考察成功案例 4. 有设计方要求我们配合做详细方案 5. 合作伙伴提供的进展信息 6. 甲方发布的信息 7. 从竞争对手处获得的信息 8. 从第三方获得的信息 9. 销售人员去现场了解到的项目进度	1. 网上招标公告信息 2. 从第三方获得的信息（招标代理公司、公共资源交易中心、设备厂商等） 3. 合作伙伴提出合作投标邀请 4. 甲方发布信息	1. 中标公示 2. 发出中标通知书，邀请中标单位进行合同签订工作 3. 就关键条款（工期、付款方式、验收等）与中标单位做进一步确认	通知乙方或代理签合同

续表

针对客户每个管理过程的工作内容，我方对应的销售工作内容（包括与代理商共同采取的活动）	1. 关键人信息收集 2. 项目信息收集（范围、预算、时间） 3. 了解设计方 4. 关注总包方、关注代理公司 5. 销售人员去现场了解项目进度	1. 与子项目负责人建立联系 2. 初步接触决策者、了解项目团队信息 3. 技术分析、提供初步方案及预算 4. 向业主单位（甲方）介绍公司过往业绩 5. 收集竞争对手信息，及时调整方案和预算 6. 寻找合作伙伴 7. 销售人员去现场了解项目进度	1. 与子项目决策人建立深入联系、与项目团队建立深入联系 2. 分析竞争对手的情况，准备有竞争力的方案 3. 提供符合客户需求的实施方案（技术、预算、时间） 4. 调整我方的方案（技术、商务、工期），以符合甲方要求，并得到认可	1. 单独或与合作伙伴参加投标、准备投标文件、标书答疑 2. 与招标代理、公共资源中心、监督部门、评标小组成员保持适度接触 3. 关注招标进程，对评标结果准备答辩或质询	确认中标后： 1. 商谈合同条款（内容、价格、交工期、付款、违约、诉讼等） 2. 准备合同、审查合同（法律、财务、工程） 3. 跟踪合同审批进程 4. 配合合作伙伴签定合同 确认未中标，决定是否要提出质询，总结失败原因	1. 签订合同，合同签订阶段工作结束 2. 合同转施工部门，进入执行阶段工作
项目进展阶段	10%	30%	50%	70%	90%	100%

附录 A–5 某检测设备厂基于客户设备采购项目定义销售“项目进展阶段”案例

客户采购项目具体管理过程（由销售团队描述定义）	需求	方案	审批	招标	商务	合同
客户在每个管理过程的工作内容	1. 咨询同行或专家 2. 咨询熟悉经销商或厂家 3. 浏览网页下载资料	1. 收集方案 2. 参观同类用户 3. 做样比对	内部论证会	1. 标书定稿 2. 参数公示 3. 招标文件公示	讨论合同细节，进行合规审查	正式签合同
哪些信息可以印证客户所处的管理过程	1. 向经销商或长期合作伙伴咨询 2. 老用户推荐（标杆客户） 3. 新标准 / 新政策机遇需要新测试方法 4. 陌生拜访（电话、网络） 5. 突发事件需要开展测试	1. 出项目建议书及报价 2. 提供用户名单 3. 盲样比对 4. 参观公司、考察用户	1. 预算确定 2. 参数确定 3. 产品调研论证报告 4. 专家签字报告	1. 招标公告 2. 用户电话通知招标	1. 中标公示 2. 通知中标单位签合同	准备预付款
针对客户每个管理过程的工作内容，我方对应的销售工作内容（包括与代理商共同采取的活动）	1. 信息收集（电话、上门、客户分析） 2. 基于现有信息做初步分析 3. 部署政策机遇的计划 4. 了解采购渠道	1. 探讨、提供方案 2. 陪同考察 3. 技术支持 4. 了解竞争对手方案 5. 协助代理商提供方案 6. 判断首选代理商	1. 提供排他性参数 2. 考虑所有因素后，提供相对合理价格 3. 做好决策人工作 4. 影响决策人的领导或代理 5. 确定代理商 6. 密切关注竞争对手活动	1. 购买招标书 2. 制作投标书 3. 确认参与投标单位 4. 关注招标进程，防止出现意外情况 5. 根据要求，进行答辩 6. 拜访各级用户 7. 对代理商提供授权资料	1. 与客户合同细节 （厂家与客户直签合同） 2. 与代理商签协议 （如果通过代理商代理）	1. 签合同 2. 催收预付款 （厂家与客户直签合同） 3. 代理协议 （如果通过代理商代理）
针对客户每个管理过程的工作内容，代理商对应的销售工作内容 （如果需要，要列出）	1. 明确关键信息（关键人、进程时间、竞争情况）	1. 印证客户意向信息 2. 协助加深客户关系 3. 提供方案	1. 提供准确信息 2. 制定对应方案	协助了解各方面信息	1. 与客户合同细节（代理商与客户签合同） 2. 与厂家签代理协议	1. 签合同 2. 催收预付款 （代理商与客户签合同） 3. 代理协议
项目进展阶段	10%	30%	50%	70%	90%	100%

附录 A–6　某电子测试仪器商基于客户采购项目定义销售“项目进展阶段”案例

客户采购项目具体管理过程（由销售团队描述定义）	需求	方案	审批	招标	商务	合同
客户在每个管理过程的工作内容	1. 咨询同行或专家（通讯仪器从芯片和方案提供商等），了解测试仪器发展动态 2. 咨询熟悉的经销商或厂家 3. 浏览网页下载资料和电话查询	1. 收集方案 2. 参考同类用户 3. 演示、测试比对和样机试用	1. 内部论证会及评估 2. 选型 3. 申请预算	1. 标书定稿或正式报价 2. 参数公示 3. 招标文件公示	讨论合同细节，并进行合规审查	签合同
哪些信息可以印证客户所处的管理过程	1. 向经销商或长期合作伙伴咨询 2. 老用户推荐信息 3. 新标准 / 新政策需要新测试设备 4. 展会和行业产品研讨会信息 5.400 电话、网页留言	1. 讨论方案及预算 2. 提供同行业名单 3. 测试对比 4. 考察仪器使用用户	1. 预算确定 2. 参数确定 3. 产品调研论证报告完成 4. 领导审查确认论证报告	1. 招标公告或邀请报价 2. 用户电话通知招标	1. 用户通知签合同 2. 中标公示	
针对客户每个管理过程的工作内容，我方对应的销售工作内容（包括与厂家共同采取的活动）	1. 项目报备，与厂家进行项目沟通 2. 信息收集（电话、上门、客户分析） 3. 基于现有信息做初步分析 4. 部署政策机遇的计划 5. 了解客户的采购渠道	1. 探讨、提供方案及初步报价 2. 陪同客户考察同行业客户 3. 技术支持 4. 了解竞争对手方案 5. 带厂家拜访客户	1. 提供排他性参数 2. 考虑所有因素后，提供相对合理价格 3. 做好决策人工作 4. 向决策人或客户管理层，介绍公司过往业绩，取得信任 5. 需要时更换厂家或厂家方案 6. 密切关注竞争对手活动	1. 购买标书 2. 制作标书 3. 了解参与投标单位情况，给出有竞争力的方案和价格 4. 关注投标情况，防止出现意外 5. 获得原厂授权资料	1. 与客户合同细节加快落地 2. 准备与厂家合同细节 3. 合规审查	1. 与客户签供货合同 2. 向客户收预付款 3. 与厂家签订采购合同
针对客户每个管理过程的工作内容，厂家对应的销售工作内容（如果需要，要列出）	明确关键信息并批复报备信息（关键人、进程时间、竞争情况）	1. 印证客户意向信息 2. 助加深客户关系及提供样机 3. 提供方案	1. 提供准确与产品相关（技术、质保、交期、培训等）信息 2. 制定应对竞争方案	协助了解各方面信息 提供项目授权和价格	与我司确定合同细节和货期	与我司签订供货合同
项目进展阶段	10%	30%	50%	70%	90%	100%

附录 A–7　某制造业厂商基于客户配套采购项目定义销售“项目进展阶段”案例

客户采购项目具体管理过程（由销售团队描述定义）	项目启动	项目初步方案设计	项目方案确定	项目招标	项目商务谈判和合同签订过程	签订合同
客户在每个管理过程的工作内容	1. 确定项目的采购预算 2. 确定项目的实施周期 3. 确定项目的使用要求 4. 要求参观工厂 5. 要求提供产品说明书 6. 通过网络主动获取供应商信息	根据项目启动确定的实施范围、预算、周期、使用方案： 1. 提出产品技术规格要求 2. 提出产品目标价格区间，与供应商就产品价格进行磋商 3. 提出产品需要满足的交期要求 4. 了解供应商的背景 5. 综合评估技术能力 6. 到供应商处进行实地考察、拜访 7. 备选供应商选择，确定	在前期调研、设计的基础上，决策层审查各上报方案： 1. 确定各设计和技术方案 2. 确定各实施预算 3. 确定各子项目实施时间 4. 要求供应商提供样品，对样品进行测试 5. 提出产品需通过的认证项目、类型 6. 对客户工厂进行审核	根据确定的方案，组织工程招标和设备采购招标 1. 确定供应商 2. 确定产品标准 3. 确定初步价格 4. 发布招标和中标公告	1. 供应商导入流程 2. 合同条款审核确认 3. 与供应商就产品交期进行最终确定 4. 与供应商就合同价格进行最终确定 5. 与供应商就付款方式进行最终确定 6. 品质、售后等商务条款确定 7. 或者通过招投标方式确定上述商务信息	签订采购合同
哪些信息可以印证客户所处的管理过程	1. 通过网络获取供应商信息 2. 通过参加展会认识供应商 3. 老客户推荐新项目到我司评估 4. 客户通过朋友推荐供应商或其他渠道得到的信息 5. 客户主动了解行业新动向，竞争情况 6. 通过竞争对手的项目得到有意向的客户信息 7. 未成交过的潜在客户要求提供产品介绍和行业介绍 8. 通过网络、400 电话、客服电话联系到我们	1. 客户的正式 RFQ 需求 2. 项目启动时间 3. 具体的交期要求	1. 有品牌的倾向，有初步的技术需求 2. 有预算要求，工期要求 3. 要求考察成功案例 4. 有设计方要求我们配合做详细方案 5. 合作伙伴提供的信息 6. 客户提供的工作进程信息 7. 从第三方获得的信息 8. 销售人员去现场了解项目进度 9. 下样品订单和提供测试报告	1. 联络供应商确认结果 2. 从第三方（承包方）获得的信息 3. 商务谈判等工作展开，表明招标工作结束	1. 供应商正式导入 2. 通知供应商或第三方签订商务合同	

续表

针对客户每个管理过程的工作内容，我方对应的销售工作内容（包括与代理商共同采取的活动）	1. 客户组织架构关键人物信息收集 2. 项目信息收集 3. 找出客户项目联系人，沟通意向 4. 寻找客户的终端客户信息 5. 准备相关行业应用信息 6. 确认项目性质	1. 公司内部对客户和项目进行评估 2. 研发团队对客户的技术要求进行论证，确定产品方案 3. 确定备选方案 4. 运用 FAB/POD 做客户方案分析 5. 响应客户询价，初步报价给客户 6. 接待客户的商务考察 7. 沟通样品交期 8. 与项目影响者建立深入联系 9. 初步接触决策者	1. 向公司内部提出样品制作申请 2. 协调工厂安排样品制作 3. 样品制作完成，安排工厂自测、提供给客户内部测试报告 4. 送样到客户 / 客户制定测试机构；跟踪样品测试，获取测试结果信息 5. 根据客户对产品的认证要求对产品进行认证 6. 配合、接待客户工厂审核需求 7. 与项目决策人、决策者建立深入联系、与项目团队建立深入联系 8. 提供符合客户需求的实施方案（技术、预算、时间） 9. 争取列出有利客户的条件（技术、商务、工期），争取纳入招标文件 10. 详细了解竞争对手的优势、资源和劣势	1. 跟踪样品测试，获取测试结果信息 2. 根据客户对产品的认证要求对产品进行认证或更改再测试，产品封样 3. 配合、接待客户工厂审核需求 4. 参加投标，并准备答辩	1. 引入法务、人事等，探讨合同条款 2. 与客户就产品交期进行最终确定 3. 与客户就合同价格进行最终确定 4. 与客户就付款方式进行最终确定 5. 品质、售后等商务条款确定 6. 或者通过招投标方式确定上述商务信息	签订供货合同
项目进展阶段	10%	30%	50%	70%	90%	100%

附录 A-8　某信号检测技术厂商基于业主单位监控系统项目定义销售“项目进展阶段”案例

客户采购项目具体管理过程（由销售团队描述定义）	调研	立项	设计	招标程序	商务流程	签订合同
客户在每个管理过程的工作内容	1. 项目目标及实施范围 2. 项目小组成员 3. 做流量项目概算 4. 项目的实施时间 5. 初步接触供应商或集成商	1. 确定子项目负责人及决策人 2. 内部立项报告及内部审批 3. 确定流量项目的初步需求 4. 确定流量项目的预算 5. 内部项目方案审批 6. 财政审批	1. 招标确定设计单位 2. 子项目详细设计方案确定 3. 子项目清单及技术参数确定 4. 子项目招标技术文件确定 5. 入围集成商确定	1. 确定招标代理 2. 发布招标文件时间 3. 确定评标专家 4. 确定中标人 5. 中标公示	1. 与集成商进行商务谈判 2. 合同准备 3. 合同审批	与系统集成商签订项目总合同
哪些信息可以印证客户所处的管理过程	1. 前期流量检测项目即将到期 2. 市场渠道（展会、论坛）收集信息 3. 业主（甲方）主动了解信息 4. 产品厂商了解信息 5. 集成商或设计方了解信息 6. 政府发布的建设规划 7. 销售代表收集信息 8. 甲方要求提供成功案例 9. 甲方工作计划	1. 甲方主动联系我们 2. 设计方主动联系我们 3. 关联厂商主动联系我们 4. 集成商提供信息 5. 销售代表了解项目进度 6. 甲方询价 7. 立项批复报告 8. 政府网站公布信息	1. 甲方有品牌的倾向，要求有技术交流 2. 招标文件完成 3. 设计方要求技术交流 4. 集成商提供的系统相关信息 5. 甲方提供的工作进程信息 6. 竞争对手的活动信息 7. 业主联系集成商交流 8. 销售代表了解项目进度 9. 甲方或设计方的负责人要求现场考察	1. 网上招标公告信息 2. 集成商提供的内部信息 3. 甲方邀请投标 4. 竞争对手动态 5. 第三方信息（招标代理公司、公共资源交易中心、设备厂商）	1. 中标公示 2. 中标通知书	甲方通知中标集成商签订总项目合同
针对客户每个管理过程的工作内容，我方对应的销售工作内容（包括与代理商共同采取的活动）	1. 从各种渠道（业主、集成商、设计院）等收集项目信息（规模、范围、预算、时间），确定是否含检测子项目、负责人及预算	1. 说服项目负责人采用本公司传感元件技术作为流量采集设计方案标准，了解子项目预算	1. 把本公司传感元件产品配置清单和参数纳入设计方案并通过评审，最终写入其招标技术文件	1. 跟踪招标开标时间及进程	1. 与中标集成商商谈提供传感元件产品的合同条款（价格、交货期、付款、诉讼地等）	与集成商签订由本公司配套传感元件供货合同

续表

针对客户每个管理过程的工作内容，我方对应的销售工作内容（包括与代理商共同采取的活动）	2. 与子项目负责人进行接触建立初步关系，了解项目目的，介绍公司，了解需求，推介本公司的产品解决方案 3. 收集参与该项目的集成商和设计方信息。（项目负责人、技术负责人）建立初步联系。收集竞争对手信息 4. 收集业主组织架构、决策流程、关键决策人信息	2. 提前到甲方现场进行技术交流，介绍本公司标准方案，成功案例、实时效果，提供标准方案资料供甲方参考 3. 与参与项目的集成商和设计方进行本公司标准方案交流，建议他们采用本公司信号检测技术进行设计参与投标 4. 收集并关注竞争对手的动态（与甲方、集成商、设计方的业务进展）	2. 通过子项目负责人或设计方负责人了解入围集成商情况，全力争取这些集成商采用本公司方案 3. 支持参与项目的集成商投标，并配合提供本公司方案 4. 对于公司级重大项目，本公司高层需要与集成商决策人建立联系，承诺完成目标	2. 为投标集成商提供我方投标技术资料、建议投标产品价格清单及相关授权 3. 配合集成商准备、接受技术质询 4. 跟踪中标及公示结果	2. 准备并审查与集成商的合同 3. 关注甲方与集成商合同谈判进展情况，配合双方的商务谈判顺利进行	
针对客户每个管理过程的工作内容，系统集成商对应的销售工作内容			1. 与甲方项目决策人建立深入联系，向甲方推荐本公司技术方案，并争取获得支持 2. 把本公司传感元件产品配置清单和参数纳入设计方案并通过评审，最终写入其招标技术文件	1. 购买招标文件、编制投标文件，将本公司传感元件产品纳入投标文件 2. 准备、接受技术质询 3. 跟踪投标结果，及时反馈给本公司	1. 与甲方商谈合同条款（内容、价格、交工期、付款、违约、诉讼地） 2. 准备合同、审查合同（法律、财务、工程） 3. 跟踪甲方合同审批进程 4. 准备与本公司的产品采购合同	1. 与甲方签订系统集成项目合同 2. 与本公司签订产品采购合同
项目进展阶段	10%	30%	50%	70%	90%	100%

本案例行业背景介绍：

在监控系统项目中，需要对信号进行采集，采集信号是通过信号检测技术实现的。同一信号可以用不同的信号检测技术采集，每种信号检测技术各有优缺点，采用不同的信号检测技术涉及的技术方案、工程量、维护成本等都会有所不同。

以停车场系统为例：对于停车状况，可以采用电容传感元件、电感传感元件、地磁传感元件、影像或者是人工扫描等信号检测技术完成数据采集工作，由此涉及的实施方案是完全不同的。

因此，面对同一监控系统项目，信号检测技术厂商会主动联系项目业主，推介采用自己的信号检测技术进行数据采集；在采用何种信号检测技术进行数据采集的方案确定后，才能确定设计路线、总体方案和选择系统集成商……

本案例就是某信号检测技术厂商面对业主单位建设监控系统项目时，与集成商配合展开销售工作，对销售“项目进展阶段”的定义。

附录 A–9　某医疗测试耗材供应商基于医疗机构新建检测项目和耗材采购定义销售“项目进展阶段”案例

客户采购项目具体管理过程（由销售团队描述定义）	需求分析	方案论证	临床验证	上会审批	商务流程	订单备货
客户在每个管理过程的工作内容	开展新检测项目调研	1. 收集方案，比较方案 2. 进行成本核算	进行初步检测工作，完善检测方案。（精确度、正确度、可报告范围、比对验证）	上报完整方案，进入审批程序	通过审批后，进入耗材采购流程	按照业务需求，定期采购耗材
哪些信息可以印证客户所处的管理过程	1. 新建实验室项目 2. 新承担各种课题和新计划申报 3. 现有仪器设备进行新检测项目的可行性调研 4. 访问同类实验室，了解开展检测项目情况 5. 临床部门有新诊断需求 6. 专项科研项目申报和经费 7. 咨询现有设备开展新检测项目的可能性	1. 开展新检测工作前期准备 2. 与临床部门沟通，确定方案 3. 人员培训，或实习 4. 进行初步成本核算 5. 到兄弟单位参观交流	1. 进行初步检测工作，对设备、操作流程、报告呈现、人员配备等进行磨合 2. 征询临床部门意见，改进工作 3. 进行正式成本核算，提出待审批收费标准 4. 科室准备正式上报文件 5. 初步确定耗材采购方案	1. 对上报方案进行审批 2. 如需要，向行业主管部门上报新检测项目，进行备案或审批 3. 对上报方案质询进行答辩 4. 提出正式开展检测项目、耗材采购、成本控制的意见 5. 如未通过审批，要么终止项目；或回到前面的流程，完善方案	1. 与供应商磋商成交价格 2. 与供应商确定产品交期 3. 与供应商确定付款方式 4. 确定品质、售后、违约责任等商务条款 5. 与供货商签供货合同 6. 要求供应商签订年度框架协议	1. 提供和更新年度耗材采购计划 2. 就耗材产品质量、有效期等问题与供应商保持联系 3. 定期检查耗材库存，通知供应商备货，下订单

续表

针对客户每个管理过程的工作内容，我方对应的销售工作内容（包括与代理商共同采取的活动）	1. 了解客户需求的整体背景，推荐可开展的项目 2. 主动接触客户的检测人员，了解信息细节 3. 了解客户拟开展新检测项目的已有设备情况，包括使用状况，已开展项目的情况，工作量，检测人员资质等 4. 了解拟开展项目的各种替代方案和竞争对手 5. 了解客户的组织架构，客户科室主对新增检测项目的态度 6. 了解代理商信息	1. 举办科室会介绍新检测项目的基本情况 2. 协助做样本检测实验（如有需求） 3. 邀请业内专家讲座 4. 邀请客户到已开展该检测项目单位现场参观 5. 提供相关耗材价格等信息，协助进行初步成本核算 6. 与临床部门沟通，了解对检测项目的要求 7. 掌握竞争对手动向，并采取相应行动	1. 协助客户进行新增项目磨合过程，解决磨合过程中出现的新问题；确立本公司的竞争优势 2. 根据耗材消耗量测算，给出有竞争力的报价 3. 协助科室准备上报材料 4. 了解审批环节，协助做好技术答辩和供货质询准备 5. 如果客户需要通过打包商供货，与客户选择的打包商建立联系，并初步讨论供货框架协议	1. 关注审批进程，配合科室进行答辩和改进工作 2. 协助客户向行业主管部门上报新检测项目，提供上级主管部门需要的本公司的相关信息 3. 根据审批进程和结果，准备下一阶段的工作 4. 如未通过本公司方案要总结；如需完善方案，则返回到前面的工作过程重新展开工作	1. 针对该项目，制定多种成交价方案，与客户进行价格磋商 2. 与客户就年度供货达成框架协议 3. 与客户就付款方式进行确定 4. 与客户对品质、售后、违约责任等商务条款进行确定 5. 法务部门审核合同及附件 6. 如通过打包商供货，推进打包商与终端用户合同，并与打包商签订供货协议	1. 主动了解客户耗材库存情况，根据已确定的商务条款和年度耗材框架协议，持续获得客户的耗材采购订单 2. 就产品质量、有效期、付款等问题与客户保持联系，防止竞争对手扩大供货份额 3. 及时通知相关部门为客户耗材补货，并做好补货交接记录
项目进展阶段	10%	30%	50%	70%	90%	100%

附录 A-10　某医疗测试产品代理商基于医疗机构购置新检测设备项目和耗材采购定义销售“项目进展阶段”案例

客户采购项目具体管理过程（由销售团队描述定义）	需求确定	方案论证	上报审批	采购程序	商务流程	签订合同（订单）
客户在每个管理过程的工作内容	1. 工作现状分析 2. 提出检测项目需求 3. 了解市场产品的优劣	1. 进行方案论证 2. 初步确定实施方案和预算 3. 完善实施方案，准备上报审批文件	1. 审查立项文件、上报资料 2. 提出阶段审批意见 3. 接受使用科室、设备部门、临床部门的质询 4. 做出最终审批决定	方案通过审批后：进入招标采购流程	1. 准备设备采购合同和年度耗材采购框架协议 2. 法务、财务审核 / 上级批复确认	1. 签订设备采购合同，设备采购项目结束 2. 根据业务需要，持续耗材采购
哪些信息可以印证客户所处的管理过程	1. 有购买意向： 使用科室要求产品介绍，行业介绍； 使用科室要求参考方案； 使用科室要求参观同类检验科室； 使用科室要求提供可参考的检验报告 2. 新门诊、住院部大楼需建检验科 3. 原有科室改造 4. 设备陈旧 5. 门诊量增加 6. 有特别拨款 7. 网上有增加检验项目信息 8. 售后服务或培训提供的客户信息 9. 代理商报单或其他渠道得到的信息 10. 客户主动了解行业新动向，竞争产品	1. 使用科室提交申请报告 2. 技术负责人做配置方案 3. 设备科要求收集产品信息，确定主要参与品牌 / 厂商； 4. 职能科室组织考察同行科室 5. 确定成本分担方案 6. 资金到位	1. 按照审批流程进行各项工作 2. 完善项目方案 3. 确定院内议标人员 4. 确定意向招标参数 5. 批复预算额及落实时间	1. 确认招标参数（包括设备、耗材供应等内容） 2. 发出招标公告 3. 提出质询 / 接受答疑 4. 展开评标工作 5. 进行评标结果公示 6. 发出中标通知书	1. 与供应商的代理商磋商设备成交价格 2. 与供应商的代理商确定设备交期与安装验收 3. 与供应商的代理商确定设备与耗材付款方式 4. 确定品质、售后、违约责任等商务条款 5. 准备与供货商的设备采购合同 6. 准备与供应商的耗材年度采购框架协议	1. 通知设备供应商签订设备采购合同；确定后续设备安装验收事宜 2. 提供和更新年度耗材采购计划 3. 就耗材产品质量、有效期等问题与供应商保持联系 4. 定期检查耗材库存，通知供应商备货，并下订单

续表

针对客户每个管理过程的工作内容，我方对应的销售工作内容（包括与厂家共同采取的活动）	1. 与使用者交流，对项目作全面分析 2. 与决策者建立联系 3. 了解预算情况 4. 收集竞争信息，并与厂商确定竞争策略	1. 价格及成本分析 2. 深入接触决策者 3. 各部门关键人物沟通 4. 及时向厂商反馈有关沟通信息	1. 确定和掌控审批关键节点 2. 与决策者保持沟通，根据客户要求调整方案 3. 提供最终报价	1. 准备标书、投标 2. 准备答疑和接受评委质询 3. 关注评标结果公示，确定是否提出质询	确认中标后： 1. 进行利润测算，确定采购和供货配置价格 2. 分别确定与厂商和客户合同的商务条款 3. 与客户达成年度耗材采购框架协议，并报备给厂商	1. 与厂商和客户分别签订设备合同；协调后续设备安装验收事宜 2. 耗材备货，根据客户使用情况及时补货，并做好补货记录 3. 协调客户与厂商关系 4. 及时向厂商反馈用户信息、竞争信息，取得厂商的支持
针对客户每个管理过程的工作内容，厂家对应的销售工作内容（如果需要，要列出）	1. 确认是否为有效销售机会 2. 判断项目价值与重要性 3. 在销售漏斗工具中建立机会项目 4. 提供初步产品方案 5. 代理商筛选，并与选定代理商讨论项目跟踪、分工、配合方案	1. 配合使用科室，组织科室会或院内推介会，介绍有关方案 2. 与各方面参与者沟通产品和预算 3. 了解竞争产品情况 4. 调整、完善配置方案 5. 配合客户做好考察 6. 与代理商随时讨论工作情况，及时调整方案	1. 与关键决策者保持沟通 2. 根据反馈信息调整方案 3. 做好备选方案，尤其是针对预算提高的情况 4. 做好招标前准备工作	1. 与代理商合作落实投标工作 2. 应对答疑，做好应对方案 3. 关注、跟踪招标进程 4. 对未中标情况，是否提出质询做准备	确认未中标，决定是否要提出质询/如不做质询要进行总结； 确认中标后： 1. 与代理商合作，参与商务谈判 2. 准备与代理商的设备采购合同 3. 得到用户年度耗材采购意向 4. 公司法务、财务合规审核	1. 与代理商签订设备采购合同；安排后续设备安装验收事宜，设备采购项目结束 2. 要求代理商主动了解客户耗材库存情况，根据已确定的商务条款和年度耗材框架协议，按照客户业务需求，持续获得客户耗材采购的订单 3. 推动代理商就产品质量、有效期、付款等问题与客户保持联系，防止竞争对手扩大供货份额 4. 及时通知代理商为客户补充耗材，并做好补货交接记录 5. 分析客户耗材使用情况，及时发现竞争或代理商服务等问题，调整竞争或代理商管理工作策略
项目进展阶段	10%	30%	50%	70%	90%	100%